本书系法治建设与法学理论研究部级科研项目成果
（批准编号：07SFB5040）

国际海事公约
国内实施问题研究

GUOJIHAISHIGONGYUEGUONEI
SHISHIWENTIYANJIU

王国华　孙誉清◎著

辽宁大学出版社

图书在版编目（CIP）数据

国际海事公约国内实施问题研究/王国华，孙誉清
著．－沈阳：辽宁大学出版社，2016.9
　本书系法治建设与法学理论研究部级科研项目成果
　ISBN 978-7-5610-8374-1

　Ⅰ.①国…　Ⅱ.①王…②孙…　Ⅲ.①海事处理－国
际公约－研究　Ⅳ.①D997.4

　　中国版本图书馆 CIP 数据核字（2016）第 230020 号

出　版　者：辽宁大学出版社有限责任公司
　　　　　　（地址：沈阳市皇姑区崇山中路 66 号　　邮政编码：110036）
印　刷　者：鞍山新民进电脑印刷有限公司
发　行　者：辽宁大学出版社有限责任公司
幅面尺寸：170mm×240mm
印　　张：15.5
字　　数：287 千字
出版时间：2016 年 9 月第 1 版
印刷时间：2016 年 9 月第 1 次印刷
责任编辑：贾海英　于盈盈
封面设计：徐澄玥
责任校对：齐　阅

书　　号：ISBN 978-7-5610-8374-1
定　　价：46.00 元

联系电话：024－86864613
邮购热线：024－86830665
网　　址：http://press.lnu.edu.cn
电子邮件：lnupress@vip.163.com

前　言

　　陆路、铁路、水路、航空和管道五种方式是现代主要的运输方式。其中，海上运输占国际贸易总运量三分之二以上，而我国绝大部分进出口货物都需要依靠海上运输的方式实现。在国际海事领域，存在大量促进海上运输发展的国际海事公约，如何准确履行我国缔结或参加的国际海事公约，就成为我国立法机关、司法机关和行政机关所必须面对的问题。这也使国际海事公约国内实施问题的研究具有重要的意义。

　　本书采用了比较分析、实证调查、历史分析等研究方法，以国际条约的基本理论为基础，结合国际海事公约的特性，分析和讨论了国际海事公约国内实施过程中存在的一系列问题。本书共分为五章。第一章为国际条约的基本原理，简要介绍和讨论了国际法的起源、国际条约的概念、国际条约与国内法的关系、国际条约适用的基本原则和国际条约的效力；第二章国际海事公约的特性，讨论了国际海事公约生效机制、目标型趋势和涉他性等问题；第三章为国际海事公约的查明，介绍了国际海事公约查明的重要意义、查明流程和获取来源，并在研究基础上提出了建设国际海事公约数据资源库的构想；第四章为国际海事公约的实施现状与途径，介绍了国际海事公约国内实施的困境、现状和途径；第五章为《2006年海事劳工公约》实施方式的经验借鉴，以该公约的各项标准为基本路径，介绍了部分航运发达国家（地区）实施该公约的先进经验。

　　本书可以作为教学研究人士研究使用，同时也兼顾了实务工作参考的功能。书中不少资料来源于互联网，主要原因在于专著或期刊的更新速度已无法跟上互联网。当然，本书是在充分考量互联网资料的真实性和可靠性基础上，尽量使用来源于国际组织官方网站、境内外政府部门官方网站等权威性较强的互联网资料。为便于读者进一步研究，书中已将各类参考资料的获取来源一一列明。

上海海事大学原党委书记、校长於世成教授审读了本书，在此对他深表感谢。在写作过程中，我的学生佟尧帮助查找、复印和校对了许多资料，也向他表示感谢。最后，对辽宁大学出版社副总编辑贾海英老师的大力支持表示衷心的感谢。

鉴于作者水平所限，不妥之处在所难免，敬请读者批评指正！

王国华

2016 年 7 月

目　　录

第一章　国际条约的基本原理

第一节　国际法的起源

一、国际法的概念

国际法，从其字面理解，是国家间的法律，即调整国家之间行为及相互关系的规范，尤其是在国家外交过程中，国家的行为须受一系列国际法原则、规则和制度的拘束。

近代国际法的奠基人格劳秀斯认为，万民法是指其拘束力来自所有国家或许多国家的意志的法律，也就是国际法。① 《奥本海国际法》对国际法的定义是："万国法或国际法是一个名称，用以指各国认为在它们彼此交往中有法律拘束力的习惯和条约规则的总体。"② 美国国际法学家汉斯・凯尔森对国际法的定义为："国际法或万国法是一系列规则的总称，这些规则——按照通常的定义——调整各国在其彼此交往中的行为。这些规则被称为法律。"③ 阿尔弗雷德・菲德罗斯等学者认为，狭义的国际法规定一些国家以及主权的社会之间的关系，广义的国际法则把较广的法律关系（对个人生活关系的规定）也包括在内。④

我国著名法学家周鲠生先生给国际法作的定义是："国际法是在国际交往过程中形成出来的，国际公认的，表现这些国家统治阶级的意志，在国际关系上对国家具有法律的拘束力的行为规范，包括原则、规则和制度的总体。"⑤

① 王铁崖. 国际法 [M]. 北京：法律出版社，1995：2.

② ［英］赫西・劳特帕特. 奥本海国际法（上卷第一分册），王铁崖等译. ［M］. 上海：商务印书馆，1971：47.

③ ［美］汉斯・凯尔森. 国际法原理，王铁崖译. ［M］. 北京：华夏出版社，1989：1.

④ ［奥］阿尔弗雷德・菲德罗斯等. 国际法（上册），李浩培译. ［M］. 上海：商务印书馆，1981：9—10.

⑤ 周鲠生. 国际法（上）［M］. 武汉：武汉大学出版社，2009：3.

因此，周鲠生先生认为国际法具有四项特征：国际性，即国家间的行为规范而非个人间的行为规范；法律性，即该等行为规范对当事国具有拘束力，任何违反规范的国家都应承担国际责任；一般性，即国家间的行为规范是受各国公认的规范，对各国具有一般拘束力，少部分国家间的条约并非当然的国际法；阶级性，即不同时代、不同经济结构背景下的国际法体现不同的阶级利益，如资本主义的国际法、封建制度的国际法等。①

可见，国际法的概念是复杂的。考虑到我们主要讨论的是国际条约国内实施的问题，我们仅需简单地理解国际法是调整国家间权利和义务关系的具有拘束力的规范的总和。

二、国际法的历史

早在古希腊时代，古希腊城邦（城市国家）之间形成了一系列处理城邦间矛盾的规则，从这些规则所适用的对象"城邦"的角度而言，已近似于现今的国际法。而处理古希腊城邦间矛盾的规则是根据平等的原则和思想制定的，②体现的正是国际法中主权平等的精神。

古罗马时代，有"市民法"和"万民法"之分。虽然"万民法"调整的对象是罗马人与非罗马人之间或非罗马人与非罗马人之间关系的规范，而非现在意义上的"国际法"主体，但从"万民法"所体现的公平正义原则，也能看到国际法的精髓所在。后来，"万民法"这一名词也为格劳秀斯所沿用，成为近代国际法的名称。

中国春秋战国时代，"国"与"国"的外交活动以及外交活动中体现出的中国古代的外交规则，如《左传·昭公二年》记载：叔公出使晋国，处处以国家公事为先，而后才是私事，体现的正是"国"与"国"的外交过程中，"先公后私"的规则。③ 在中国古代诸国间不断的交往与外交实践中，确定了诸如会盟、聘问④、战争等规则和制度，推进着中国古代国际法的形成与发展。

---

① 周鲠生. 国际法（上）[M]. 武汉：武汉大学出版社，2009：3.

② [奥地利] 阿尔弗雷德·菲德罗斯等. 国际法（上册）. 李浩培译. [M]. 上海：商务印书馆，1981：47.

③ 《左传·昭公二年》：叔弓聘于晋，报宣子也。晋侯使郊劳。辞曰："寡君使弓来继旧好，固曰：'女无敢为宾！'彻命于执事，敝邑弘矣。敢辱郊使？请辞。"致馆。辞曰："寡君命下臣来继旧好，好合使成，臣之禄也。敢辱大馆？"叔向曰："子叔子知礼哉！吾闻之曰：'忠信，礼之器也。卑让，礼之宗也。'辞不忘国，忠信也。先国后己，卑让也。《诗》曰：'敬慎威仪，以近有德。'夫子近德矣。"

④ "聘问"古代指代表本国政府访问友邦（中国社会科学院语言研究所词典编辑室. 现代汉语词典（修订本）[M]. 上海：商务印书馆，1999：976.）

尽管如此，中国真正接触到现在意义上的国际法则是 17 世纪时期的事情了。17 世纪中后期（公元 1662 年至 1690 年），荷兰与清朝政府外交交往期间，荷兰人曾援引"万国法"提出给予其外交使者以外交豁免权。1689 年 9 月 7 日，清朝与沙皇俄国缔结了《尼布楚条约》，该条约的缔结程序完全符合当时的国际惯例。然而，直至 1839 年的一个半世纪中，便再未出现过任何关于国际法的记载。系统地将国际法引入中国的标志性事件则是 19 世纪 60 年代时任英国驻华大使翻译的传教士丁韪良（William Martin）将美国人亨利·惠顿（Henry Wheaton）的《国际法原理》（Elements of International Law）翻译为中文并命名为《万国公法》。①

在此之后，中国才真正开始学习国际法规则。随着新中国回到联合国体系并恢复在联合国大会的合法席位后，中国对世界各国的合作与交流发挥着愈发重要的作用。

三、国际法的渊源

所谓法律的渊源是指法律规则赖以形成的方式或程序。那么，国际法的渊源就可以解释为国际法规则赖以形成的方式或程序。② 通常认为，国际法的渊源主要是国际条约和习惯。③《国际法院规约》第三十八条在这一观点的基础上，加入了为各国所承认的"一般法律原则"，确定法律原则的"司法判例"和各国权威的"公法学家学说"等资料作为国际法的渊源。《国际法院规约》第三十八条是目前国际立法中关于国际法渊源的一种较为完整的表述。④

《国际法院规约》第三十八条

一、法院对于陈诉各项争端，应依国际法裁判之，裁判时应适用：

（子）不论普通或特别国际协约，确立诉讼当事国明白承认之规条者。

（丑）国际习惯，作为通例之证明而经接受为法律者。

（寅）一般法律原则为文明各国所承认者。

（卯）在第五十九条规定之下，司法判例及各国权威最高之公法学家学说，

---

① 曹兵兵. 国际公法：和平时期的解释与适用 [M]. 北京：清华大学出版社，2015：9.

② 周鲠生. 国际法大纲 [M]. 上海：商务印书馆，2013：16.

③ 周鲠生. 国际法（上）[M]. 武汉：武汉大学出版社，2009：13. 王铁崖. 国际法 [M]. 北京：法律出版社，1995：8.

④ ［英］伊恩·布朗利. 国际公法原理，曾令良等译. [M]. 北京：法律出版社，2007：4.

作为确定法律原则之补助资料者。

二、前项规定不妨碍法院经当事国同意本"公允及善良"原则裁判案件之权。

《国际法院规约》第三十八条第一款将国际条约列为国际法渊源的第一项，足见国际条约的重要地位。国际条约是最主要的国际法渊源。在条约必须信守的原则之下，条约成为国家之间权利义务关系确定的载体，是国际法院裁判应首先适用的法律依据。

国际条约的影响早已突破只拘束国家的局限，部分国际条约的影响力已直接及于普通自然人或法人。这种影响力或因为国际条约直接适用于普通自然人或法人所涉及的法律关系而引起，或因为国际条约在一国实施过程中间接地影响普通自然人或法人所致。

无论国际条约影响普通自然人或法人的途径如何，均需面临一系列国际条约国内实施的基本理论问题。例如，国际条约与国内法的关系、国际条约的接受、国际条约国内适用的原则等。

第二节　国际条约的概念

一、国际条约的定义

《1969年条约法公约》第二条（用语）第一款第（甲）项规定："称'条约'者，谓国家间所缔结而以国际法为准之国际书面协定，不论其载于一项单独文书或两项以上相互有关之文书内，亦不论其特定名称如何。"该公约规定的"条约"限定于国家与国家之间，并不包括国际组织等其他国际法主体。对于《1969年条约法公约》的定义，李浩培先生认为存在一定缺陷。他认为以同义词"协议"解释"条约"，不利于人们理解。换言之，李浩培先生认为"条约"是"至少两个国际法主体意在原则上按照国际法产生、改变或废止相互间权利义务的意思表示的一致。"[①]

（一）学界观点

实际上，各国学者在不同时代的背景因素影响下，结合自己不同的理解对于"条约"所下的定义亦不相同。

《奥本海国际法》中载明了英国国际法学家奥本海对"条约"定义的观点，

---

① 李浩培. 条约法概论 [M]. 北京：法律出版社，2003：1.

奥本海认为："国际条约是国家间或国家组成的国际组织间订立的在缔结各方之间创设法律权利和义务的契约性规定。"①

汉斯·凯尔森则认为："条约是两个或两个以上国家根据国际法正常地缔结的协议。"② 所谓的协议是指"取得一致的行为或是取得一致的状态——意见或意志的一致。条约是意志的一致。"③

阿尔弗雷德·菲德罗斯等学者则认为，"协约"是"一些国际法主体可以一致地确立它们将来行为的规则。……借以创立一般的、抽象的规范的那些协定，即协约，以及借以规定具体的事项（例如，决定国境，割让领土，确定补偿金额）的那些法律行为。"④

安托尼·奥斯特在其所著的《现代条约法与实践》一书中讨论的是国家之间的"条约"。因此，他认为"条约"的定义以《1969年条约法公约》的规定为准，即"国家间所缔结而以国际法为准之国际书面协定，不论其载于一项单独文书或两项以上相互有关之文书内，亦不论其特定名称为何。"⑤

周鲠生先生坚持条约是国家与国家间的契约，只有国家"为条约之主体"并具备"完全缔结条约之自由"，与那些非国家相互之间订立的协定均不是国际条约，而是"准条约"。⑥

（二）各国立法

《1986年条约法公约》第二条在《1969年条约法公约》的基础上对"条约"的缔结主体进行了扩大，该条第一款规定："'条约'指一个或更多国家和一个或更多国际组织间，或国际组织相互间，以书面缔结并受国际法支配的国际协议，不论其载于一项单独的文书或两项或更多有关的文书内，也不论其特定的名称为何。"显而易见，《1986年条约法公约》对于"条约"的定义将《1969年条约法公约》限定于"国家间"缔结的国际书面协定进行了扩充。若以《1986年条约法公约》对"条约"的定义为准，判定是否属于"条约"的范畴应满足：①缔结国际条约的各方（两方及以上）主体必须是国家或者国际

① ［英］赫西·劳特帕特修订. 奥本海国际法（上卷第二分册）. 王铁崖等译. ［M］. 北京：商务印书馆，1972：310.
② ［美］汉斯·凯尔森. 国际法原理. 王铁崖译. ［M］. 北京：华夏出版社，1989：266.
③ ［美］汉斯·凯尔森. 国际法原理. 王铁崖译. ［M］. 北京：华夏出版社，1989：266.
④ ［奥地利］阿尔弗雷德·菲德罗斯等. 国际法（上册）. 李浩培译. ［M］. 北京：商务印书馆，1981：47.
⑤ ［英］安托尼·奥斯特. 现代条约法与实践. 江国青译. ［M］. 北京：中国人民大学出版社，2005：15.
⑥ 周鲠生. 国际法大纲 ［M］. 北京：商务印书馆，2013：113.

组织；②以国际法为依据；③书面协议；④不论所载文书数量如何；⑤不论名称为何。《1986 年条约法公约》对国际条约缔结主体扩大化的定义，为世界各国的条约法立法所沿用。①

《印度尼西亚共和国条约法》第一条第（一）款规定："条约，指具备一定形式和标题的，受国际法拘束的，在公法范围内创设权利义务的书面协议。"②并认可政府间国际组织是"公认的国际法主体"，具有缔约能力。③《印度尼西亚共和国条约法》对于缔结"条约"的主体并不限于其他国家，还包括了国际组织。印度尼西亚政府在《关于印度尼西亚共和国条约法（2000 年第 24 号）的说明》中解释缔约的主体时，将"国家""国际组织"与诸如争取独立的民族等"其他国际法主体"并列。

《白俄罗斯共和国国际条约法》沿用了《1986 年条约法公约》的规定，承认了国际组织的国际法主体地位。《白俄罗斯共和国国际条约法》所作的定义为："'白俄罗斯共和国国际条约'是指由白俄罗斯共和国以书面形式同其他国家、国际组织订立的符合国际法的国际条约（国家间、政府间或者部门间条约），不论其载于一项单独文书或多项彼此相关联的文书内，亦不论其具体名称和缔结形式如何。"④

印度尼西亚和白俄罗斯采用的都是以条约一词解释"条约"，如李浩培先生之言，显然不属于严谨的定义形式。相比之下，《德国国际条约处理准则》定义更为精确："国际条约是在国际法主体间以国际法为准则为确立其权利和义务而缔结的书面文件。"⑤《俄罗斯联邦国际条约法》第二条第（一）款规定："'国际条约'指俄罗斯联邦与其他国家（一国或多国）、国际组织缔结的

---

① 所谓条约法，李浩培先生认为："条约法是国际法的一部分，其作用在于规定国际法主体之间的条约关系。条约法之所以存在，是由于国际间有条约关系存在。国际间之所以有条约关系存在，是由于国家虽然是主权的、独立的，然而却不能孤立存在，而必须互相往来，并发生政治、经济、文化等种种关系。在发生这种关系时，各国自然会通过协议作出一些规定，以便共同遵守，使发生这些关系的目的能顺利达到。这样就产生了国际条约。一旦产生条约，就进一步需要一些法律规则来决定条约是否已有效地缔结并发生了效力，发生了哪些效力，以及在条约规定有疑义时应当怎样解释，在什么条件下条约可以暂停执行、终止或宣告无效等等。解决这些问题的法律规则的总和就是条约法。"（李浩培. 条约法概论 [M]. 北京：法律出版社，2003：40.）随着各国交往愈加频繁，国家为了处理好相互之间发生的关系不可避免地需要缔结条约。为了解决缔结条约过程中的一系列问题就需要条约法予以规范。李浩培先生以一种形象的叙事方式对条约法进行了介绍，总结下来，条约法就是规范国家及其他国际法主体缔结条约关系的法律规范的总和。

② 外交部条约法律司. 主要国家条约法汇编 [M]. 北京：法律出版社，2015：295.

③ 外交部条约法律司. 主要国家条约法汇编 [M]. 北京：法律出版社，2015：295.

④ 外交部条约法律司. 主要国家条约法汇编 [M]. 北京：法律出版社，2015：4.

⑤ 外交部条约法律司. 主要国家条约法汇编 [M]. 北京：法律出版社，2015：59.

以国际法为准则的书面国际协定，不论其载于一项单独文书或多项相关联文书内，亦不论其特定名称如何。"①《法国关于起草和缔结国际协定的通告》第一条"国际协定类别"定义："'条约'一词指两个或多个国际法主体之间以书面形式缔结之具有法律效力并受国际法拘束的协定。国际法不拘形式，从而给予缔约方决定其协定名称的充分自由。"②

当然，也有部分国家的定义形式比较特殊。即没有简单采用《1969年条约法公约》或《1986年条约法公约》的定义，而是直接免去界定条约签订主体概念之虞。例如，《罗马尼亚缔结条约程序法》第一条第一款规定："'条约'，是指不论其名称与形式如何，系在国家、政府或政府部门层面以书面协议形式缔结，意欲创立、修改或终止法律或其他性质的权利与义务，以国际法为准则，载于一单独文本或多种相关联文本中的法律文件。"③

（三）国际条约的特征

根据上述各家学者以及各国条约法实践的观点，可以就"条约"的定义作如下表述：两个或两个以上国际法主体就相互之间的权利和义务达成的并受国际法拘束的书面协定。就前述定义而言，国际条约应具有以下特征：

1. 国际条约是由国际法主体缔结的协定

只有国家具备完全的资格承担国际权利和义务，但并不是所有的国际条约需要具备"完全资格"的国家承担公约项下的权利和义务。例如，具备一定"缔约能力"的地区也能成为国际法主体，进而缔结协定。这种缔约能力来源于其所属国家的宪法和法律。以国际海事公约为例，IMO有三个地区联系会员，④ 即法罗群岛、中国香港、中国澳门，⑤ 上述三个地区在不违背本国授权

---

① 外交部条约法律司. 主要国家条约法汇编［M］. 北京：法律出版社，2015：123.

② 外交部条约法律司. 主要国家条约法汇编［M］. 北京：法律出版社，2015：137.

③ 外交部条约法律司. 主要国家条约法汇编［M］. 北京：法律出版社，2015：187.

④ 《国际海事组织公约》第八条规定："任何领土或若干领土，如对其国际关系负责的会员或联合国使其能根据第七十二条规定适用本公约，经该会员或联合国以书面通知联合国秘书长后，可成为本组织联系会员。"

⑤ 《2005年6月24日关于法罗群岛政府根据国际法缔结协定的第579号法案》第一节第一款规定："法罗群岛政府可以根据国际法，与外国和国际组织，就仅涉及已移交给法罗群岛政府行使立法权和行政权的事项，谈判和缔结协定，包括行政协定。"（外交部条约法律司. 主要国家条约法汇编［M］. 北京：法律出版社，2015：41.）《中华人民共和国香港特别行政区基本法》第一百五十一条规定："香港特别行政区可在经济、贸易、金融、航运、通讯、旅游、文化、体育等领域以'中国香港'的名义，单独地同世界各国、各地区及有关国际组织保持和发展关系，签订和履行有关协议。"《中华人民共和国澳门特别行政区基本法》第一百三十六条规定："澳门特别行政区可在经济、贸易、金融、航运、通讯、旅游、文化、科技、体育等适当领域以'中国澳门'的名义，单独地同世界各国、各地区及有关国际组织保持和发展关系，签订和履行有关协议。"

的情况下可以参加 IMO 制定的国际条约。

2. 国际条约须以书面形式缔结

实际上，是否采用书面形式并不影响国际条约的效力，① 之所以要求以书面形式缔结国际条约，主要因为：其一，考虑到条约法程序规范性的需要。《1969 年条约法公约》第七编规定了保管机关、通知、国际条约的更正和登记，而执行国际条约的保管、更正乃至登记程序的前提，就要求国际条约通过一定的载体记录下来；其二，考虑到条约履行以及争端解决的需要。书面形式可以将国际条约的内容即当事主体确定的权利和义务完整地记录下来，以便国际条约生效后的履行工作，也有利于当事国之间发生争议时的纠纷解决；其三，考虑到国际习惯法的编纂需要。为国际所认可和普遍遵守的国际习惯法在通过编纂国际条约后，经编纂的国际习惯法规则就能有充分的书面证据为当事者援引，② 进而由争议解决机构据以解决纠纷。

3. 国际条约受国际法拘束

国际条约的订立程序和内容均不得违反国际法。《1969 年条约法公约》规定，当事国缔结的国际条约系因一方欺诈行为（第四十九条）或因一方贿赂其代表（第五十条），则该国际条约可撤销；若所缔结的国际条约系一方强迫所致（第五十一条、第五十二条），则该国际条约无效。此外，《1969 年条约法公约》第五十三条明确规定："条约如在缔结时与一般国际法强行规则相抵触，是无效的。就本公约而言，一般国际法强行规则指列国国际社会作为整体接受并承认不得背离且只能由发生在后而具有同一性质的一般国际法规则予以更改的规则。"③ 从这个角度而言，国际条约须受国际法的拘束。

4. 国际条约是为了确立国际法主体之间的权利和义务的目的。

如果国际法主体之间没有创设国际法上的权利和义务的意图，无论该文件采用什么名称，都不构成国际条约。④ 国际海事公约就是为确保海运业健康、有序、安全、持续发展的目的，对包括防止船舶污染海洋环境、船舶安全、海员基本权利等问题，确定各国际法主体的权利义务关系的结果。例如，SOLAS 公约主要目的就是要求船旗国确保本国船舶达到公约规定的与安全相

---

① 李浩培. 条约法概论 [M]. 北京：法律出版社，2003：13. 另万鄂湘等. 国际条约法 [M]. 武汉：武汉大学出版社，1998：6.

② [英] 安托尼·奥斯特. 现代条约法与实践. 江国青译. [M]. 北京：中国人民大学出版社，2005：11.

③ 李浩培. 条约法概论 [M]. 北京：法律出版社，2003：583.

④ 朱文奇等. 国际条约法 [M]. 北京：中国人民大学出版社，2008：12.

关的船舶构造、设备及操作的最低标准。STCW 公约要求缔约国严格执行统一的培训和发证规定，并对海员值班职责等有明确规定。MLC 2006 公约则是确定了海员上船、工作条件、起居舱室、娱乐设施、健康医疗、社会保障等最低标准，要求缔约国确保海员权利得以保障。

二、国际条约的名称

（一）各国立法

国际条约的名称众多，但尚不存在特别精确的标准进行区分。对于国际条约的名称，正如《1969 年条约法公约》规定的"不论其特定名称如何"，皆不影响国际条约的实质。结合各国宪法或条约法立法，各国对于国际条约名称的规定主要分为两类：一是不予限定；二是列举国际条约的名称。

采取第一类做法，即不对国际条约的名称作出限定，以"条约"对此类文件予以统称。例如，丹麦、保加利亚、英国、法国、日本、荷兰、捷克、罗马尼亚、葡萄牙等。

采取第二类做法，即列举国际条约的名称。例如，我国就采取这种做法。《条约缔结程序法》第二条列举了两种国际条约的名称，即"条约"和"协定"，并以"其他具有条约、协定性质的文件"兜底。《白俄罗斯共和国国际条约法》列举了"条约、协定、公约、决议、专约、议定书、换函或互换照会以及其他名称和形式的国际条约。"① 《德国国际条约处理规则》列举了包括条约、协定或协议、议定书、公约等名称。② 《乌克兰国际条约法》第二条第一款第（一）项列有"协议、合同、公约、协定、议定书或其他。"③ 菲律宾《1997 年关于谈判和批准国际协定指南的第 459 号行政令》认为"条约"可以包括"公约、声明、专约和法案的协议。"④

诚然，对国际条约的名称予以解释对公约本身的效力没有什么实际作用，但是，理解不同名称所代表的深层内涵，有助于我们直观地了解国际条约的缔约层级、形成过程、内容、当事方数量等方面的差别。

（二）常见国际条约名称

1. 条约（treaty）

最正式的一种国际条约形式。一般用于确定国际法主体间最主要的或最重

---

① 外交部条约法律司. 主要国家条约法汇编［M］. 北京：法律出版社，2015：4.
② 参见外交部条约法律司. 主要国家条约法汇编［M］. 北京：法律出版社，2015：69.
③ 外交部条约法律司. 主要国家条约法汇编［M］. 北京：法律出版社，2015：216.
④ 外交部条约法律司. 主要国家条约法汇编［M］. 北京：法律出版社，2015：235.

要的政治、主权、人权等问题中各自的权利和义务关系。例如,《中华人民共和国和日本国和平友好条约》《中苏友好同盟条约》《中华人民共和国和缅甸联邦边界条约》《中华人民共和国和罗马尼亚引渡条约》等。

2. 公约（convention）

公约常指由国际组织主持制定或在国际会议上形成的多边条约。例如,《1969 年条约法公约》《1966 年公民权利和政治权利国际公约》《1966 年经济、社会及文化权利的国际公约》等。公约在国际海事领域中出现的频率较高,例如,《1982 年联合国海洋法公约》《1974 年海上旅客及其行李运输雅典公约》《1978 年海员培训、发证和值班标准国际公约》《1995 年国际渔船船员培训、发证和值班标准公约》等。

3. 协定（agreement）

协定通常用于政府间或部门间缔结的双边或多边安排。例如,《1951 年国际铁路货物联运协定》《中华人民共和国和奥地利共和国关于促进和相互保护投资协定》《1944 年国际货币基金协定》《1967 年商标国际注册马德里协定》等。国际海事公约中,也存在以协定命名的国际条约。例如,《1971 年特种业务客船协定》等。

4. 议定书（protocol）

议定书通常用以对母公约的解释、修订、补充、说明或用以替代母公约等事项的安排。① 在国际海事领域中,议定书的运用较多。例如,《经 1978 年议定书修订的〈1973 年国际防止船舶造成污染公约〉1997 年议定书》《〈1974 年海上旅客及其行李运输雅典公约〉2002 年议定书》《〈制止危及海上航行安全非法行为公约〉2005 年议定书》等。

5. 换文或换函（exchange of note）

换文是国际条约的一种特殊形式,通常适用于以简便程序缔约的事务安排。一方以照会或信函的方式向另一方提出建议或陈述双方达成的安排事项,另一方再以照会复照或复函的方式予以同意的一种协议形式。② 例如,《中华人民共和国政府和澳大利亚政府关于签证互惠的换文》(2013 年 5 月 24 日);《中华人民共和国政府和塞舌尔政府关于在上海设立总领事馆的换文》(2013 年 4 月 22 日、2013 年 5 月 6 日)等。

---

① 鲍君忠. 国际海事公约概论 [M]. 辽宁：大连海事大学出版社,2007：13.
② 王勇. 中华人民共和国条约法问题研究（1949－2009）[M]. 北京：法律出版社,2012：46.

6. 谅解备忘录（memorandum of understanding）

谅解备忘录主要用于当事方处理较为次要的事项。[1] 当事方倾向于订立谅解备忘录的原因在于此种文件不受国际条约繁复的程序限制，易于订立和修订。例如，《美、苏关于建立直接通信联络的谅解备忘录》《中、英双方关于"香港身份证明书"问题的备忘录》等。对于谅解备忘录是否属于国际条约的范畴，学界众说纷纭。在法国，对国际条约的诠释比较简单，一般认为所有以政府的名义作出的承诺都具有国际条约的性质并对当事方产生相应义务。因而，谅解备忘录与其他名称的国际条约并无本质区别。但是，考虑到部分英美法学家认为谅解备忘录并无国际法上的拘束力，《法国关于起草和缔结国际协定的通告》建议本国谈判者尽量避免使用备忘录、谅解备忘录等字眼，以避免存在争议时发生此类文件对法国以外的当事方失去国际法上的约束力的情况。判定谅解备忘录是否属于国际条约，应从各方是否明确表示受法律拘束的意思等要素综合判断。[2] 国际海事领域也有许多谅解备忘录，如《巴黎港口国监督谅解备忘录》《亚太地区港口国监督谅解备忘录》等。

（三）其他与国际海事公约相关的文件

1. 修正案（amendment）

修正案通常用于修正国际海事公约附则或附件中的技术条款的文件。例如，《〈2006 年海事劳工公约〉2014 年修正案》（Amendments of 2014 to the Maritime Labour Convention，2006）于 2014 年 6 月 11 日由 ILO 大会通过，对 MLC 2006 中关于"遣返和船东责任相关的财政担保体系"的条款进行了修订。[3]

2. 通函（circular）

通函是国际海事组织（IMO）向缔约国发布信息所采用的文件形式，各国海事主管部门、船级社亦会公开发布通函向不特定受众传递信息。通过通函传递的信息通常是临时的、急迫的或重要的事项，但传递的信息尚未成熟或具有局限性。例如，IMO 海上环境保护委员会第 68 届会议批准的 MARPOL 73/78 附则 VI 第十三条《关于 Tier III 标准适用于双燃料发动机和气体燃料发动机的指南》于 2015 年 7 月 1 日通过海上保护坏境委员会 MEPC. 1/Circ. 854

---

① 李浩培. 条约法概论［M］. 北京：法律出版社，2003：583；王勇. 中华人民共和国条约法问题研究（1949－2009）［M］. 北京：法律出版社，2012：200.

② ［英］安托尼·奥斯特. 现代条约法与实践. 江国青译. ［M］. 北京：中国人民大学出版社，2005：15.

③ 《〈2006 年海事劳工公约〉修订案获批》，载 http：//www. issconline. com/lanmu/dujiabaodao/haiyuanquanyi/2014－07－03/5857. html，最后访问日期：2016 年 6 月 7 日.

通函向全球发布。

三、国际条约的分类

（一）按缔约主体数目分类

根据缔约主体的数目，可以分为双边条约与多边条约。顾名思义，双边条约一般由两个国际法主体签订，多边条约则由多个国际法主体签订。一般情况下，从缔结主体的数目多寡可以推断：主体数目与开放性程度的关系呈正比，即主体数目越多的条约，其开放性一般越强，如双边条约（和平友好条约、司法协助条约、边界条约等）的开放性较弱或不对第三国开放，而公约（SOLAS、STCW、MLC 2006 等）相比之下开放性更强。

（二）按国际条约的内容分类

1. 契约性条约与造法性条约

契约性条约是指当事的国际法主体就解决某一具体问题订立的条约。造法性条约是指当事的国际法主体确定未来一定时期的行为规则而订立的条约。造法性条约之所以有此之称，原因在于当事的国际法主体就共同的目的订立了可供执行的"法律"。例如，《1982 年联合国海洋法公约》是典型的造法性条约，该公约正式确立了领海基线、毗连区、专属经济区、海床资源归属等海洋法制度。又如，《联合国宪章》形成的宗旨和各项原则至今仍是重要的国际法原则。契约性条约不具有造法性条约的持续作用，而具有一定的时点性，即对某一时刻、某一具体事项所确立的国际法主体之间的权利义务关系。例如，中国政府与加拿大政府专门引渡赖昌星确定的"引渡条约"就是契约性条约。更多的情况是，一项国际条约兼有契约性和造法性两种特征。例如，2015 年 6 月 29 日签订的《亚洲基础设施投资银行协定》就"设立亚洲基础设施投资银行"这一具体事项涉及的各方权利和义务进行了固定，具有契约性条约的特征，同时对该条约有效期间各方就"亚洲基础设施投资银行运作"的行为所作的规范，具有造法性条约的特征。国际海事公约绝大多数是含有技术规定或操作规范的造法性条约，如《1972 年国际海上避碰规则公约》、《1989 年国际救助公约》等。

2. 实体法条约、程序法条约、冲突法条约

实体法条约是指规定具体权利和义务的条约。例如，《关于修改〈1924 年统一提单的若干法律规定的国际公约〉1968 年议定书》是典型的实体法条约。程序法条约是指规定诉讼或仲裁等解决实体争议所需遵循的程序的国际条约。例如，《国际法院规约》、《1952 年统一船舶碰撞或其他航行事故中刑事管辖权方面某些规定的国际公约》等，又如《1989 年国际救助公约》规定了诉讼时效的内容，该公约第二十三条第一款规定："如在两年内没有提起诉讼或仲裁，

本公约规定的有关支付款项的任何诉讼，便丧失时效。时效期限从救助作业结束之日起算。"冲突法条约是指解决民商事法律冲突问题的条约，如《布斯塔曼特法典》《1977年统一船舶碰撞中有关民事管辖权、法律选择、判决的承认和执行方面若干规则的国际公约》等。

3. 公法性条约与私法性条约

公法性条约是指涉及国家主权、政治、人权等公法内容的条约，负担义务的主体为国家，如《1982年联合国海洋法公约》等。私法性条约是指涉及财产权利、合同、侵权等私法内容的条约，负担义务的主体一般为自然人、法人或其他组织，如《1924年统一提单的若干法律规定的国际公约》《1978年联合国海上货物运输公约》等。

（三）按国际条约拘束方式分类

根据拘束方式的不同，可以将国际条约分为强制性条约与非强制性条约。在国际海事领域中，存在允许私人排除适用条约全部或部分条款的国际条约，即此类国际海事公约属于任意性规范而非强制性规范。非强制性条约主要以民商事条约为主，如《1978年联合国国际货物销售合同公约》等。① 至于强制性条约，由于国际法主体之间并没有更高层次的"世界政府"，对于强制性条约的适用仍以国际法主体的自觉履行为基础。对于国际海事公约的强制性，《IMO强制性文件实施细则》规定包括 SOLAS 1974、MARPOL 73/78、LL 1966 等公约为强制性文件。同时，这些文件纳入了 IMO 强制审核机制，IMO 会按程序对各成员国履约状况予以审核。

（四）按缔结程序分类

根据缔结程序的繁复程度，可以将国际条约分为缔结程序相对繁复的国际条约和缔结程序相对简易的国际条约。以换文、换函、谅解备忘录等形式签订的国际条约的缔结程序较为简单。以换文为例，实践中通常认为，交换文件的行为同时意味着表明以此方式接受拘束。② 而一般的条约、公约的缔结程序则更为繁复，通常需要经历约文起草、议定、认证、签署、批准、交换批准书、公布等缔约程序。③

（五）按缔约层级分类

根据缔约层级的分类标准，可以分为国家条约、政府间条约和部门间条约。这种分类方法在各国条约法中具有普遍性。例如，中国、罗马尼亚、乌克

---

① 何海萍. 国际海事条约在国内的适用 [J]. 中国水运, 2013, 3: 38.

② 王勇. 中华人民共和国条约法问题研究（1949—2009）[M]. 北京: 法律出版社, 2012: 47.

③ 王铁崖. 国际法 [M]. 北京: 法律出版社, 1995: 296.

兰、哈萨克斯坦等国均有此类规定。

1.《条约缔结程序法》第四条

中华人民共和国以下列名义同外国缔结条约和协定：

（一）中华人民共和国；

（二）中华人民共和国政府；

（三）中华人民共和国政府部门。

2.《罗马尼亚缔结条约程序法》第二条

一、经依法授权，罗马尼亚、罗马尼亚政府及政府部门和中央公共管理当局可在国家层面、政府层面及部门层面缔结条约。

3.《乌克兰国际条约法》第三条（乌克兰国际条约的种类）

二、下列乌克兰国际条约应以乌克兰国家名义缔结：

············

三、"政府名义的条约"系有关涉及乌克兰经济、贸易、科学、技术、人道主义及其他与部长内阁相关事项的国际条约；

四、"跨部门条约"系指由乌克兰签订的有关涉及各部委或其他中央行政机构事务的国际条约。

4.《哈萨克斯坦共和国国际条约法》第二条（条约的形式）

哈萨克斯坦共和国可以下列名义与外国或国际组织缔结条约：

（一）哈萨克斯坦共和国；

（二）哈萨克斯坦共和国政府；

（三）哈萨克斯坦共和国中央国家机关。

第三节　国际条约与国内法的关系

国际条约作为国际法的主要渊源，调整着国际法主体之间以国际法为依据的权利和义务关系。随着国家交往愈发密切，国际条约的作用也日益重要。无论一国实施国际条约的途径采用的是转化即"一元论"的方法，抑或是采用纳入即"二元论"的方法，都不可避免地需要执行国内法规定的程序并满足一定的接受条件，即得到国内法承认国际条约在国内的效力时才能在国内实施。正如前文所提到的，国际条约在国内法上的接受方法，主要有两种：其一，国际条约的规定无须经过转化直接纳入国内法实施（纳入）；其二，国际条约的规定须转化为国内法实施（转化）。①

一、国际条约在国内法上的接受方法

（一）纳入（一元论）

"一元论"认为，国家缔结的国际条约是国内法律体系的组成部分之一，国际条约可以不需要立法即可成为国内法的一部分。②

1. 荷兰

荷兰是典型的"一元论"国家。《荷兰王国宪法》（2008 年修正）第九十三条规定："条约及国际机构决定中对任何人均有约束力的条款，一经公布即生效。"③ 由于荷兰除其位于欧洲大陆的本土外，还包括位于加勒比海地区的阿鲁巴、库拉索、圣马丁三处海外自治领地。荷兰对外缔结条约还应经过审查是否损害海外自治领地或其本土利益。在经议会审批通过，并根据《荷兰王国宪法》（2008 年修正）第九十五条规定通过议会法案的形式公布条约后，所缔结的国际条约即生效。

2. 德国

德国在其宪法《德意志联邦共和国基本法》（2010 年修正）第二十五条中明确规定了国际法一般规则是该国法律体系的组成部分，不需要通过立法转化国际条约即可在国内实施。④《德国国际条约处理规则》明确规定，要使国际法的一般规则，尤其是具有普遍性的国际习惯法，成为德国法律体系的一部分并具有拘束力，必须以"国内条约法"、"生效法规"或"对下级机构的指示"为根据。同时，若国际条约以接受其拘束的意思呈送给德国立法机关，则该国际条约在法律上已经构成对德国立法机关的影响，立法机关"只能避免条约变为德国法律系统的全部"。显然，德国缔结的国际条约被视为德国法律体系的一部分。

德国国内公布的规范性法律文件亦能充分证明德国采用的是"一元论"的方法。例如，德国是《1969 年条约法公约》的缔约国，于 1987 年 7 月 21 日批准该公约。《德国国际条约处理准则》第二十三条第一款直接援引了《1969 年条约法公约》的规定如下：

---

① 李浩培. 条约法概论 [M]. 北京：法律出版社，2003：1.

② ［英］安托尼·奥斯特. 现代条约法与实践. 江国青译. ［M］. 北京：中国人民大学出版社，2005：143.

③ 《荷兰王国宪法》，载 http：//www. tw－roc. org/M/mBaseLaw. php？act＝one&search_key＝&id＝219，最后访问日期：2016 年 6 月 10 日.

④ 《德意志联邦共和国基本法》，载 http：//www. tw－roc. org/M/mBaseLaw. php？act＝one&search_key＝&id＝238，最后访问日期：2016 年 6 月 10 日.

第二十三条 （国会批准）

（一）条约批准是一项国际法行为

《维也纳条约法公约》第十四条第二款和第十五条规定，"接受" （acceptance）、"核准"（approval）、"加入"（accession）都被视为除批准外表示同意意见的其他形式。①

············

3. 葡萄牙

葡萄牙与荷兰的规定较为接近，同样是以国际条约的公布（公布于《共和国公报》）作为对其具有拘束力并在国内产生效力的前提。《葡萄牙共和国宪法》（2005 年修正）第八条第二款规定："经正式批准或通过的国际条约，一经正式公布，只要在国际上对葡萄牙具有约束力，即在国内法中产生效力。"②

4. 前苏联加盟国

前苏联采用的是"一元论"即以纳入的方法实施国际条约。前苏联解体后，其加盟共和国沿袭了前苏联所采用的"一元论"。

《乌克兰国际条约法》第十九条第一款规定："经乌克兰最高苏维埃同意受其约束的生效的乌克兰国际条约，成为国家法律的一部分并按国家法律预设的方式执行。"③

《俄罗斯联邦国际条约法》明确了国际条约在国内法律体系中的地位，该法第五条第一款规定："根据俄罗斯联邦宪法，国际条约与其他公认的国际法原则和准则均为俄罗斯联邦法律体系的组成部分。"④ 同时，如果国际条约的规定属于俄罗斯国内法律没有规定的，国际条约的规定可以直接执行。

《白俄罗斯共和国国际条约法》第三十三条第二款规定："条约规定的法律规范是白俄罗斯共和国现行法律的一部分，效力及于白俄罗斯共和国领土并直接适用，除非条约要求为适用这些国际条约需通过（颁布）相应的国内规范性法律文件，并且该法律规范具有白俄罗斯共和国同意受其约束的效力。"⑤

5. 保加利亚

保加利亚采用相对开放的方法处理国际条约与国内法的关系。《保加利亚共和国国际条约法》第二十六条第三款规定："国际条约的规定如何在国内法

---

① 外交部条约法律司. 主要国家条约法汇编 [M]. 北京：法律出版社，2015：93.
② 外交部条约法律司. 主要国家条约法汇编 [M]. 北京：法律出版社，2015：207.
③ 外交部条约法律司. 主要国家条约法汇编 [M]. 北京：法律出版社，2015：225.
④ 外交部条约法律司. 主要国家条约法汇编 [M]. 北京：法律出版社，2015：125.
⑤ 外交部条约法律司. 主要国家条约法汇编 [M]. 北京：法律出版社，2015：23.

律中予以实施应视这些条款的实质、是否直接适用以及同意接受条约约束的文件在国内法中的地位决定。"① 该款规定了三个决定条件，即"条款的实质"、"是否直接适用"以及"同意接受条约约束的文件在国内法中的地位"。其中，"条款的实质"和"是否直接适用"决定了条约是否可以自动执行，可以直接适用、自动适用的条约，就可以作为法律直接实施。

（二）转化（二元论）

"二元论"认为，国际条约与国内法分属两个不同的、相互独立的法律体系，国际条约需要通过立法等措施才能在国内实施。②

1. 哈萨克斯坦

根据《哈萨克斯坦共和国国际条约法》第二十二条第一款的规定，哈萨克斯坦中央国家机关在向政府提议批准条约时，应提议政府通过确立的程序修订和补充国内立法。③ 换言之，对国际条约的转化程序至少应与条约的批准程序同步进行。该条第二款更为明确地体现哈萨克斯坦属于"二元论"国家，该款规定："按照本条第一款对哈萨克斯坦共和国法律或其他规范性法律行为所作的修订、补充或终止，只能在对有关条约的修订、补充已完成，或条约终止之后进行。"

2. 南非

《南非共和国宪法》（2009 年修正）第二百三十一条第四款规定："当国际协定被国家立法制定为法律时就成为共和国的法律，由议会同意的协定的自我实行条款是共和国的法律，除非它与宪法或议会法律不符。"④ 南非实行的并非纯粹的"二元论"，主要体现在它额外地赋予了国际条约中与宪法或法律不存在冲突的"自我实行条款"以法律的地位。总体而言，南非仍应视为"二元论"国家。

3. 马来西亚

马来西亚宪法明确规定实施国际条约须制定法律。《马来西亚宪法》（2005年修正）第七十六条规定："在特定情形下国会为各州立法的权力：（一）国会在下述情形下可以就州事务表规定的任何事项制定法律：……（子）为履行联

---

① 外交部条约法律司. 主要国家条约法汇编［M］. 北京：法律出版社，2015：38.

② 汉斯·凯尔森认为，采用"二元论"的国家对于处理国际条约与国内法的关系问题是存在矛盾的。他认为，"二元论"下，这种观点承认了国际条约与国内法在同一空间和同一时期是有效的，却又认为两者相互独立、分属不同的法律体系，在逻辑上是站不住脚的。

③ 外交部条约法律司. 主要国家条约法汇编［M］. 北京：法律出版社，2015：262.

④ 《南非共和国宪法》，载 http：//www. tw－roc. org/M/mBaseLaw. php? act＝one&search _key＝&id＝105，最后访问日期：2016 年 6 月 10 日.

邦和其他国家缔结的任何条约、协议和盟约，或为履行联邦作为成员国的国际组织的任何决议。"①

二、国际条约与国内法的地位关系

（一）国际条约的地位低于国内法律

1. 阿根廷

《阿根廷共和国宪法》（1994 年修正）第三十一条规定："宪法、国会依法所制定之法律，以及与外国所签订之条约，均为本国最高法律；各省宪法或省法律有不同时，应遵守最高法律之规定。"② 从该条规定而言，"最高法律"应予优先适用。然而，阿根廷法律则将国际条约适用的顺序排在了宪法以及"国会已通过或可能通过的法律"之后。③ 因此，在阿根廷国内，国际条约的地位实质是低于该国宪法和法律的。

2. 保加利亚

《保加利亚共和国国际条约法》第二十六条第三款规定："国际条约的规定如何在国内法律中予以实施应视这些条款的实质、是否直接适用以及同意接受条约约束的文件在国内法中的地位决定。"④ 如前文，该款规定了三个决定条件，即"条款的实质"、"是否直接适用"以及"同意接受条约约束的文件在国内法中的地位"。其中，"同意接受条约约束的文件在国内法中的地位"决定了国际条约在国内法律体系中的地位。根据《保加利亚共和国国际条约法》的规定，决定接受条约拘束的法定形式包含两种：一是根据宪法需批准的条约，由部长会议提请国民会议以"法令"的形式批准；二是无须国民会议批准的条约，由部长会议以"决定"的形式予以核准。若以"法令"形式表示接受拘束的意思（批准条约），则国际条约的地位与国民议会制定的法律相等。而以"决定"的形式表示接受拘束的意思（核准条约），则国际条约的地位与部长会议制定的规范性法律文件地位相等，即低于法律的地位。

（二）国际条约的地位低于宪法但等于或高于国内法律

1. 俄罗斯

《俄罗斯联邦宪法》第十五条第一款规定："俄罗斯联邦宪法在俄罗斯全境

---

① 《马来西亚宪法》，载 http：//www. tw—roc. org/M/mBaseLaw. php? act＝one&search_key=&id=69，最后访问日期：2016 年 6 月 10 日.

② 《阿根廷共和国宪法》，载 http：//www. tw—roc. org/M/mBaseLaw. php? act＝one&search_key=&id=162，最后访问日期：2016 年 6 月 10 日.

③ 李浩培. 条约法概论［M］. 北京：法律出版社，2003：324.

④ 外交部条约法律司. 主要国家条约法汇编［M］. 北京：法律出版社，2015：38.

具有最高法律效力、直接作用并适用。俄罗斯联邦所通过的法律和其他法律文件不得同俄罗斯联邦宪法相抵触。"① 根据该款规定，俄罗斯宪法具有"最高法律效力"。《俄罗斯联邦国际条约法》第五条第一款是"根据俄罗斯联邦宪法"② 确定国际条约属于国内法律体系的一部分，进一步证明了宪法的效力高于国际条约。《俄罗斯联邦宪法》第十五条第四款规定："……如果俄罗斯联邦国际条约确立了不同于法律所规定的规则，则适用国际条约规则。"③ 此款规定则可以得出国际条约与国内法律地位相等，具有直接适用的效力。当然，适用时仍以国际条约与国内法存在不同规定为前提。

2. 德国

《德意志联邦共和国基本法》（2010 年修正）第二十五条规定："国际法之一般规则构成联邦法律之一部分。此等规定之效力在法律上，并对联邦领土内居民直接发生权利义务。"④ 明确规定了国际条约的效力在法律之上。

3. 法国

法国宪法规定国际条约的地位高于法律。《法兰西第五共和国宪法》第五十五条规定："国际条约或协议经正式批准或认可并经签约国对方付诸实施者，自公布日起具有优于法律之效力。"⑤ 同时，明确国际条约的地位低于宪法。《法兰西第五共和国宪法》第五十四条规定："国际条约条款经宪法委员会徇共和国总统、总理、或国会任何一院议长之咨请而宣告与宪法抵触时，在宪法未修改前，不得予以批准或认可。"⑥

4. 阿尔及利亚

《阿尔及利亚民主人民共和国宪法》（2008 年修正）第一百三十二条规定："经由共和国总统批准的条约，根据本宪法规定的条件，其效力高于法律。"⑦ 明确规定了国际条约的效力高于法律。

---

① 于洪君. 俄罗斯联邦宪法 [J]. 外国法译评，1994，2：89.

② 外交部条约法律司. 主要国家条约法汇编 [M]. 北京：法律出版社，2015：125.

③ 于洪君. 俄罗斯联邦宪法 [J]. 外国法译评，1994，2：89.

④ 《德意志联邦共和国宪法》，载 http：//www. tw－roc. org/M/mBaseLaw. php? act＝one&search_key＝&id＝238，最后访问日期：2016 年 6 月 10 日.

⑤ 《法兰西第五共和国宪法》，载 http：//jpkc. fudan. edu. cn/s/63/t/376/19/63/info6499. htm，最后访问日期：2016 年 6 月 10 日.

⑥ 《法兰西第五共和国宪法》，载 http：//jpkc. fudan. edu. cn/s/63/t/376/19/63/info6499. htm，最后访问日期：2016 年 6 月 10 日.

⑦ 《阿尔及利亚民主人民共和国宪法》，载 http：//www. tw－roc. org/M/mBaseLaw. php? act＝one&search_key＝&id＝104，最后访问日期：2016 年 6 月 10 日.

5. 亚美尼亚

《亚美尼亚共和国宪法》（2005 年修正）第六条规定："一、共和国宪法具有最高法律效力，其规范也具有直接效力；……四、国际条约只有在获得同意或确认后才能生效。已被同意的国际条约，是亚美尼亚共和国法律体系的组成部分。若已被同意的国际条约规定了本国法律尚未规定的新规范，则应适用该新规范。五、与本宪法相抵触的国际条约，不得予以批准。"① 明确规定了国际条约的效力高于法律并低于宪法。

（三）国际条约的地位等于或高于宪法

1. 荷兰

《荷兰王国宪法》（2008 年修正）第九十四条规定："王国现行的法律规范若与具有普遍约束力的条约规定或国际机构的决定相抵触，不予适用。"② 显然，荷兰缔结的国际条约地位高于国内法。如果宪法与国际条约发生冲突时，荷兰并不绝对排除国际条约的适用，根据《荷兰王国宪法》（2008 年修正）第九十一条第三款的规定，若获议会两院至少三分之二多数的赞成，③ 国际条约与宪法存在冲突的条款即得适用。甚至，荷兰可以在满足《荷兰王国宪法》（2008 年修正）第九十一条第三款的情形时，将具有主权性质的立法权、司法权、行政权授予国际机构。同时，根据荷兰宪法的规定，荷兰法院有合宪性审查的权力，但无权审查议会法律和国际条约的合宪性。

2. 葡萄牙

与荷兰类似，葡萄牙宪法允许国际条约在一定条件下与宪法地位相等。《葡萄牙共和国宪法》（2005 年修正）第二百七十九条规定："一、如果宪法法院裁决某一法令或国际协定的任一正式规定违宪，共和国总统或共和国部长应即予以否决，并将该文件退回原通过机关。……四、如宪法法院裁决某项条约的任一正式规定违宪，则该条约只有在共和国议会以出席议员的三分之二多数票通过后方可被批准。"④

---

① 《亚美尼亚共和国宪法》，载 http：//www. tw－roc. org/M/mBaseLaw. php？act＝one&search_key＝&id＝56，最后访问日期：2016 年 6 月 10 日.

② 《荷兰王国宪法》，载 http：//www. tw－roc. org/M/mBaseLaw. php？act＝one&search_key＝&id＝219，最后访问日期：2016 年 6 月 10 日.

③ 《荷兰王国宪法》，载 http：//www. tw－roc. org/M/mBaseLaw. php？act＝one&search_key＝&id＝219，最后访问日期：2016 年 6 月 10 日.

④ 《葡萄牙共和国宪法》，载 http：//www. tw－roc. org/M/mBaseLaw. php？act＝one&search_key＝&id＝236，最后访问日期：2016 年 6 月 10 日.

3. 日本

《日本国宪法》第九十八条规定："（一）本宪法是国家的最高法规，违反其规定的法律、命令、诏敕以及关于国务的其他行为的全部或者一部分，均属于无效。（二）日本国已缔结的条约以及已确立的国际法法规，必须诚实地予以遵守。"第一款可以直观地看到宪法在日本法律体系中处于最高地位，任何与之相抵触的下位法律规范都属无效，那么如何解决遵守国际条约的行为与宪法冲突的情况呢？鉴于该条列于《日本国宪法》第十章"最高法则"中，且若既要遵守该条第一款的规定，又不至于出现违反该条第二款规定的，那么只有国际条约较日本宪法地位更高时，才会避免出现自相矛盾（违宪）的情况。

4. 卢森堡

卢森堡也规定了让与立法权、行政权和司法权的制度，可见国际条约在卢森堡法律体系有相当高的地位。《卢森堡大公国宪法》（2009 年修正）第四十九条之一规定："宪法保留于立法权、行政权和司法权的职权的行使可通过条约暂时转归于国际法机关。"① 对于国际条约与宪法的地位关系，卢森堡宪法法院不能对"有关条约批准的法律"进行合宪性审查，进而间接明确了国际条约的地位等于本国宪法，《卢森堡大公国宪法》（2009 年修正）第九十五条之二规定："一、宪法法院裁决法律的合宪性。二、宪法法院按照法律规定的方式以先决身份裁决法律的合宪性，但有关条约批准的法律除外。"②

第四节　国际条约适用的基本原则

一、条约必须信守原则

（一）条约必须信守原则概述

《1969 年条约法公约》第二十六条规定："凡有效之条约对其各当事国有拘束力，必须由各该国善意履行"，即所谓"条约必须信守原则"。作为国际条约的缔约国，适用国际条约的规定是缔约国必须履行的义务，这就是条约必须

---

① 《卢森堡大公国宪法》，载 http：//www. tw — roc. org/M/mBaseLaw. php？act＝one&search _ key＝&id＝242，最后访问日期：2016 年 6 月 10 日。

② 《卢森堡大公国宪法》，载 http：//www. tw — roc. org/M/mBaseLaw. php？act＝one&search _ key＝&id＝242，最后访问日期：2016 年 6 月 10 日。

信守原则的要求。具体表现在：以所履行的国际条约有效为前提；[①] 当事国不得援引其国内法律规定为由不履行国际条约；[②] 善意解释国际条约的规定，不得歪曲解释条款的含义和精神；[③] 国际和国内两个层面严格履行；[④] 禁止反言等。[⑤]

（二）历史上的条约必须信守原则

条约必须信守原则的确立并非偶然，它的形成可以从历史中找到蛛丝马迹。我们可以通过三个不同文明的事例加以证明。

埃及法老拉美西斯二世和赫梯国王哈图西里三世在公元前 1259 年签订的《拉美西斯二世与哈图西里三世和约》，是已知最古老的外交条约。[⑥] 该条约规定了违反条约所要承担的严厉制裁。赫梯部分条款规定：若拉美西斯二世及埃及子民违反本条约，埃及之神以及赫梯之神将消灭埃及国王拉美西斯的后裔。[⑦] 又如，不遵守本银板所刻约定，伟大的埃及之神以及伟大的赫梯之神将会消灭他们的房屋、国家和仆从。[⑧]

古希腊时代，伊利斯王在女祭司的指引下决定为众神举办运动会，使人民免于战乱之苦。公元前 884 年，伊利斯王和斯巴达王达成协议——《神圣休战条约》。双方同意每四年举办一次运动会，并将该运动会的名称命名为"奥林匹克"。条约规定，停战期间，凡是参加奥运会的人，都将受到神的保护，是神圣不可侵犯的。而在举行奥林匹克运动会期间，凡是携带武器进入奥林匹亚的人，也被认为是背叛了神的人，应当受到惩罚。[⑨]

---

① 万鄂湘等. 国际条约法 [M]. 湖北：武汉大学出版社，1998：170.

② 《1969 年维也纳条约法公约》第二十七条.

③ 李浩培. 条约法概论 [M]. 北京：法律出版社，2003：334.

④ 王勇. 中华人民共和国条约法问题研究（1949—2009）[M]. 北京：法律出版社，2012：68.

⑤ ［英］伊恩·布朗利. 国际公法原理. 曾令良等译. [M]. 北京：法律出版社，2007：568.

⑥ SEE *The peace treaty between Ramses II and Hattusili III*, at http：//www. reshafim. org. il/ad/egypt/ramses—hattusili—treaty. htm. Jun. 11th 2016.

⑦ 原文：If Reamasesa and the children of the country of Egypt don't observe this treaty, then the gods and the goddesses of the country of Egypt and the gods and goddesses of the country of Hatti shall exterminate the descendants of Reamasesa, the Great King, the king of the country of Egypt. (SEE *The peace treaty between Ramses II and Hattusili III*, at http：//www. reshafim. org. il/ad/egypt/ramses—hattusili—treaty. htm. Jun. 11th 2016.)

⑧ 原文：They who do not observe the words that are in this silver tablet, the great gods of the country of Egypt as well as the great gods of the country of Hatti will exterminate their houses, their country and their servants. (SEE *The peace treaty between Ramses II and Hattusili III*, at http：// www. reshafim. org. il/ad/egypt/ramses—hattusili—treaty. htm. Jun. 11th 2016.)

⑨ 《古代神圣休战条约》，载 http：//www. gov. cn/test/2007—04/11/content _ 578214. htm，最后访问日期：2016 年 6 月 11 日.

我国春秋战国时代，也有记载信守条约的事例。《左传·展喜犒师》记载：齐孝公率军攻打鲁国北境，展喜奉命"犒军"①。齐孝公攻打鲁国北部边境。僖公派展喜去慰劳齐军，并叫他到展禽那里接受犒劳齐军的外交辞令。齐孝公还没有进入鲁国国境，展喜出境迎上去觐见他，说："寡君听说您亲自出动大驾，将要光临敝邑，派遣下臣来犒劳您的左右侍从。"齐孝公问："鲁国人害怕吗？"展喜回答："小人害怕，君子不怕。"齐孝公问："你们的府库空空荡荡像悬挂起来的器皿，四野里光秃秃的连青草都没有，你们凭什么不害怕？"展喜告诉齐孝公：周成王因周公旦、太公姜尚等辅佐有功，赐之以"世世代代不得相害"的盟约。遵守先王遗令（盟约）是君王的责任，毁去盟约则是有负先君的行为。最终，齐孝公遵守了先王遗令（盟约），退军回国。②

在当代，"条约必须信守原则"已经在《联合国宪章》《1969年条约法公约》中正式确认成为条约法规则，③并为世界各国所普遍接受，是最为重要的国际法原则之一。

（三）中国的实践——条约优先适用原则

据统计，当今世界至少有27个国家在宪法中明文规定尊重（遵守）国际法或国际条约，④反映了世界各国对信守国际条约的态度。

全国人民代表大会及其常委会作为我国宪法规定的最高立法机关，在其立法过程中，充分重视国际条约国内的适用问题，并形成了"条约优先适用"的基本原则。虽然我国《宪法》及其他宪法性文件中并未明确要求优先适用国际条约，但在制定法律过程中，已在《民法通则》《海商法》《环境保护法》《海洋环境保护法》《民用航空法》《票据法》《固废污染防治法》《水法》《野生动物保护法》《种子法》等10部法律中充分表明我国践行信守条约的国际法责任的态度。详见表1-4-1。

---

① "犒军"特指犒劳军队。

② 《左传·展喜犒师》：公使展喜犒师，使受命于展禽。齐侯未入竟，展从之，曰："寡君闻君亲举玉趾，将辱于敝邑。使下臣犒执事。"齐侯曰："鲁人恐乎？"对曰："小人恐矣，君子则否。"齐侯曰："室如县罄，野无青草，何恃而不恐？"对曰："恃先王之命。昔周公、大公股肱周室，夹辅成王，成王劳之，而赐之盟，曰：'世世子孙，无相害也！'载在盟府，太师职之。桓公是以纠合诸侯，而谋其不协，弥缝其阙而匡救其灾，昭旧职也。及君即位，诸侯之望曰'其率桓之功！'我敝邑用不敢保聚，曰：'岂其嗣世九年，而弃命废职？其若先君何？君必不然。'恃此而不恐。"齐侯乃还。

③ 万鄂湘等. 国际条约法 [M]. 湖北：武汉大学出版社, 1998：172.

④ 王勇. 条约在中国适用之基本理论问题研究 [D]. 华东政法学院博士学位论文, 2006：77.

表1-4-1　　　　　　　中国法律优先适用国际条约的规定

序号	名称	规定
1	《民法通则》第一百四十二条第二款	中华人民共和国缔结或者参加的国际条约同中华人民共和国的民事法律有不同规定的，适用国际条约的规定，但中华人民共和国声明保留的条款除外
2	《海商法》第二百六十八条第一款	中华人民共和国缔结或者参加的国际条约同本法有不同规定的，适用国际条约的规定；但是，中华人民共和国声明保留的条款除外
3	《环境保护法》第四十六条	中华人民共和国缔结或者参加的与环境保护有关的国际条约，同中华人民共和国的法律有不同规定的，适用国际条约的规定，但中华人民共和国声明保留的条款除外
4	《海洋环境保护法》第九十七条	中华人民共和国缔结或者参加的与海洋环境保护有关的国际条约与本法有不同规定的，适用国际条约的规定；但是，中华人民共和国声明保留的条款除外
5	《民用航空法》第一百八十四条第一款	中华人民共和国缔结或者参加的国际条约同本法有不同规定的，适用国际条约的规定；但是，中华人民共和国声明保留的条款除外
6	《票据法》第九十六条第一款	中华人民共和国缔结或者参加的国际条约同本法有不同规定的，适用国际条约的规定。但是，中华人民共和国声明保留的条款除外
7	《固废污染防治法》第九十条	中华人民共和国缔结或者参加的与固体废物污染环境防治有关的国际条约与本法有不同规定的，适用国际条约的规定；但是，中华人民共和国声明保留的条款除外
8	《水法》第七十八条	中华人民共和国缔结或者参加的与国际或者国境边界河流、湖泊有关的国际条约、协定与中华人民共和国法律有不同规定的，适用国际条约、协定的规定。但是，中华人民共和国声明保留的条款除外

序号	名称	规定
9	《野生动物保护法》第四十条	中华人民共和国缔结或者参加的与保护野生动物有关的国际条约与本法有不同规定的，适用国际条约的规定，但中华人民共和国声明保留的条款除外
10	《种子法》第七十七条	中华人民共和国缔结或者参加的与种子有关的国际条约与本法有不同规定的，适用国际条约的规定；但是，中华人民共和国声明保留的条款除外

　　对于上述规定是否构成条约优先适用的问题，由于我国相关的立法体例基本采用的是："中华人民共和国缔结或参加的与……有关的国际条约与本法有不同规定的，适用国际条约的规定；但是中华人民共和国声明保留的条款除外。"根据上述法律条文的规定，既然适用国际条约的规定是以国内法与国际条约的规定存在不同为前提，那么，两者适用的实际顺序仍是以国内法为先，只在经比较国内法与国际条约的规定存在不同时，国际条约方得适用。

　　我国对国际条约实施的态度是符合条约优先适用原则的。第一，一般情况下，适用国际条约的前提是该争议的法律关系属于涉外法律关系。[①] 一旦法院处理的海商海事纠纷属于涉外纠纷的，就应当考虑国际条约适用的可能性，进而将国内法规定与国际条约的规定进行比较，然后确定适用的准据法是否为国际条约。这体现了我国条约优先适用的态度。第二，国内法律的规定与我国缔结或参加的国际条约的规定经比较有不同规定的，优先适用国际条约的规定。这体现了我国在实体问题上国际条约优先于国内规定。第三，如果国内法的规定与国际条约一致，其结果也是履行国际条约。可以视为通过转化国际条约为国内法的方式予以"间接适用"。[②]

　　最高人民法院作为《宪法》规定的国家最高审判机关，在审判实践中，也持优先适用国际条约的态度。

---

　　① 特殊情况下，各当事方及法院均属同一国家时仍存在适用国际条约的情况。例如，《1978 年联合国海上货物运输公约》第二条第二款规定："不论船舶、承运人、实际承运人、托运人、收货人或任何其他有关的人的国籍如何，本公约各项规定均应适用。"（韩立新. 从一起海事案件谈国际海事公约的适用 [J]. 当代法学，2001，12：75.）

　　② ［奥地利］阿尔弗雷德·菲德罗斯等. 国际法（上册）. 李浩培译. ［M］. 北京：商务印书馆，1981：47.

2005 年 11 月 15 日，时任最高人民法院副院长、审判委员会委员的万鄂湘法官在全国第二次涉外商事海事审判工作会议上第一次正式提出"条约优先适用原则"，并强调，各级法院在审判工作中一定要积极践行我国必须承担的国际义务，除我国保留的条款外，都应在审判中优先适用。①

2008 年 7 月 3 日，最高人民法院对《山东省高级人民法院关于非航行国际航线的我国船舶在我国海域造成油污损害的民事赔偿责任适用法律问题的请示》的答复中表明："根据《中华人民共和国民法通则》、《中华人民共和国海商法》有关涉外法律关系的规定，我国缔结或者参加的国际条约同本国法律法规有不同规定的，除声明保留的条款外，应适用国际条约的规定。由于我国现行法律未对油污责任限制作出规定，因而上述 69 公约（《1969 年国际油污民事责任公约》）、92 议定书（《〈1969 年国际油污损害民事责任公约〉1992 年议定书》）、2000 修正案（《〈1992 年国际油污损害民事责任公约议定书〉2000 年修正案》）应当作为我国法律渊源在我国强制适用。"②

2013 年 1 月 7 日，最高人民法院公布的《法律适用法解释（一）》（法释〔2012〕24 号）规定，涉外民事关系的法律适用涉及适用国际条约的，人民法院应当根据我国民商事法律的冲突规范的指引予以适用。

2015 年 7 月 7 日颁布的《最高人民法院关于人民法院为"一带一路"建设提供司法服务和保障的若干意见》要求："深入研究沿线各国与我国缔结或共同参加的贸易、投资、金融、海运等国际条约，严格依照《维也纳条约法公约》的规定，根据条约用语通常所具有的含义按其上下文并参照条约的目的及宗旨进行善意解释，增强案件审判中国际条约和惯例适用的统一性、稳定性和可预见性。"③

在正确理解和适用的基础上，最高人民法院在 2015 年 7 月 14 日颁布的《最高人民法院关于全面推进涉外商事海事审判精品战略为构建开放型经济体制和建设海洋强国提供有力司法保障的意见》（法〔2015〕205 号）中进一步

---

① 最高人民法院副院长万鄂湘在第二次全国涉外商事海事审判工作会议上的讲话《全国提高涉外商事海事审判水平，为我国对外开放提供有力的司法保障》；参见孙晓光：《增强涉外商事海事审判能力为我国的对外开放提供坚强有力的司法保障——第二次全国涉外商事海事审判工作会议综述》，载《人民司法》2005 年第 12 期，第 24 页.

② 《最高人民法院关于非航行国际航线的我国船舶在我国海域造成油污损害的民事赔偿责任适用法律问题的请示的答复》，载 http：//www. pkulaw. cn/fulltext-form. aspx? gid＝145405，最后访问日期：2016 年 8 月 8 日.

③ 《最高人民法院关于全面推进涉外商事海事审判精品战略为构建开放型经济体制的建设海洋强国提供有力司法保障的意见》，载 http：//www. court. gov. cn/zixun-xiangqing-17452. html，最后访问日期：2016 年 8 月 8 日.

提出了积极参与国际规则制定的要求。增强我国在制定国际投资、贸易和航运规则过程中的话语权。①

通过收集整理的 1989 年至 2016 年最高人民法院司法解释、指导意见、会议纪要、领导讲话、复函等资料可以看出，②最高人民法院始终贯彻着条约优先适用原则，从而在司法层面履行我国信守条约的义务。

条约必须信守原则已不仅仅是一项国际法基本原则，从长远来看，严格遵守国际条约的规定并善意履行，对于树立我国的大国形象、提高国际话语权等有着举足轻重的作用。

二、条约相对效力原则

正如合同法中的"合同相对性原则"，合同一般只对合同当事人产生拘束力。国际条约是国际法主体之间缔结并以国际法为准的国际书面协定，原则上国际条约只在缔约国之间适用，只对缔约国有拘束力，不能通过条约的规定将权利和义务强加给非缔约国（第三国），即通常所说的"条约对第三国既不有损，也不有益"。③《1969 年条约法公约》规定："条约非经第三国同意，不为该国创设义务或权利。"反之，非缔约国也不能从未对其作出任何规定的国际条约中获得权利。④

（一）对第三国创设权利

国际条约的规定对第三国是有益的，是为第三国创设权利。该项为第三国创设的权利成立并生效的条件包括：第一，国际条约所有当事国须有为第三国创设权利的意思。其包含"所有当事国"和"创设权利的意思"。由于为第三国创设权利势必要求当事国承担额外的义务，就需要所有当事国同意接受该项规定的拘束，而同意接受拘束的形式则通常通过书面形式进行。第二，第三国对于该项规定的认可。一般情况下，此种认可不需要第三国以特定形式作出，如以默示行为予以接受亦可。⑤

---

① 《最高人民法院关于人民法院为"一带一路"建设提供司法服务和保障的若干意见》，载 http://www.court.gov.cn/zixun-xiangqing-14900.html，最后访问日期：2016 年 8 月 8 日。
② 详见"附录五：最高人民法院司法解释性文件摘录（1989－2016）"。
③ ［英］伊恩·布朗利.国际公法原理.曾令良等译.［M］.北京：法律出版社，2007：237.
④ ［英］安托尼·奥斯特.现代条约法与实践.江国青译.［M］.北京：中国人民大学出版社，2005：201.
⑤ 《1969 年维也纳条约法公约》第三十六条第一款规定："如条约当事国有意以条约之一项规定对一第三国或其所属一组国家或所有国家给予一项权利，而该第三国对此表示同意，则该第三国即因此项规定而享有该项权利。该第三国倘无相反之表示，应推定其表示同意，但条约另有规定者不在此限。"

取消或变更国际条约项下第三国享有的权利，以第三国同意为前提。① 这样规定的原因在于，权利的行使是第三国的自由，② 第三国怠于行使权利会使该等权利陷入"沉睡"，当事国于此时无须负担第三国享有的该等权利所相对的义务。但是，权利沉睡不代表权利丧失，若当事国可以随意变更或取消其为第三国创设的权利，因而产生的不确定性将明显有损于第三国的利益，有违国际法的公平与正义精神。

试举两个较为常见的为第三国创设权利的例证。例如，具有开放给第三国参加的公约之加入条款；③《巴拿马运河条约》等关于国际水道的条约一般会规定运河对所有国家的船舶开放，而各国船舶通过巴拿马运河的行为可以视作对该项规定的认可等。④

（二）对第三国创设义务

若当事国欲通过国际条约对第三国创设义务，须同时满足两个条件：第一，国际条约所有当事国须有通过国际条约的某一项规定为第三国设定一项义务的意思，其包含"所有当事国"和"设定一项义务的意思"两层，"所有当事国"表明国际条约各方当事国明知为第三国设定义务的后果，而"设定一项义务的意思"通常以书面的形式体现；第二，第三国须以书面的形式明示接受，第三国的默示行为不能构成对该等义务的接受。⑤

但是，第三国接受该等义务并不表示其当然地成为了该条约的缔约国。从《1969年条约法公约》的条款规定即可看出这一结论。《1969年条约法公约》第三十五条规定："如条约当事国有意以条约之一项规定作为确立一项义务之方法，且该项义务经一第三国以书面明示接受，则该第三国即因此项规定而负有义务。"即第三国只负有该项规定的义务，而不负有国际条约的其他义务，也不享有国际条约规定的其他权利。因此，国际条约之所以对第三国产生义务，可以理解为第三国与当事国通过书面形式就某一项规定另外达成了"协议"。换言之，在国际条约中对第三国规定义务可以在一定程度上视为当事国发出的"要约"，而第三国的书面明示接受则可以看作第三国的"承诺"。

---

① 《1969年维也纳条约法公约》第三十七条第二款规定："依照第三十六条使第三国享有权利时，倘经确定原意为非经该第三国同意不得取消或变更该项权利，当事国不得取消或变更之。"

② ［英］安托尼·奥斯特. 现代条约法与实践. 江国青译. ［M］. 北京：中国人民大学出版社，2005：204.

③ ［奥地利］阿尔弗雷德·菲德罗斯等. 国际法（上册）. 李浩培译. ［M］. 北京：商务印书馆，1981：225.

④ ［英］伊恩·布朗利. 国际公法原理. 曾令良等译. ［M］. 北京：法律出版社，2007：4.

⑤ 《1969年维也纳条约法公约》第三十五条规定："如条约当事国有意以条约之一项规定作为确立一项义务之方法，且该项义务经一第三国以书面明示接受，则该第三国即因此项规定而负有义务。"

由于国际条约拘束第三国的情况本质上是形成了新的"协议",对于该项义务的变更或取消,除非当事国与第三国对变更或取消该项义务的方式另有约定,一般要求"必须经条约各当事国与该第三国之同意"。《1969 年条约法公约》第三十七条第一款规定:"依照第三十五条使第三国担负义务时,该项义务必须经条约各当事国与该第三国之同意,方得取消或变更,但经确定其另有协议者不在此限。"

国际条约突破相对效力原则的现象并不鲜见。例如,《国际联盟盟约》和《联合国宪章》等国际条约都存在这一情况。① 而在海事领域,国际海事公约突破相对效力原则的普遍性,已然成为了国际海事公约的一种特性,这部分内容将在本书第二章第四节予以详述。

三、当事人意思自治原则

当事人意思自治原则属于保护私权益的重要国际法原则之一,在国际立法和我国国内法中均有体现。

当事人意思自治原则在国际条约中有所体现。例如,《关于修改〈1924 年统一提单的若干法律规定的国际公约〉1968 年议定书》规定:"提单中所载或为提单所证明的运输合同约定适用公约的规定,该公约即得适用。"② 又如,《1978 年联合国海上货物运输公约》第二条第一款第(e)项允许当事人选择公约为准据法予以适用等。③

我国对国际条约适用的立法也充分保护当事人意思自治的权利。对我国生效的国际条约可以依据《海商法》第二百六十八条第一款等冲突规范予以适用。对于选择国际条约为准据法,当事人意思自治原则的适用范围并不是无限的。根据我国法律的规定,一般仅适用于涉外民商事法律关系。对于涉外合同法律关系,当事人可以约定适用对我国生效的国际条约,也可以约定适用未对我国生效的国际条约,但以该条约的规定不违反我国法律、法规的强制性规定或不违反我国公共利益为前提。同时,从《法律适用法解释(一)》第九条"可以根据该国际条约的内容"的措辞来看,法院也有决定是否适用未对我国生效的国际条约的裁量权。④

---

① 朱文奇等. 国际条约法 [M]. 北京:中国人民大学出版社,2008:193.
② 《关于修改〈1924 年统一提单的若干法律规定的国际公约〉的 1968 年议定书》第五条。
③ 《1978 年联合国海上货物运输公约》第二条。
④ 《最高人民法院关于适用〈中华人民共和国涉外民事关系法律适用法〉若干问题的解释(一)》第九条.

第五节 国际条约的效力

国内法律之间可能存在效力冲突。同样的，国际条约之间也可能存在效力冲突。处理同一条约在时间上的效力范围和空间上的效力范围问题，或不同国际条约之间的效力界定，对于我们正确适用国际条约尤为重要，也能较大程度上使国际条约的适用具有确定性基础。

一、国际条约在时间范围内的效力

（一）时际法的概念

国际条约在时间范围内的效力问题是时际法问题。① 《国际法术语词典》将时际法解释为："为了指示那些可以决定在时间上相互连续的复数的法律规则中，对于某一特定案件应当适用的规则的诸原则而经常使用的术语。"② 经过学界反复研究和讨论，国际法研究院于 1975 年 8 月通过了《国际公法中的时际问题》的决议。该决议将时际问题定义为："与在国内法上相同，国际法秩序中的一般时际问题是关于规范确定法在时间上适用范围的问题。"③ 因此，对于国际条约的时际法概念，我们可以解释为：国际条约的规定在正式生效后，其效力是否及于对当事国生效以前该国所发生事件和行为。不溯及既往原则就是时际法的一个基本原则。

（二）不溯及既往原则

国际条约中的不溯及既往原则源于各国立法实践，可追溯到 1500 年前的东罗马帝国时期。公元 440 年，东罗马皇帝狄奥多西二世曾在颁布的法令中明确："法律和敕令是对将来的行为给予范型而颁布的，而不是为过去的事实而规定的，但是明文为过去和未决的行为规定时不在此限。"④ 这则编入《优斯蒂宁法典》的东罗马皇帝命令，就是不溯及既往原则的雏形。⑤

现代各国立法中，不溯及既往原则规定于法律中的情形并不鲜见。例如，

---

① 万鄂湘等. 国际条约法 [M]. 武汉：武汉大学出版社，1998：166.

② J. Basdevant, *Dictionnair de la terminologie du droit international*，1960，p. 237. 转引自黄远龙. 国际法上的时际法概念 [J]. 外国法评议，2000，2：75.

③ Annuaire de l'Institut de Droit International，1975，p. 536. 转引自王军敏. 国际法中的时际法规则 [J]. 北京行政学院学报，2011，6：87.

④ 李浩培. 条约法概论 [M]. 北京：法律出版社，2003：291.

⑤ 李浩培. 论条约法上的时际法 [J]. 武汉大学学报（社会科学版），1983，6：61.

我国《立法法》（2015 年修正）第九十三条规定："法律、行政法规、地方性法规、自治条例和单行条例、规章不溯及既往，但为了更好地保护公民、法人和其他组织的权利和利益而作的特别规定除外。"甚至将"另有规定者"限缩为"更好地保护公民、法人和其他组织的权利和利益"的目的，使各级立法机关的立法行为不致损害守法者的合法权益。《立法法》是全国人民代表大会制定的法律，其位阶虽低于宪法却高于其他由全国人大常委会制定的法律，有统领各级立法机关（包括全国人大常委会）立法的作用。可见，不溯及既往原则具有重要意义。又如，《法国民法典》（1804 年）第二条。①

我国最高人民法院颁布的司法解释虽不具有法律的地位，却是解决各级法院司法审判难题的重要指引。虽然司法解释的更新速度较快，但也存在时际效力问题。例如，2015 年 7 月 15 日发布的《最高人民法院关于对上海市高级人民法院等就涉及中国国际经济贸易仲裁委员会及其原分会等仲裁机构所作仲裁裁决司法审查案件请示问题的批复》（法释〔2015〕15 号）解决了长久以来困扰法律实务和审判部门的中国国际经济贸易仲裁委员会与其原上海分会、原深圳分会的仲裁协议管辖权问题。该批复以分会更名日和批复施行日作为判定的时间节点。例如，该批复第三条规定："本批复施行之前，中国贸仲或者华南贸仲、上海贸仲已经受理的根据本批复第一条规定不应由其受理的案件，当事人在仲裁裁决作出后以仲裁机构无权仲裁为由申请撤销或者不予执行仲裁裁决的，人民法院不予支持。"这充分尊重了不溯及既往的原则。

在部分国家，不溯及既往原则在宪法中也有体现。例如，《马绍尔群岛共和国宪法》（2011 年修正）第八条第一款规定："任何人不受事后惩罚：诸如超出了行为实施时有效适用的惩罚范围，或程序施加的、较行为实施时有效适用的惩罚对被告更不利的惩罚。"② 体现了不溯及既往原则以及刑法上从旧兼从轻原则，有利于保护公民的权益。又如，《土耳其共和国宪法》（2011 年修正）第十五条第二款规定："犯罪及其刑罚不得溯及既往，未经法庭宣判，任何人不得被认定有罪。"③《摩洛哥王国宪法》（2011 年修正）第六条第二款规定："法律不得具有追溯既往的效力。"④ 法律可以规定不具有溯及力，也可以

---

① 李浩培. 条约法概论 [M]. 北京：法律出版社，2003：291.

② 《马绍尔群岛共和国宪法》，载 http：//www. tw－roc. org/M/mBaseLaw. php？act＝one&search_key＝&id＝8，最后访问日期：2016 年 6 月 12 日.

③ 《土耳其共和国宪法》，载 http：//www. tw－roc. org/M/mBaseLaw. php？act＝one&search_key＝&id＝26，最后访问日期：2016 年 6 月 12 日.

④ 《摩洛哥王国宪法》，载 http：//www. tw－roc. org/M/mBaseLaw. php？act＝one&search_key＝&id＝132，最后访问日期：2016 年 6 月 12 日.

规定具有溯及力。例如，《澳大利亚宪法》（2008 年修正）规定该法的效力溯及 1939 年 9 月 3 日。①

（三）国际海事公约的溯及力

《1969 年条约法公约》第二十八条（条约不溯既往）规定："除条约表示不同意思，或另经确定外，关于条约对一当事国生效之日以前所发生之任何行为或事实或已不存在之任何情势，条约之规定不对该当事国发生拘束力。"国际海事公约的溯及力若用通俗的语言解释，适用的是"老船老规则，新船新规则"②的原理。

以 MLC 2006 规则 3.1（起居舱室和娱乐设施）为例，该公约守则及其修正案中与船舶建造和设备有关的标准不适用于成员国生效日之前（不含）建造的船舶，条款部分内容如下。

规则 3.1　起居舱室和娱乐设施

目的：确保海员在船上有体面的起居舱室和娱乐设施

1. 各成员国应确保悬挂其旗帜的船舶向工作和（或）生活在船上的海员提供并保持与促进海员的健康和福利一致的体面起居舱室和娱乐设施。

2. 实施本规则的守则中与船舶建造和设备有关的要求仅适用于本公约对有关成员国生效之日或以后建造的船舶。对于该日之前建造的船舶，《1949 年船员起居舱室公约（修订）》（第 92 号）和《1970 年船员起居舱室（补充规定）公约》（第 133 号）中规定的关于船舶建造和设备的要求在该日之前应根据有关成员国的法律或实践继续在其适用的范围内适用。一艘船舶应被视为建造于其龙骨铺设之日或当其处于类似建造阶段之日。

3. 除非另有明文规定，守则修正案中与海员居住舱室和娱乐设施有关的任何要求应仅适用于修正案对有关成员国生效之日或以后建造的船舶。

MARPOL 公约的附则 I《防止油类污染规则》，从条款标题即可看出该公约充分考虑了公约有关规定的溯及力问题：

---

① 参见《澳大利亚宪法》，载 http：//www. tw － roc. org/M/mBaseLaw. php? act ＝ one&search_key＝&id＝17，最后访问日期：2016 年 6 月 12 日.

② 鲍君忠. 国际海事公约概论［M］. 辽宁：大连海事大学出版社，2007：25.

第四章　对油船货物区域的要求

A 部分　结构：

第十九条　对 1996 年 7 月 6 日或以后交船的油船的双壳体和双层底的要求

第二十条　对 1996 年 7 月 6 日以前交船的油船的双壳体和双层底的要求

二、国际条约在空间范围内的效力

（一）国际条约在空间上的效力范围

通常来说，国际条约对于一国空间上的效力范围及于其全部领土。《1969 年条约法公约》第二十九条规定："除条约表示不同意思，或另经确定外，条约对每一当事国之拘束力及于其全部领土。"所谓"全部领土"，包括一国领陆、领空和领水。

从该条规定来看，国际条约在一国空间上适用的范围须有条件：（1）各当事国是否对国际条约的空间效力范围另有约定，若另有约定者从其约定；或（2）当事国对该等条约在其本国空间的适用范围另有意思表示。由于该公约并未明确此种意思是否须以明示方式做出，可以认为既可以是明示的也可以是默示的。① 这种规定显然是必要的。例如，丹麦、英国、中国等国内部都有高度自治的区域，这些区域通常拥有不同程度的缔约权。以丹麦为例：丹麦议会通过《2005 年 6 月 24 日关于格陵兰政府根据国际法缔结协定的 577 号法案》授予格陵兰以高度缔约权。若该国缔结的条约涉及格陵兰政府立法权和行政权范围内的事项，由格陵兰政府委派代表参加丹麦国家外交代表团并全权处理与其相关的缔约事务。②

（二）国际条约在我国港澳地区的效力

国际条约在我国港、澳地区的效力主要区分香港、澳门回归之前和香港、澳门回归之后两种情况。以香港为例：对于回归之前（1997 年 7 月 1 日）的国际条约效力问题，主要存在于某一国际条约的效力不及于中国内地或回归前

---

① 李浩培. 条约法概论［M］. 北京：法律出版社，2003：308.
② 外交部条约法律司. 主要国家条约法汇编［M］. 北京：法律出版社，2015：44.

的中国香港时。^① 对此，中国政府和英国政府达成一致，按照两种情况分别处理：（1）中国内地不是国际条约当事国，但在香港回归前作为当事国的英国已经将国际条约的效力延伸至中国香港，可以继续对其有效；（2）中国是国际条约当事国，但英国不是缔约国的，可以在征询香港特区政府的意见后决定是否适用于中国香港。^② 澳门回归时，相关安排由于已有香港回归的先例可以参照适用，处理方式基本与之相同。^③

对于香港或澳门回归后的国际条约效力问题，就从中英两国或中葡两国的安排（联合声明）转变为"特区基本法"具体调整。香港特区或澳门特区可以以"中国香港"或"中国澳门"的名义在适当领域对外缔结国际条约，^④ 也可以由中央政府在咨询特区政府的意见后将自己缔结或参加的国际条约的适用范围扩展至香港特区或澳门特区。

1. 香港特别行政区缔结国际条约情况

香港回归以来，已有大量国际条约适用于我国香港地区。截至 2016 年 8 月 2 日，香港特别行政区政府律政司公布的数据显示，适用于香港特别行政区的公约包括 20 个大类，共计 253 部。其具体如下：政治、外交及国防类 25 部；禁毒类 3 部；国际犯罪类 18 部；国际私法类 10 部；海关类 13 部；海洋污染类 8 部；科技类 7 部；民航类 5 部；商船类 24 部；投资，贸易及工业类 1 部；卫生类 3 部；知识产权类 8 部；环境及文化保护类 14 部；邮政类 4 部；劳工类 41 部；人权类 16 部；国际组织类 46 部；交通类 3 部；电信类 2 部；教育及体育类 2 部。^⑤

---

① 对于香港回归前及澳门回归前同时适用于内地、香港地区、澳门地区的国际条约，国际条约原规定的权利和义务通过三地另书面安排确定互相之间的权利和义务关系。例如，《1958 年承认和执行外国仲裁裁决公约》通过《内地与香港特别行政区相互执行仲裁裁决的安排》解决两地仲裁裁决书执行的问题。又如，《关于 STCW95 公约实施后内地高级船员在香港注册船上工作的认可的合作安排》《内地和香港特别行政区间航空运输安排》、《香港特别行政区与澳门特别行政区航空运输服务安排》等。

② 《中华人民共和国政府和大不列颠及北爱尔兰联合王国政府关于香港问题的联合声明》之附件一《中华人民共和国政府对香港的基本方针政策的具体说明》第十一条。

③ 王勇. 中华人民共和国条约法问题研究（1949—2009）[M]. 北京：法律出版社，2012：46.

④ 《中华人民共和国香港特别行政区基本法》第一百五十一条规定："香港特别行政区可在经济、贸易、金融、航运、通讯、旅游、文化、体育等领域以'中国香港'的名义，单独地同世界各国、各地区及有关国际组织保持和发展关系，签订和履行有关协议。"《中华人民共和国澳门特别行政区基本法》第一百三十六条规定："澳门特别行政区可在经济、贸易、金融、航运、通讯、旅游、文化、科技、体育等适当领域以'中国澳门'的名义，单独地同世界各国、各地区及有关国际组织保持和发展关系，签订和履行有关协议。"

⑤ 参见《公约及国际协定》，载 http://www.doj.gov.hk/sc/laws/treaties.html，最后访问日期：2016 年 8 月 2 日.

香港特别行政区政府另以中国香港名义缔结大量双边协定，主要包括 10 个大类，共计 210 个。具体如下：截至 2015 年 8 月 3 日，缔结民用航空运输协定及国际民航过境协定 69 个；截至 2016 年 2 月 18 日，缔结促进和保护投资协定 18 个；截至 2016 年 2 月 19 日，缔结刑事司法协助的协定 31 个；截至 2016 年 5 月 24 日，缔结移交逃犯的协定 22 个；截至 2015 年 6 月 4 日，缔结移交被判刑人的协定 14 个；截至 2016 年 7 月 20 日，缔结避免双重课税的协定 42 个；截至 2014 年 9 月 3 日，缔结税务数据交换协定 7 个；截至 2014 年 11 月 24 日，缔结紧密经贸合作协议或自由贸易协定 3 个；截至 2011 年 6 月 13 日，缔结环保合作协议 1 个；截至 2015 年 7 月 30 日，缔结劳务合作安排 3 个。① 除上述协定外，其他的双边条约还包括：与超过 100 个国家和地区缔结互免签证安排和协定，其中 10 个是香港特别行政区政府缔结；有 13 个领事协定适用于香港特区；与欧洲共同体缔结海关合作及相互行政协助的协定；与以色列缔结的资讯科技及通讯合作事宜的协定等。②

2. 澳门特别行政区缔结国际条约情况

截至 2016 年 8 月 2 日，根据澳门特别行政区政府印务局公布的情况显示，继续适用于澳门特别行政区（含不再适用于澳门特别行政区的公约）包括 17 个大类，共计 263 部，继续适用于澳门特别行政区的公约 247 部，不再继续适用于澳门特别行政区的公约 16 部。具体包括：民航类 5 部；海关类 13 部（其中 5 部不再继续适用）；禁毒类 3 部；经济金融类 7 部；教育、科技、文化、体育类 8 部（其中 1 部不再继续适用）；资源环保类 10 部；外交、国防类 48 部；卫生类 3 部；人权类 17 部（其中 1 部不再继续适用）；知识产权类 7 部（其中 1 部不再继续适用）；国际犯罪类 10 部；劳工类 43 部（其中 7 部不再继续适用）；海事类 51 部；国际私法类 11 部（其中 1 部不再继续适用）；道路交通类 3 部；邮政电信类 4 部以及建立国际组织协议类 20 部。③

除上述公约外，截至 2016 年 8 月 2 日，还有大量双边条约适用于澳门特区，主要包括 7 个大类，共计 171 个，具体包括：法律及司法合作类 5 个；贸易技术合作类 12 个；投资促进保障类 2 个；外交关系领事类 77 个；空运服务

---

① 参见《公约及国际协定》，载 http：//www. doj. gov. hk/chi/laws/treaties. html，最后访问日期：2016 年 8 月 2 日。

② 王勇. 中华人民共和国条约法问题研究（1949－2009）［M］. 北京：法律出版社，2012：145.

③ 参见《国际公约》，载 http：//cn. io. gov. mo/Legis/International/1. aspx，最后访问日期：2016 年 8 月 2 日.

类 30 个；课税类 21 个；免签证类 24 个。①

（三）国际海事公约对船舶的效力

一切船舶的行政、技术及社会事项均受船旗国的专属支配，即船旗国根据本国法律对每艘悬挂该国国旗的船舶的行政、技术和社会事项，对该船及其船长、高级船员和船员行使管辖权。② 国际海事公约确定的技术标准由缔结条约的船旗国在该国船舶上实施。

但是，国际海事公约的效力并不仅仅及于在缔约国登记的国际航行船舶。国际海事公约规定的不予更优惠待遇条款会使国际海事公约的效力及于在非缔约国登记的船舶。③ 不予更优惠待遇条款要求港口国在监督检查期间，不给予非缔约国船舶相对缔约国船舶更优惠的检查标准的待遇，进而使非缔约国船舶也要在缔约国港口停靠期间遵守相应的国际海事公约的规定。

该等条款在国际海事公约中普遍出现，如 SOLAS 1974、MARPOL 73/78、STCW 1978、MLC 2006 等都规定了不予更优惠待遇条款。这对于促进国际海事公约在全球范围内的广泛实施以及国际海事航行安全、环境保护和海上人命财产安全等具有深远的意义。

三、国际条约的冲突及解决

就同一事项先签订和后签订的国际条约，可能会出现规定内容有重叠的情况。此时就会出现先签订与后签订国际条约的冲突问题，对于解决此类问题，《1969 年条约法公约》提出了如下解决方案。

第三十条 关于同一事项先后所订条约之适用

一、以不违反联合国宪章第一百零三条④为限，就同一事项先后所订条约当事国之权利与义务应依下列各项确定之。

二、遇条约订明须不违反先订或后订条约或不得视为与先订或后订条约不合时，该先订或后订条约之规定应居优先。

三、遇先订条约全体当事国亦为后订条约当事国但不依第五十九条终止或停止施行先订条约时，先订条约仅于其规定与后订条约规定相合之范围内适

---

① 参见《双边协议》，载 http：//cn. io. gov. mo/Legis/International/2. aspx，最后访问日期：2016 年 8 月 2 日。

② 《1982 年联合国海洋法公约》第九十四条.

③ 王国华，孙誉清. 新加坡海事劳工立法及对我国的启示 [J]. 上海海事大学学报，2015，2：91.

④ 《联合国宪章》第一百零三条规定："联合国会员国在本宪章下之义务与其依任何其他国际协定所负之义务有冲突时，其在本宪章下之义务应居优先。"

用之。

四、遇后订条约之当事国不包括先订条约之全体当事国时：

（甲）在同为两条约之当事国间，适用第三项之同一规则；

（乙）在为两条约之当事国与仅为其中一条约之当事国间彼此之权利与义务依两国均为当事国之条约定之。

五、第四项不妨碍第四十一条或依第六十条终止或停止施行条约之任何问题，或一国因缔结或适用一条约而其规定与该国依另一条约对另一国之义务不合所生之任何责任问题。

结合《1969年条约法公约》第三十条的规定，我们可以总结出处理条约冲突问题的规则。

（一）当事国相同的先签订与后签订国际条约冲突

1. 先签订与后签订国际条约全部冲突

若后签订国际条约与先签订国际条约的规定全部冲突而不可能同时适用的，除有特别约定，应依照新法优于旧法原则，则适用后签订国际条约。

2. 先签订与后签订国际条约部分冲突

若先签订与后签订国际条约部分发生冲突的，除非另有特别约定，冲突部分适用后签订国际条约的规定，先签订条约中不存在冲突的部分得以继续适用。

（二）当事国不同的先签订与后签订国际条约冲突

1. 先签订国际条约当事国包含于后签订国际条约当事国

若先签订国际条约当事国包含于后签订国际条约当事国的，此种情况可以适用"当事国相同的先后条约冲突"的规则。①

2. 后签订国际条约当事国包含于先签订国际条约当事国

若后签订国际条约当事国包含于先签订条约当事国。后签订国际条约作为部分缔约国的特别约定在部分国家之间具有优先效力，但若与先签订国际条约的其他国家的约定存在冲突时，存在违反先签订国际条约约定的问题，应当承担相应的国际责任。②

3. 先签订与后签订国际条约当事国属交集关系

若先签订与后签订国际条约的当事国存在交集关系，即不存在包含关系。这种情形发生条约冲突的，只得面临遵守一方的约定，而违反与另一方的约定并承担相应的国际责任的局面。

---

① 朱文奇等. 国际条约法［M］. 北京：中国人民大学出版社，2008：185.
② 朱文奇等. 国际条约法［M］. 北京：中国人民大学出版社，2008：186.

（三）解决先签订与后签订国际条约冲突的其他方法

1. 国际条约的规定与强行法冲突

根据《1969 年条约法公约》第五十三条规定："条约在缔结时与一般国际法强制规律抵触者无效。就适用本公约而言，一般国际法强制规律指国家之国际社会全体接受并公认为不许损抑且仅有以后具有同等性质之一般国际法规律始得更改之规律。"因此，与强行法冲突的规定无效，无效的规定不得适用，应代之以适用该强行法。

2. 国际条约中规定了确定优先顺序的规则

根据《联合国宪章》第一百零三条的规定，若国际条约规定的缔约国义务与《联合国宪章》规定义务相冲突，以《联合国宪章》规定优先。在国际海事公约中，部分公约还规定了特别条款以解决不同国际条约规定之间发生冲突的问题。例如，MLC 2006 糅合了 37 部海事劳工条约，势必会产生与这些公约规定重叠的情况，MLC 2006 通过其第十条"修订以下公约"，避免了公约之间的冲突问题；《1978 年联合国海上货物运输公约》第三十一条明确要求缔约国退出《关于修改〈1924 年统一提单的若干法律规定的国际公约〉1968 年议定书》和《1924 年统一提单的若干法律规定的国际公约》。又如，《2008 年联合国全程或者部分海上国际货物运输合同公约》也订有类似于《1978 年联合国海上货物运输公约》第三十一条规定的内容。

本章小结

国际条约是国际法的主要渊源之一。国际海事立法实践中，国际海事公约的名称以公约、议定书居多，国际海事公约的适用原则，在时间和空间上的效力范围同样遵守着《1969 年条约法公约》确定的一般法律原则和国际法规则。可见，国际海事公约虽是国际条约的一个部门且有其自身特殊性，但无论是国际海事公约的概念、与国内法的关系抑或是适用的原则所遵循的基本原理与一般的国际条约并无本质区别。因此，理解国际海事公约的基本原理，应从国际条约的基本原理出发，并结合国际海事公约的特点即可做到准确地理解。

第二章　国际海事公约的特性

第一节　国际海事公约的定义及制定主体

一、国际海事公约的定义

国际海事公约作为国际条约的一个部门，主要调整海事领域国际法主体之间的国际海事法律关系。就"海事"一词，一般认为有狭义和广义之分。狭义的海事指与船舶、航行和海运有关的事件及事故，① 而广义的海事泛指航运及海上一切事项。此处的国际海事公约，应作广义的理解，即国际法主体就相互之间关于航运及海上一切事项权利和义务达成的并受国际法拘束的书面协定。

吴兆麒教授认为，从整个国际海事公约形成的逻辑体系来看，国际海事公约体系是以《1982 年联合国海洋法公约》为基础，其他国际海事公约共同组成的条约系统。② 《1982 年联合国海洋法公约》是国际海洋发展史上最重要和最全面的法律文件之一，其确定的若干原则是所有国际海事公约必须遵守的原则。③ 而其他国际海事公约，尤以 SOLAS、MARPOL、STCW 和 MLC 影响力最大。

目前，联合国项下有两个专门机构以及一个附属机构负责国际海事公约的立法工作，分别是国际海事组织（IMO）、国际劳工组织（ILO）和联合国国际贸易法委员会（UNCITRAL）。一般而言，IMO 主要负责涉及海上安全、防止船舶污染、船舶构造、海员培训、发证和值班等领域标准的制定。ILO 负责船员海上工作和生活条件、社会保障、结社自由、职业权利等领域标准的制定。UNCITRAL 则是负责通过拟定商法领域（争议解决、运输、国际支

---

① 罗文. 也谈"海事"与"海商"概念的区别 [J]. 世界海运，1998，5：46.
② 杨培举. 国际海事公约"修行"之路 [J]. 中国船检，2013，5：8.
③ 危敬添. 国际海事条约的历史和现状概览 [M]. 北京：人民交通出版社，2010：160.

付、货物销售等）的立法或非立法文件，促进国际贸易法逐步统一和现代化。

二、国际海事组织

国际海事组织（International Maritime Organization，IMO），联合国项下专门机构，总部设于英国伦敦，是专门负责促进各国政府和各国航运业界改善船舶海洋安全、防止海洋污染及海事技术合作的国际组织。IMO 原为 1958 年 3 月成立的政府间海事咨询组织（Inter－Governmental Maritime Consultative Organization，IMCO），于 1959 年成为联合国项下专门机构。该组织第九届大会通过《政府间海事协商组织公约》修正案，自 1982 年 5 月 22 日该修正案生效之日起，IMCO 正式更名为 IMO，该公约亦更名为《国际海事组织公约》。

2011 年 11 月，国际海事组织大会共通过 27 项决议。其中，第 A. 1037（27）号决议《国际海事组织 2012 年至 2017 年的六年战略计划》在《国际海事组织公约》确定的 IMO 宗旨基础上进一步确定了该组织的使命："作为联合国专门机构，IMO 主要通过国际合作推动建立一个安全、环境友好、高效、可持续的航运环境。IMO 通过以下方式履行其使命：采取切实可行的最高标准，确保航运安全、航行效率并预防和控制船只造成的污染；同时关注相关法律问题，有效落实国际海事组织的相关手段，并考虑其普遍、统一运用。"

截至 2016 年 6 月 13 日，该组织共有 171 个会员国和 3 个联系会员（法罗群岛、中国香港和中国澳门）。①

IMO 设大会（Assembly）、理事会（Council）、秘书处（Secretariat）以及五个主要委员会。五个主要的委员会包括海上安全委员会（Maritime Safety Committee，MSC）、海上环境保护委员会（The Marine Environment Protection Committee，MEPC）、法律委员会（Legal Committee）、技术合作委员会（Technical Cooperation Committee）和便利运输委员会（Facilition Committee）。大会为最高权力机构，每两年召开一次。大会休会期间，由理事会行使大会职权。理事会由大会选出的 40 个理事国组成，分为 A、B、C 三类：A 类为 10 个在提供国际航运服务方面具有最大利害关系的国家；B 类为

---

① SEE *Member States*，*IGOs and NGOs*，at http：//www. imo. org/en/About/Membership/ Pages/Default. aspx. Jun. 13th 2016.

10 个在国际海上贸易方面具有最大利害关系的国家；C 类为 20 个作为地区代表的国家。① 中国于 1973 年恢复在 IMO 的成员国席位，并于 1989 年第十六届大会上，当选为 A 类理事国并连任至今。秘书处负责处理日常事务，秘书长为国际海事组织的行政首脑，现任秘书长为李基泽（韩国籍）。②

2012 年至今，经过多轮机构改革，国际海事组织现下设七个分委会，主要负责协助海上安全委员会和海上环境保护委员会工作。

表 2—1—1　　　　　　　国际海事组织分委会③

分委会中文名称	分委会英文名称及简称
人的因素、培训和值班分委会	Sub－Committee on Human Element, Training and Watchkeeping, HTW
国际海事组织综合履约分委会	Sub － Committee on Implementation of IMO Instruments, III
航行、通信与搜救分委会	Sub － Committee on Navigation, Communications and Search and Rescue, NCSR
污染预防及响应分委会	Sub － Committee on Pollution Prevention and Response, PPR
船舶设计与构造分委会	Sub － Committee on Ship Design and Construction, SDC
船舶系统与设备分委会	Sub － Committee on Ship Systems and Equipment, SSE
货物和集装箱运输分委会	Sub － Committee on Carriage of Cargoes and Containers, CCC

---

① A 类理事国（2016－2017）：中国、希腊、意大利、日本、挪威、巴拿马、韩国、俄罗斯、英国、美国。B 类理事国（2016－2017）：阿根廷、孟加拉国、巴西、加拿大、法国、德国、印度、荷兰、西班牙、瑞典。C 类理事国（2016－2017）：澳大利亚、巴哈马、比利时、智利、塞浦路斯、丹麦、埃及、印度尼西亚、肯尼亚、利比里亚、马来西亚、马耳他、墨西哥、摩洛哥、秘鲁、菲律宾、新加坡、南非、泰国、土耳其。

② SEE *Structure of IMO*, at http：//www. imo. org/en/About/Pages/Structure. aspx. Jun. 13th 2016.

③ SEE *Structure of IMO*, at http：//www. imo. org/en/About/Pages/Structure. aspx. Jun. 13th 2016.

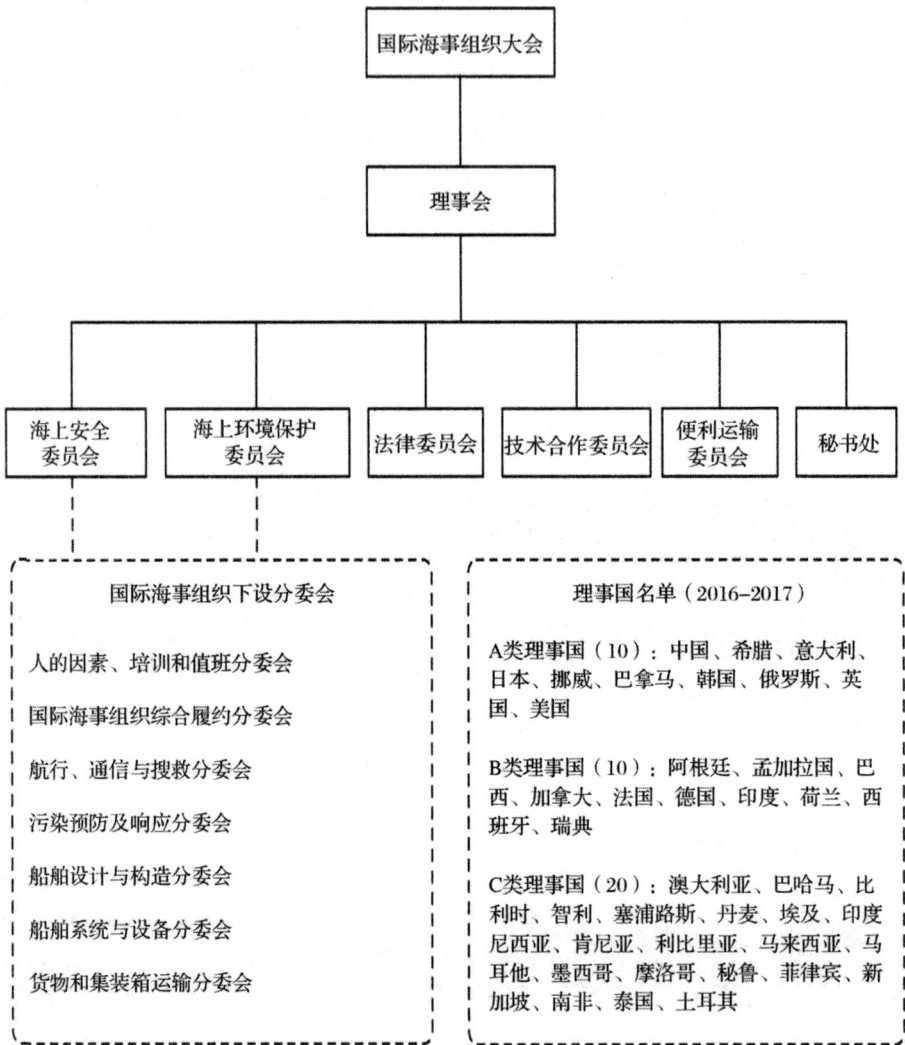

图 2—1—1　国际海事组织机构树状图

三、国际劳工组织

国际劳工组织（International Labour Organization，ILO）与 IMO 同为联合国项下专门机构，总部位于瑞士日内瓦，是在国际劳工方面从事立法（包括海事劳工）和提供咨询、援助的国际组织。ILO 正式成立于 1919 年，通过凡尔赛条约的谈判形成，最初是国际联盟的一个附属机构。1946 年 12 月 14 日成为联合国专门机构，是联合国成立后第一个专门机构。

按照《国际劳工组织章程》，ILO 的宗旨是通过推动就业和提高生活水平，改善劳动条件和保护工人健康，以促进经济和社会的稳定，维护社会正义，巩固世界持久和平。

截至 2016 年 6 月 13 日，该组织共有 187 个会员国，中国是 ILO 创始会员国。[1] 1985 年 1 月 31 日，ILO 在北京设立分支机构，即国际劳工组织北京局，负责与中国有关政府机关、工会组织、企业团体、学术单位等进行联系，并实施技术合作计划，协助中国发展职业技术培训。

ILO 由国际劳工大会、理事会和国际劳工局组成，其他部门或机构均为临时组织。

国际劳工大会是 ILO 的最高权力机构。全体成员国于每年 6 月在日内瓦召开大会，讨论全球的社会及劳工问题，制定国际劳工公约。大会由全体成员国的代表团组成，各成员国代表团由政府代表 2 名、工人代表 1 名以及雇主代表 1 名组成。国际劳工大会常被称为"国际劳工议会"，目前已成为世界讨论重要的社会及劳工问题的论坛。

理事会是 ILO 的执行机构。每年在日内瓦召开三次会议，负责制定工作项目及预算提供国际劳工大会讨论。每三年经大会选举产生 56 名常任理事（28 名政府代表，14 名雇主代表和 14 名工人代表）和 66 名助理成员（28 名政府代表，19 名雇主代表和 19 名工人代表）组成。

国际劳工局是 ILO 的常设秘书处和联络处。其职责是搜集和传播劳动条件和劳动制度的国际规定方面的一切消息，负责研究用以制定国际公约的各种问题并提交大会讨论等。国际劳工局局长由理事会任命并接受理事会的领导，是国际劳工局的最高领导，局长任期为 5 年，可以连选连任。

为监督国际劳工标准的适用情况，ILO 项下设置常规机制和专门机制负责监督国际劳工标准的实施。常规机制下，ILO 设置了两个机构：适用公约与建议书专家委员会（The Committee of Experts on the Application of Conventions and Recommendations）以及国际劳工大会适用公约与建议书三方委员会（The International Labour Conference's Tripartite Committee on the Application of Conventions and Recommendations）负责审查由各成员国提交的实施报告，同时负责审查工人和雇主组织提交的对实施情况的观察报告。专门机制下，一个由理事会任命的临时委员会负责根据递交的呈文

---

[1]　SEE *Alphabetical list of ILO member countries*，at http：//www. ilo. org/public/english/standards/relm/country. htm. Jun. 13th 2016.

（representations）或控告（complaints）监督已批准公约的实施，[①] 以及由结社自由委员会（Freedom of Association Committee）负责对控告结社自由问题的审理。[②]

四、联合国国际贸易法委员会

联合国国际贸易法委员会（United Nations Commissionon on International Trade Law，UNCITRAL）是根据联合国大会 1966 年 12 月 17 日第 2205（XXI）号决议设立的大会附属机构。拟定或提倡采用新国际公约、示范法及规则、编纂惯例等是该委员会的重要任务。

UNCITRAL 的成员是从联合国会员国中选出的，代表不同的法律体系和经济发展程度。根据联合国大会第 2205（XXI）号决议，UNCITRAL 成员最初仅为 29 个国家，1973 年联合国大会将成员国名额增至 36 个国家，2002 年再增至 60 个国家。60 个国家中，包括 14 个非洲国家、14 个亚洲国家、8 个东欧国家、10 个拉丁美洲和加勒比海国家以及 14 个西欧和其他国家。成员由联合国大会选出，任期为 6 年。每 3 年会有半数成员任期届满，在上述国家任期届满前一年选举接任的会员国。

UNCITRAL 的工作主要从三个层面展开：第一层为 UNCITRAL 层面，通过其年度全体会议开展工作；第二层为政府间工作组层面，负责按照 UNCITRAL 工作方案中确定的专项任务开展工作；第三层为秘书处，负责协助 UNCITRAL 和各工作组开展工作。

UNCITRAL 年度会议在纽约和维也纳交替举行，开会期间主要工作包括审定和通过各工作组提交的案文草案、工作组项目进度报告、制定专题研究计划等。UNCITRAL 设有主席团，由 1 名主席、3 名副主席和 1 名报告员组成。主席团成员由各成员国在每年年会召开时选出，任期至下一年年会开始为止，且主席团成员所属国家须顾及上文提到的五大区域。

UNCITRAL 现设 6 个工作组，第一至第六工作组。其中，与国际海事公约密切相关的工作组是第二工作组和第三工作组。工作组一般每年举行一届或两届会议，称为工作组届会。UNCITRAL 制定的工作方案会将各专题项目安排给具体的工作组，并由该工作组完成全部实质性工作。在工作组的请求下，

---

① ［瑞士］A·津格尔. 人权与国际劳工组织对其实现情况的监督. 李亚男译，［J］. 法学译丛，1992，6：13.

② SEE *Applying and promoting International Labour Standards — ILO supervisory system*，at http：//www. ilo. org/global/standards/applying — and — promoting — international — labour — standards/lang—en/index. htm. Jun. 13th 2016.

UNCITRAL 才会干预工作组的工作。例如，在工作组的请求下核准政策定位、澄清工作组特定专题的任务等。每个工作组设有秘书处，由 UNCITRAL 秘书处工作人员组成，负责安排日常行政事务。

表 2－1－2　　　　联合国国际贸易法委员会项下工作组

工作组	历届专题	备注（原名）
第一工作组	1969 年至 1971 年：时限和时效（时效期限）	时限和时效（时效期限）工作组
	2001 年至 2003 年：私人融资基础设施项目	
	2004 年至 2012 年：采购	
	2014 年至今：中小微型企业	
第二工作组	1968 年至 1978 年：国际货物销售	国际货物销售工作组
	1981 年至 2000 年：国际合同惯例	国际合同惯例工作组
	2000 年至今：仲裁和调解	仲裁工作组
第三工作组	1970 年至 1975 年：国际货运法规	国际货运法规工作组
	2002 年至 2008 年：运输法	
	2010 年至今：网上解决争议	
第四工作组	1973 年至 1987 年：国际流动票据	国际流通票据工作组
	1988 年至 1992 年：国际支付	国际支付工作组
	1992 年至 1996 年：电子数据交换	电子数据交换工作组
	1997 年至今：电子商务	电子商务工作组
第五工作组	1981 年至 1994 年：新的国际经济秩序	新的国际经济秩序工作组
	1995 年至 1999 年：破产法	破产工作组
	2000 年：国际合同惯例	
	2001 年至今：破产法	
第六工作组	2002 年至今：担保权益	

联合国秘书处法律事务厅国际贸易法司为 UNCITRAL 提供秘书处服务，该司司长担任 UNCITRAL 秘书处秘书。秘书处的工作主要包括考虑将来可能列入工作方案的专题并起草研究报告、报告和案文草案；开展法律研究；编写 UNCITRAL 工作组会议报告等。

第二节　国际海事公约的生效机制

一、国际条约的生效条件

国际条约的生效指的是国际条约本身产生法律效力，也即在条约生效之时对当事国产生拘束力。需要注意的是，国际条约生效的概念与国际条约对一国生效的概念并不相同。国际条约生效的时点可能与国际条约对一国生效的时点一致，也可能早于对一国生效的时点。

（一）国际条约明确约定生效条件

《1969 年条约法公约》第二十四条第一款规定："条约生效之方式及日期，依条约之规定或依谈判国之协议。"所以，国际条约的生效条件可以由当事国自由约定并订于条约正文之中。正因生效条件属于当事国意思自由的范畴，各类国际条约的生效条件都不尽相同，不可能完全一致，也不可能穷尽列举。实践中常见的生效条件如下。

1. 某一确定日期生效

《1973 年国际纺织品贸易协议》第十四条第一款规定："本协议应于 1974 年 1 月 1 日起生效。"[①]

2. 签字之日生效

《中华人民共和国政府和尼泊尔政府关于边境口岸及其管理制度的协定》第十一条规定："本协定自签字之日起生效，有效期为十年。"[②]

3. 接受条约即行生效

《国际航班过境协议》第六条第三款规定："本协议在缔约国相互间，于各该国接受协议时起即行生效。以后本协议对向美国政府表示接受本协议的每一个其他国家，美国政府收到该国接受本协议的通知之日起具有约束力。美国政府应将所有接受协议的日期以及本协议对每一接受国开始生效的日期通知所有签字国及接受国。"[③]

[①]　朱文奇. 国际条约法 [M]. 北京：中国人民大学出版社，2008：155.

[②]　《中华人民共和国政府和尼泊尔政府关于边境口岸及其管理制度的协定》，载 http://www. fmprc. gov. cn/web/ziliao _ 674904/tytj _ 674911/tyfg _ 674913/t947970. shtml，最后访问日期：2016 年 6 月 14 日.

[③]　《国际航班过境协议》，载 http://bo. io. gov. mo/bo/ii/2004/23/aviso17 _ cn. asp # cht，最后访问日期：2016 年 6 月 14 日.

4. 后一份完成条约国内生效程序的书面通知收到之日起生效

《澳门与台湾避免航空企业双重课税协议》第五条规定："双方于各自完成使本协议生效之必要程序后，应以书面相互通知对方。本协议应自收到较后一份书面通知之日起生效。"①

5. 后一份完成条约国内生效程序的书面通知收到后的一定期限内生效

《中华人民共和国和大韩民国领事协定》第十五条第一款规定："缔约双方应通过外交渠道相互通知已完成协议生效所需的国内法律程序，本协议自后一份通知收到之日起 30 日后生效。"②

6. 后一份完成条约国内生效程序的书面通知发出后的一定期限内生效

《中华人民共和国政府和蒙古国政府关于边界管理制度的条约》第五十条第一款规定："本条约须经双方各自履行条约生效所需的国内法律程序并相互书面通知，并自最后一份书面通知书发出之日起第 30 天生效。"③

7. 自批准书交存保管机构之日对该国生效

《〈2014 年中亚无核武器区条约〉议定书》第七条第一款规定："本议定书在其每个缔约国向《条约》保存国交存批准书之日起对该缔约国生效。"④

8. 一定数量的指定国家批准后一定期限内生效

《商品名称及编码协调制度的国际公约》第十三条第一款规定："一、在至少有 17 个第十一条所列国家及关税或经济联盟在本公约上无条件认可签字或递交了认可书或加入书之日起 12 个月以后 24 个月以内最早的 1 月 1 日，本公约正式生效，但生效之日不得早于 1987 年 1 月 1 日。"⑤

9. 自全部指定国家批准后生效

《2006 年上海合作组织成员国政府间教育合作协议》第二十一条规定："本协议有效期不确定，并在保存方收到各方已完成各自国内生效程序的书面

---

① 《澳门与台湾避免航空企业双重课税协议》，载 http://bo. io. gov. mo/bo/i/2016/19/aviso35 _ cn. asp♯cht，最后访问日期：2016 年 6 月 14 日.

② 《中华人民共和国和大韩民国领事协定》，载 http://bo. io. gov. mo/bo/ii/2015/25/aviso62 _ cn. asp♯cht，最后访问日期：2016 年 6 月 14 日.

③ 《中华人民共和国政府和蒙古国政府关于边界管理制度的条约》，载 http://www. fmprc. gov. cn/web/ziliao _ 674904/tytj _ 674911/tyfg _ 674913/t812099. shtml，最后访问日期：2016 年 6 月 14 日.

④ 《〈中亚无核武器区条约〉议定书》，载 http://bo. io. gov. mo/bo/ii/2016/14/aviso22 _ cn. asp♯cht，最后访问日期：2016 年 6 月 14 日.

⑤ 《商品名称及编码协调制度的国际公约》，载 http://bo. io. gov. mo/bo/ii/2006/49/aviso36 _ cn. asp♯cht1，最后访问日期：2016 年 6 月 14 日.

通知后生效。"① 《1959年南极条约》第十三条第五款规定："当所有签字国都交存批准书时，本条约应对这些国家和已交存加入书的国家生效。此后本条约应对任何加入国在它交存其加入书时生效。"②

10. 自全部指定国家批准后一定期限内生效

《打击恐怖主义、分裂主义和极端主义上海公约》第十八条第二款规定："本公约自保存国收到哈萨克斯坦共和国、中华人民共和国、吉尔吉斯共和国、俄罗斯联邦、塔吉克斯坦共和国和乌兹别克斯坦共和国最后一份关于其已完成为使本公约生效所需的国内程序的书面通知后第三十天起开始生效。"③

11. 自一定数量的指定国家批准后一定期限内生效

《关于制止非法劫持航空器的公约》第十一条第三款规定："本公约应于参加海牙会议的在本公约上签字的十个国家交存批准书后三十天生效。"④

12. 自一定数量的国家或指定的国际法主体批准后一定期限内生效

《联合国禁止非法贩运麻醉药品和精神药物公约》第二十九条第一款规定："本公约应自第二十份由国家或由联合国纳米地亚理事会代表的纳米地亚提出的批准书、接受书、核准书或加入书交存于联合国秘书长后第九十天起生效。"⑤

13. 一定数量的国家批准且须有一定数量的特定国际组织成员批准后一定期限内生效

《支票统一法公约》第六条规定："本公约须获七个国际联盟会员国或非会员国批准或加入后方生效，其中应包括三个在理事会设有常驻代表的会员国。"⑥

14. 交存批准书即对该国生效

《1986年南太平洋无核区条约第二号议定书》和《1986年南太平洋无核区

① 《上海合作组织成员国政府间教育合作协议》，载 http：//bo. io. gov. mo/bo/ii/2009/48/aviso36_cn. asp#cht，最后访问日期：2016年6月14日。

② 《南极条约》，载 http：//bo. io. gov. mo/bo/ii/2008/14/aviso10_cn. asp#cht，最后访问日期：2016年6月14日。

③ 《打击恐怖主义、分裂主义和极端主义上海公约》，载 http：//bo. io. gov. mo/bo/ii/2012/19/aviso28_cn. asp#cht，最后访问日期：2016年6月14日。

④ 《关于制止非法劫持航空器的公约》，载 http：//bo. io. gov. mo/bo/i/99/29/decretolei386_cn. asp#cht，最后访问日期：2016年6月14日。

⑤ 《联合国禁止非法贩运麻醉药品和精神药物公约》，载 http：//bo. io. gov. mo/bo/i/99/13/resoluar29_cn. asp#cht，最后访问日期：2016年6月14日。

⑥ 《支票统一法公约》，载 http：//bo. io. gov. mo/bo/ii/2005/07/aviso07_cn. asp#cht，最后访问日期：2016年6月14日。

条约第三号议定书》均规定："本议定书应自各国向保存人交存其批准书之日起对该国生效。"①

15. 一定数量的批准书、接受书、核准书或加入书交存保管机构后的一定时期内生效

《2001 年关于持久性有机污染物的斯德哥尔摩公约》第二十六条第一款规定："本公约应自第五十份批准、接受、核准或加入文书交存之日后第九十天起生效。"②《1958 年承认和执行外国仲裁裁决公约》第十二条第一款规定："本公约应自第三件批准或加入文件存放之日后第九十日起发生效力。"③

16. 一定数量的国家已签字并对批准、接受或核准无保留，或将批准书、接受书、核准书或加入书交存保管机构后的一定时期内生效

《1929 年统一国际航空运输某些规则的公约》第五十三条第六款规定："本公约应当于第三十份批准书、接受书、核准书或者加入书交存保存人后的第六十天在交存这些文件的国家之间生效。就本款而言，地区性经济一体化组织交存的文件不得计算在内。"④《1969 年国际干预公海油污事故公约》第十一条规定："一、本公约应自有十五个国家的政府已签字并对批准、接受或核准无保留，或已将批准、接受或加入的文件送交本组织秘书长收存之后第九十天起生效。二、对于以后批准、接受、核准或加入的每一个国家，本公约应自该国交存相应文件之后第九十天起生效。"⑤

17. 一定条件和数量的国家批准后的一定期限内生效

《2006 年海事劳工公约》第八条第二款规定："本公约应在合计占世界船舶总吨位 33% 的至少 30 个成员国的批准书已经登记之日起 12 个月后生效。"⑥

18. 一定条件和数量的国家批准且满足特定国家受其他公约的拘束后一定

---

①　《南太平洋无核区条约》第二号议定书、第三号议定书，载 http：//bo. io. gov. mo/bo/ii/2016/21/aviso36＿cn. asp♯cht3，最后访问日期：2016 年 6 月 14 日.

②　《关于持久性有机污染物的斯德哥尔摩公约》，载 http：//bo. io. gov. mo/bo/ii/2004/48/aviso41＿cn. asp♯cht，最后访问日期：2016 年 6 月 14 日.

③　《承认和执行外国仲裁裁决公约》，载 http：//bo. io. gov. mo/bo/ii/2007/13/aviso03＿cn. asp♯cht，最后访问日期：2016 年 6 月 14 日.

④　《统一国际航空运输某些规则的公约》，载 http：//bo. io. gov. mo/bo/ii/2006/17/aviso19＿cn. asp♯cht，最后访问日期：2016 年 6 月 14 日.

⑤　《国际干预公海油污事故公约》，载 http：//bo. io. gov. mo/bo/ii/2016/18/aviso34＿cn. asp♯cht，最后访问日期：2016 年 6 月 14 日.

⑥　SEE MLC 2006 — *Maritime Labour Convention*，2006（*MLC*，2006），at http：//www. ilo. org/dyn/normlex/en/f？p＝NORMLEXPUB：91：0：：NO：：P91＿SECTION：TEXT. Jun. 14th 2016.

期限内生效

《伯尔尼保护文学和艺术作品公约》第二十八条第二款第（a）项规定：
"第一至二十一条及附件在实现下述两个条件后三个月生效：（1）至少有五个
本同盟成员国批准或加入此公约文本而未按照第一款 b 项作过声明；（2）法
国、西班牙、大不列颠及北爱尔兰联合王国、美利坚合众国已受到一九七一年
七月二十四日在巴黎修订过的世界版权公约的约束。"①

（二）国际条约没有约定生效条件

对于没有约定生效条件的国际条约，《1969 年条约法公约》第二十四条第
二款规定："倘无此种规定或协议，条约一俟确定所有谈判国同意承受条约之
拘束，即行生效。"例如，《关于指导解决中华人民共和国和越南社会主义共和
国海上问题基本原则协议》中，中、越两国没有在协议中约定生效时点。依据
《1969 年条约法公约》第二十四条第二款的规定签订日"二〇一一年十月十一
日"为该协议生效之日。② 但是，该款规定中"谈判国"一词概念过大，使得
中途弃权或反对国际条约的谈判国也包含在内，可能会使同意接受国际条约拘
束的国家利益受损。③

二、国际海事公约的生效程序

（一）母公约的生效程序

与其他领域的国际条约相同，国际海事公约亦须经过起草、议定、认证、
签署、批准等程序，直至正式生效。然而，国际海事公约往往影响面较大，牵
涉政府、船舶所有人、海员等各方面的利益，因而相对于其他领域的公约，国
际海事公约的生效要求和程序更为复杂和严格，需要满足多个生效条件方才正
式生效。同时，国际海事公约也充分考虑本身实施的需要，而给予各方以合理
的准备期。下面以 STCW 1978、SOLAS 1974 和 MLC 2006 为例来说明国际
海事公约的生效程序。

1.《1978 年海员培训、发证和值班标准国际公约》

STCW 1978 第十四条规定了该公约生效的条件：

（1）本公约应在至少有 25 个国家，其商船总和不少于全世界 100 总登记

---

① 《伯尔尼保护文学和艺术作品公约》，载 http：//bo. io. gov. mo/bo/i/99/29/decretolei73 _
cn. asp♯cht，最后访问日期：2016 年 6 月 14 日。

② 《关于指导解决中华人民共和国和越南社会主义共和国海上问题基本原则协议》，载 http：//
www. fmprc. gov. cn/web/ziliao _ 674904/tytj _ 674911/tyfg _ 674913/t872687. shtml，最后访问日
期：2016 年 6 月 14 日。

③ 李浩培. 条约法概论［M］. 北京：法律出版社，2003：177.

吨及 100 总登记吨以上的商船总吨的 50％，按第十三条已签字而对批准、接受或核准无保留，或已交存所需的关于批准、接受、核准或加入的文件之后，经过 12 个月生效。

（2）秘书长应将公约的生效日期通知所有已签字或已加入本公约的国家。

（3）凡在第一款所述的 12 个月的期间内交存的批准、接受、核准或加入的文件，应在本公约生效之日生效，或在交存上述文件之日起过三个月生效，以较晚者为准。

（4）凡在本公约生效之日后交存的批准、接受、核准或加入的文件，应在交存之日后经过三个月生效。

（5）在修正案根据第十二条规定视为已被接受之日后交存的任何批准、接受、核准或加入的文件，应适用于修正后的公约。

STCW 1978 的生效须满足三个条件：①至少有 25 个国家接受 STCW 1978 拘束；②接受 STCW 1978 拘束的国家的商船吨位总和在全世界 100 总登记吨及以上商船总吨占比大于等于 50％；③自上述条件满足之日起 12 个月后，STCW 1978 生效。

2.《1974 年国际海上人命安全公约》

SOLAS 1974 第十条规定了生效条件：

（1）本公约应在不少于 25 个国家，其拥有商船合计吨位数不少于世界商船总吨数的 50％，按第九条规定成为本公约缔约国之日起 12 个月后生效。

（2）在本公约生效日以后交存的批准、接受、认可或加入的任何文件，应在交存文件之日起 3 个月后对其生效。

（3）在本公约的某一修正案在其按第八条规定视为已被接受之日后交存的批准、接受、认可或加入的任何文件，应适用于经修正的公约。

SOLAS 1974 的生效条件与 STCW1978 存在一定差异，但也须满足三个条件：①至少有 25 个国家接受 SOLAS 1974 拘束；②接受 SOLAS 1974 拘束的国家商船吨位数占世界商船总吨数比例至少 50％；③上述条件同时满足之日起 12 个月后，SOLAS 1974 生效。

3.《2006 年海事劳工公约》

MLC 2006 第八条规定了公约生效的条件：

（1）对本公约的正式批准书应送请国际劳工局局长登记。

（2）本公约只对其批准书已由局长登记的国际劳工组织成员国具有约束力。

（3）本公约应在合计占世界船舶总吨位 33％的至少 30 个成员国的批准书已经登记之日 12 个月后生效。

（4）此后，对于任何成员国，本公约将于其批准书经登记之日 12 个月后对其生效。

MLC 2006 虽然是 ILO 制定的公约，但 MLC 2006 所规定的生效条件充分考虑了海事领域的特殊性，既要考虑 ILO 成员国数量的要求，也要考虑船舶吨位的情况，以免造成船方、海员方、政府方三方权利义务关系失衡。该条第三款规定了公约生效的 3 个条件：①至少 30 个 ILO 成员国批准 MLC 2006。②批准 MLC 2006 的成员国合计船舶吨位占世界船舶总吨位 33% 以上。③当同时满足前两个条件后，MLC 2006 将于条件满足日的 12 个月后生效。2012 年 8 月 20 日，菲律宾批准了 MLC 2006，成为第 30 个批准 MLC 2006 的国家。MLC 2006 规定的前两个生效条件已全部达成，第三个生效条件于当日触发。①

（二）议定书的生效程序

国际海事公约的议定书是其母公约的附属文件，通常用以补充、说明、解释或修订母公约的规定。对于议定书的生效问题，简而言之：①若议定书是作为母公约的一部分供当事国批准的，当事国若接受母公约的拘束，则议定书一般与母公约一并生效；②若议定书是以修订、补充或替换母公约的目的另外形成并供当事国批准的，该议定书的生效仍需经过一系列生效程序，条件达到后方始生效。

下面以《〈1969 年国际油污损害民事责任公约〉1992 年议定书》《〈1973 年防止船舶造成污染国际公约〉1978 年议定书》《〈1966 年国际船舶载重线公约〉1988 年议定书》为例说明议定书的生效程序。

1.《〈1969 年国际油污损害民事责任公约〉1992 年议定书》

该议定书第十三条规定了生效条件：

（1）本议定书应自包括四个各拥有不少于一百万油轮总吨位的国家在内的十个国家向本组织秘书长交存了批准、接受、核准或加入文件之日后十二个月生效。

（2）但是，《1971 年基金公约》（《1971 年设立国际油污损害赔偿基金国际公约》）的任何缔约国，可在其交存本议定书的批准、接受、核准或加入文件时声明：在修正《1971 年基金公约》的《1992 年议定书》（《〈1971 年设立国际油污损害赔偿基金国际公约〉1992 年议定书》）第三十一条所规定的六个月期限终止之前，就本条而言，该文件无效。非《1971 年基金公约》的缔约国的国家，如交存了修正《1971 年基金公约》的《1992 年议定书》的批准、接受、核准或加入文件，也可同时按本款规定作出声明。

---

① 《海事劳工公约明年生效中国海事履约稳步推进》，载 http://www.gdmsa.gov.cn/gd/ShowArticle.asp? ArticleID＝13021，最后访问日期：2016 年 6 月 14 日.

（3）按上一款作出声明的任何国家，可在任何时候向本组织秘书长发出通知，将其声明撤回。任何这种撤回将在通知收到之日起生效，但在该日期，此种国家应视为已交存了本议定书的批准、接受、核准或加入文件。

（4）对于在第一款规定的生效条件已获满足后批准、接受、核准或加入本议定书的国家，本议定书应自该国交存适当文件之日后十二个月生效。

该公约议定书第十三条第一款所规定的生效条件既要求至少"十个国家"批准、接受、核准或加入公约，同时又要求至少有"四个"油轮总吨位为"一百万吨"的国家接受拘束才可生效。第二款是考虑到《1971年设立国际油污损害赔偿基金国际公约》与《1969年国际油污损害民事责任公约》不能同时加入，且《1971年设立国际油污损害赔偿基金国际公约》退出程序的期限较长，以便提供变通路径给希望批准该议定书却同时属于《1971年设立国际油污损害赔偿基金国际公约》缔约国的国家。第三款给予第二款中涉及的《1971年设立国际油污损害赔偿基金国际公约》缔约国以方便，虽然之前声明交存的批准文件无效，但是仍承认其已经交存了批准文件。

2.《〈1973年防止船舶造成污染国际公约〉1978年议定书》

该议定书第五条规定了生效条件：

（1）本议定书应在不少于十五个国家，其商船合计总吨位不少于世界商船总吨位的百分之五十，并按本议定书第四条规定参加本议定书之日后，经过12个月生效。

（2）凡在本议定书生效之日后交存的关于批准、接受、核准或加入的文件，应在交存之日后经过3个月生效。

（3）凡在议定书的修正案按防污公约第十六条的规定认为已被接受之日以后交存的批准、接受、核准或加入的任何文件，应适用于经修正的议定书。

根据该议定书第五条第一款的规定，该议定书的生效条件为三个：①愿意接受该议定书拘束的国家不少于15个。②愿意受之拘束的国家的商船总吨位应不少于世界商船总吨位的50%。③满足前述两个条件后，该议定书将于满足该等条件之日起12个月后生效。

3.《〈1966年国际船舶载重线公约〉1988年议定书》

该议定书第五条规定了生效条件：

（1）本议定书在下列两个条件均获满足之日后十二个月之生效：

（a）至少十五个国家，其商船队合计总吨位数不少于世界上船队总吨数的百分之五十，已按第四条表示同意受本议定书约束，和

（b）《〈1974年国际海上人命安全公约〉1988年议定书》的生效条件已满足。

（2）对于在本议定书的生效条件已获满足后但在生效之日前交存了批准、接受、核准或加入文件的国家，其批准、接受、核准或加入应在本议定书生效之日或文件交存之日后三个月生效，以晚者为准。

（3）在本议定书生效之日后交存的批准、接受、核准或加入文件应在交存之日后三个月生效。

（4）在本议定书的修正案或，就本议定书缔约国之间而言，在本公约的修正案根据第六条被视为已获接受之日后交存的任何批准、接受、核准或加入文件，均应适用于经修正的本议定书或公约。

该议定书第五条第一款虽表明须满足"两个条件"，分解开来实有四个条件：①《〈1974年国际海上人命安全公约〉1988年议定书》生效条件已满足；②愿意接受拘束的国家数目大于等于15个；③愿意接受议定书拘束的国家拥有的商船队总吨数至少是世界商船队总吨数的50％；④若前述条件均满足，则自获满足之日后12个月生效。第一款规定的"12个月"生效期限并不绝对，根据该条第二款的规定，若在议定书正式生效前2个月提交必要文件表示愿意接受议定书拘束，则对该国的生效期限为"3个月"。

从上述国际海事公约母公约、议定书的生效条款我们不难看出，除特殊情况外（如以其他条约生效为前提、与其他已生效国际条约不能同时参加等），国际海事公约及其议定书的生效条款，通常会以如下形式进行规定：

国际海事公约生效条件＝国家数目条件＋商船总吨位条件＋生效期限条件

（三）修正案的生效程序

国际海事公约技术标准部分通常以附则、守则等形式列于条约正文之后，作为该国际海事公约的一部分供各国批准。考虑到科学技术、环境因素、人本意识等因素不断发生变化，为适应这些不断变化的内、外界因素，国际海事公约就需要通过不断更新、修正其规定的技术标准以适用这种变化。

1. 国际海事公约修正程序——以《2006年海事劳工公约》守则部分为例。

（1）程序启动

启动的主体包括：任何ILO成员国政府、三方专门委员会船东代表组、三方专门委员会海员代表组。

启动的条件包括：ILO成员国政府启动守则修正须得到5个批准MLC 2006的成员国政府或者船东代表组或者海员代表组的共同提议或支持；三方专门委员会船东代表组和三方专门委员会海员代表组可以直接启动守则修正程序。

启动后的准备工作包括：启动的条件达成后，国际劳工局局长会立即将有关资料送达所有成员国，并给予一定期限准备，供各成员国就该次修正的提议发表意见或建议。除非理事会有特殊决定，这一准备期一般为 6 个月，理事会作出特殊决定后该准备期至多不超过 9 个月且不少于 3 个月。

（2）提交国际劳工组织大会的条件

准备期结束后，由三方专门委员会负责审议该等对 MLC 2006 守则部分修正案的提议。该修正案经三方专门委员会通过后，会提交下一届 ILO 大会审议，若获得出席 ILO 大会的三分之二多数代表的支持，则正式成为 MLC 2006 修正案。然而，提交 ILO 大会的前提是该方案在三方专门委员会会议上得到各方代表审议通过，只有在同时满足以下三个条件时，才视为通过审议：①须有半数以上批准 MLC 2006 的成员国政府出席审议会议；②获得委员会成员三分之二多数支持票；③代表政府的表决权、代表船东的表决权、代表海员的表决权，均须有半数以上的支持票。

（3）国际劳工组织大会直接启动修订程序

ILO 大会可以直接启动修订 MLC 2006 守则部分的程序，并按《国际劳工组织章程》及其议事程序审议、通过。

2. 修正案的生效

国际海事公约修正案的生效程序通常有两种形式，即明示接受和默示接受。这两种方式在不同的国际海事公约中有所体现。

（1）默示接受

MLC 2006 没有规定缔约国明示接受修正案的程序，而只是规定了默示程序，即允许“批约成员国”在确定的异议期内提出异议。除非 ILO 大会批准修正案时另有决定的（至少为 1 年），该异议期一般为 2 年。当国际劳工局局长收到超过 40％已批准公约的成员国的异议，且上述国家的船舶总吨位须超过 40％，则该修正案不生效。

MLC 2006 第十五条有关默示接受的规定如下：

6. 局长应将经大会批准的修正案通知给其对本公约的批准书在大会批准修正案前已经登记的每一成员国。下文称此种成员国为“批约成员国”。该通知应援引本条，并应规定提出任何正式异议的期限。除非大会在批准时确定了不同期限（应至少为一年），此期限应为自通知之日起两年。通知的副本应送本组织的其他成员国供其知晓。

7. 除非局长在规定的期限内收到超过 40％的已批准本公约成员国的正式不同意见，并且他们代表着不少于已批准公约成员国船舶总吨位的 40％，大会通过的修正案应视为已被接受。

8. 视为已被接受的修正案应于规定期限结束之日 6 个月后对所有批约成员国生效，根据本条第七款正式表示了不同意见且没有根据第十一款撤销该不同意见的批约成员国除外。

（2）明示接受

相比 MLC 2006 只规定修正案的默示接受程序，SOLAS 同时规定了明示接受和默示接受。以其明示接受条款为例：SOLAS 第八条第（b）款第（vi）项第（1）目规定："对本公约正文某一条款或附则第 I 章的修正案，在三分之二的缔约国政府接受之日，应视为已被接受。"当 SOLAS 正文某一条款或附则第 I 章的修正案被接受之日起 6 个月后对接受该修正案的缔约国生效，若在该修正案被接受之后有其他缔约国决定接受该修正案的，则自其接受之日计算 6 个月生效期。

三、默示接受制度对国际海事公约生效的影响

上文提及的默示接受制度已被大量国际海事公约所接受，适用于修正案的生效程序中，为国际海事标准的快速更新提供了强有力的制度保障。然而，这种制度较适合于技术标准的修订，而不适合运用于国际条约的生效程序。原因在于：第一，由授权代表签字再由国家有权机关批准的流程是一种国际惯例，各国均应依例执行。① 第二，国家的批准行为是其通过国内程序严肃审查国际条约的行为，尤其是对重要的国际条约，需要仔细审查和论证国家缔结该条约的利弊得失。第三，只有在国内批准通过后，国际条约才能成为该国遵守与履行的国内法律依据。

正因为如此，仍有一部分国际海事公约迟迟无法生效或不能得到广泛适用。自 2004 年 IMO 通过《2004 年国际船舶压载水和沉积物控制与管理公约》（BMW 2004）以来，直到 2014 年日本才作为第 41 个批准该公约的国家，使商船吨位达到占世界商船总吨位的 32.01％。② 2016 年 3 月 10 日，斐济宣布批准 BMW 2004，成为第 49 个批准该公约的国家，参加 BMW 2004 的国家商船总吨位占世界商船总吨位 34.82％，距离 BMW 2004 规定的 35％ 还差 0.18％。③ 实际上，船舶压载水导致的外来生物入侵问题，对环境、经济甚至人类本身的影响愈来愈大，而 BMW 2004 却迟迟不能生效。

除 BMW 2004 外，《2006 年海事劳工公约》（2013 年 8 月 20 日生效）、《1973 年国际船舶吨位丈量公约》（1982 年 7 月 18 日生效）、《1974 年海上旅

---

① 李浩培. 条约法概论 [M]. 北京：法律出版社，2003：67.

② 陈珺. 压载水公约为何十年难磨一剑 [J]. 中国水运报，2014，007.

③ 《压载水公约还差 0.18％，未来两年恐面临船舶进坞高峰》，载 http://www.zgsyb.com/html/content/2016－03/17/content_474605.shtml，最后访问日期：2016 年 6 月 15 日.

客及其行李运输雅典公约》（1987 年 4 月 28 日生效）等国际海事公约都经历了较漫长的生效期，这种现象带来许多负面影响：第一，公约无法尽快实施，导致公约不得不于生效前再行修订。例如，《1974 年海上旅客及其行李运输雅典公约》于生效前又制定了 1976 年议定书。又如，《1971 年设立国际油污损害赔偿基金公约》在生效前，也制定了 1976 年议定书以更新公约部分过时的规定。第二，公约规定和技术标准无法尽快得到实施，使得环境安全、船舶安全、船员基本权益等无法得到有效保护。

　　面对此类国际海事公约迟迟无法生效的问题，就 BMW 2004 而言，各国主要考虑多方面问题：技术、意识、成本、经济环境、公约本身等。[①] 为了更好地解决这些问题，减少国际海事公约迟迟不生效带来的负面影响，同时也能做好履约的提前准备，可以从如下几个方面着手：第一，促使船舶压载水处理系统市场不断发展，尽可能提高压载水处理系统的可靠性和稳定性，同时降低生产、销售、安装、使用和维护各环节成本。第二，强化船舶所有人可持续的发展、经营和管理理念，使之了解处理"压载水污染"问题是船舶所有人必须面对并终将解决的问题，从根源上推进公约生效。第三，可以通过设立更长公约履行的准备期，或采用行之有效的过渡措施、政策优惠等方法，促进和支持船舶所有人履约，以免船舶所有人对于高量履约成本的后顾之忧。例如，可以由压载水处理系统生产企业分担一定履约成本和责任等。第四，由于目前只有美国有技术能力开展港口国的压载水取样，[②] 各港口国可以通过技术输出的方式，平衡压载水取样技术发展不平衡的问题。

第三节　国际海事公约的目标型趋势

　　国际海事公约以技术性强为其一大特点，囊括船舶安全、环境污染、船员培训、发证、值班、配员等操作规则或技术规范。然而，20 世纪 80 年代以来，一系列船舶事故暴露了船舶结构方面的重大缺陷，[③] 加之船舶建造规范的制定又以经验为主无法适应现代船舶业的发展等原因，[④] 迫切需要 IMO 组织

　　① 毕占新. 压载水公约无法生效的原因解析［J］. 中国科协 2009 年海峡两岸青年科学家学术活动月——海上污染防治及应急技术研讨会论文集：452-453.
　　② 费珊珊. 压载水公约生效面临的难题分析［J］. 中国海事，2014，7：60.
　　③ 刘正江，吴兆麟，李桢. 国际海事组织海事安全类公约的最新发展［J］. 中国航海，2012，1：62.
　　④ 陈桂平. "目标型标准"的理解及应对［J］. 江苏船舶，2010，5：34.

设计出创新并且易于实施的船舶建造标准。

一、目标型标准的概念

目标型船舶建造标准由巴哈马和希腊首次提出。巴哈马和希腊建议海上安全委员会制定允许在设计中创新的船舶建造标准，但这些标准应确保船舶的建造方式使船舶维护得当，可在其整个经济寿命期限内保持安全。之后，巴哈马、希腊和国际船级社协会在国际海上安全大会第 78 次会议上提出了目标型船舶标准的"五层立法框架"。经过反复论证讨论，海上安全委员会于 2010 年 5 月 20 日通过第 MSC. 287（87）号决议《国际散货船和油船目标型建造标准》同意采用由巴哈马、希腊和国际船级社协会最初建议的五层体系：

第一层，目标。应实现的高层目标。

第二层，功能要求。符合目标而应实现的标准。

第三层，符合性验证。验证船舶设计和建造的规范和规则符合目标和功能要求的程序。

第四层，船舶设计和建造的规范和规则。为符合目标和功能要求而由 IMO、国家主管机关/或认可组织制定，并由国家主管机关和/或代表国家主管机关行事的认可组织执行的船舶设计和建造的详细要求。

第五层，业界实践和标准。造船、船舶营运、维护、培训、配员等方面的业界标准、实践准则和安全及质量体系，可纳入船舶设计和建造的规范和规则或在其中引用。①

制定上述第一层至第三层的规定是海上安全委员会的责任范围，由海上安全委员会负责确定。例如，海上安全委员会通过的第 MSC. 287（87）号决议《国际散货船和油船目标型建造标准》确定了新造国际散货船和油船所需达到的目标、功能要求以及符合性验证问题。上述第四层、第五层的规则，则由工业界具体负责，并通过当事国交 IMO 有关主体验证、认证。目前，第 MSC. 287（87）号决议《国际散货船和油船目标型建造标准》已经确定了新造散货船和油船的第一层目标和第二层功能性要求，第三层验证适用海上安全委员会通过的第 MSC. 296（87）号决议《散货船和油船目标型船舶建造标准符合性验证指南》。第四层和第五层则由国际船级社协会和各船级社分别确定。②

目标型标准与描述型标准是相对的概念。描述型标准是将需要执行的要求明确、具体、全部列明，执行者遵照执行即可。例如，"按每层配置不少于 2

---

① 《国际散货船和油船目标型建造标准》前言第 I 条。

② 陈桂平. "目标型标准"的理解及应对［J］. 江苏船舶，2010，5：35.

具的标准配备 2 公斤以上的 ABC 型干粉灭火器"属于描述型标准,受该规则调整的对象直接按描述内容执行即可。而目标型标准不规定明确具体的标准,只设定所需达成的目标,允许执行者以可替代的方式实现目标。① 例如,"配备充足的灭火设备"就属于目标型标准。

二、目标型标准的应用

目标型标准早已深入国际海事公约的立法之中,如已运用于 SOLAS。SOLAS 所体现的目标型理念,包括"分层体系"理念以及"实质等效"理念。

(一)分层体系

经修正的 SOLAS 1974 附则第 II－2 章"构造——防火、探火和灭火"的 A 部分(通则)的第二条(消防安全目标和功能要求)规定了船舶防火、探火和灭火设计标准的"三层"标准。具体如下:

1. 第一层"目标"

消防安全目标

1.1　本章消防安全目标为:

1.1.1　防止火灾和爆炸的发生;

1.1.2　减少火灾造成的生命危险;

1.1.3　减少火灾对船舶、船上货物和环境的破坏危险;

1.1.4　将火灾和爆炸抑制、控制和扑灭在火源舱室内;和

1.1.5　为乘客和船员提供充分和随时可用的脱险通道。

该部分将"消防安全"作为总目标,并分列五个分目标使总目标更具体。这样规定的结果就是执行该公约的过程中缔约国有明确的纲领性原则可以适用。同时,后续层次的标准也能以此为指导确定具体要求。

2. 第二层"功能要求"

消防安全目标的功能要求

2.1　为了达到本条第一款所述的消防安全目标,下列功能要求体现在本章相应的条文中:

---

① 周驰. 立足未来国际海事履约新基点——我国应及早应对"目标型标准"(GBS)的挑战 [J]. 中国海事,2009,12:25.

  2.1.1 用耐热与结构性限界面，将船舶划分为若干主竖区和水平区；

  2.1.2 用耐热与结构性限界面，将起居处所与船舶其他处所隔开；

  2.1.3 限制可燃材料的使用；

  2.1.4 探知火源区域内的任何火灾；

  2.1.5 遏制和扑灭火源处所内的任何火灾；

  2.1.6 保护脱险通道和消防通道；

  2.1.7 灭火设备的随时可用性；和

  2.1.8 将易燃货物蒸气着火的可能性减至最低。

  第二层是在第一层的指导下所应实现的效果，包括船舶结构、材料使用、设备使用、灭火效率等。

  3. 第三层"符合性验证"

消防安全目标的实现

  本条第一款所述消防安全目标应通过确保符合 B、C、D、E 或 G 部分的规定性要求实现，或通过符合 F 部分的替代设计和布置实现。船舶满足以下条件之一，即应视为已满足本条第二款所述功能要求，并达到了本条第一款所述消防安全目标：

    3.1.1 船舶的整体设计和布置符合 B、C、D、E 或 G 部分的相关规定性要求；

    3.1.2 船舶的整体设计和布置已按 F 部分的要求审核并认可；或

    3.1.3 船舶的部分设计和布置已按 F 部分的要求审核并认可，船舶的其他部分符合 B、C、D、E 或 G 部分的相关规定性要求。

  第三层包含两个子层面的内容：第一，若缔约国按照附则 B、C、D、E 或 G 部分的规定，可以实现该条第一款规定的各项目标和要求，无需对其适用的规则和规范进行符合性验证；第二，凡缔约国准备以附则 F 部分的规定，以替代的设计和布置达到该条第一款规定的各项目标和要求，则需要进行符合性验证。当然，替代方案也可以是部分替代，具体由各国自行决定。

  (二) 实质等效

  2000 年 12 月 5 日通过的海上安全委员会第 MSC. 99（73）号决议《经修正的〈1974 年国际海上人命安全公约〉修正案》（第Ⅱ-2 章构造——防火、探火和灭火）F 部分第十七条"替代设计和布置"采用了实质等效原则。

  1. 目的

  本条旨在提供消防安全替代设计和布置的方法。

2. 总则

  2.1　消防安全设计和布置可以偏离本章 B、C、D、E 或 G 部分的规定要求，但这些设计和布置须符合本章的消防安全目标和功能要求。

  2.2　如果消防安全设计和布置偏离了本章的规定要求，该替代设计和布置应按本条进行工程分析、评估和认可。

3. 工程分析

工程分析应根据本组织制定的指南进行准备和提交主管机关，并应至少包括下列要素：

  3.1.1　确定有关船型和处所。

  3.1.2　判定船舶或处所不相符的规定要求。

  3.1.3　判定有关船舶或处所的失火和爆炸危险，包括：

  3.1.3.1　判定可能的着火源；

  3.1.3.2　判定各有关处所火灾蔓延的可能性；

  3.1.3.3　判定各有关处所产生烟气和有毒流出物的可能性；

  3.1.3.4　判定从有关处所向其他处所传播火、烟和有毒流出物的可能性；

  3.1.4　确定规定要求对有关船舶或处所要求的消防安全性能指标：

  3.1.4.1　性能指标应基于本章的消防安全目标和功能要求；

  3.1.4.2　性能指标所规定的安全水平应不低于应用规定要求所达到的安全水平；和

  3.1.4.3　性能指标应可量化并具备可测量性；

  3.1.5　替代设计和布置的细节描述，包括列出设计中采用的假定以及任何建议的操作性限制或条件；和

  3.1.6　表明替代设计和布置符合所要求的安全性能指标的技术论据。

4. 替代设计和布置的评估

  4.1　第三款所要求的工程分析应由主管机关在考虑到本组织制定的指南的情况下予以评估和批准。

  4.2　经主管机关批准的指明替代设计和布置符合本条要求的文件的副本应随船携带。

5. 信息交流

主管机关应将其所批准的替代设计和布置的有关信息通报本组织，以便分发给所有缔约国。

6. 条件改变后的再评估

如果替代设计和布置所规定的假定和操作限制发生改变，应根据改变后的

条件进行工程分析并应经主管机关批准。

该条规定各国可以根据自己的决定采用替代的设计和布置方法实现附则确定的消防目标。若替代方案经过评估和认可后，视为与采用附则提供的规则和规范等效，即"实质等效原则"。同时，由于船舶各项参数是否符合 SOLAS 1974 的规定，属于港口国监督检查的内容之一，若所有缔约国都采用替代方案，就会造成港口国监督检查所需参考的标准过多的问题。因此，该条规定要求采用替代方案的国家将替代方案的信息通报海上安全委员会，并且该国船舶应携带这一方案的副本以备港口国监督检查时使用。

（三）目标型趋势的意义和影响

目标型规则正逐渐深入国际海事公约之中，使传统的描述型公约渐渐向目标型公约转变。国际海事公约的目标型发展趋势明显。这种立法理念在国际海事公约的应用，将使国际海事公约成为国际法上的一大亮点。

国际海事公约采用目标型趋势的意义深远且影响巨大。

第一，这种新的立法理念使得制定国际海事公约的侧重点发生了转移。制定明确、具体且高水准的国际海事标准对于海事安全、环境等领域的水平提升固然有益，但过于苛刻的标准往往难以获得各国接受。这就会产生制定者为立法投入巨大成本，却无人问津的问题。因此，国际海事公约的制定主体可以通过目标型标准的立法思想，首先确定国际海事公约需要实现的总体目标，再确定达到国际海事公约总体目标所需的各项要求，最后由相关的执行主体（国家）以前两者为基础确定实现目标的手段和方法。[①]

第二，改变发达国家技术垄断的现状。由于国际海事标准的制定仍以西方发达国家为主导，虽然世界制造中心已东移，但西方发达国家在技术领域的话语权仍具有相当的垄断地位。[②] 采用这种方法在一定程度上可以使缺乏先进技术的国家通过曲线的方式实现国际条约规定的目标，打破少数国家的技术垄断。同时，SOLAS 1974 施行的实质等效制度要求采用替代方案的国家将该等方案的信息发给海上安全委员会的机制，这既是为了方便该组织将此等信息传播给各缔约的港口国，以便为日后检查工作提前做准备，也能帮助各缔约的船旗国学习其他国家的好的做法，从而找到适合本国的方案。

第三，这种新的立法理念会调动起各履约方的主动性和积极性。由于制定国际条约通常是由国家等国际法主体直接参与，所涉及的各国内部实际承担履约责任的个体（如自然人、法人）并不能直接参与到国际条约各项标准和要求

---

① 宋濂. 海事立法新理念 [J]. 中国海事，2006，5：60.

② 邱奇. 目标型公约是大势所趋？[J]. 中国船检，2010，11：59.

的制定过程，国际条约确定的标准很可能无法充分反映行业能力。由于目标型标准要求各履约主体根据自身特征自发制定标准，势必使政府与国内履约个体之间充分交流，行业的真实情况也会体现得淋漓尽致。这无疑对国家执行国际条约具有很大的现实意义。

第四，目标型标准的立法方法使公约更易被各国接受。正因为前述原因带来的益处，各国执行高要求的国际海事公约的困难程度降低，积极性也会有所提高，进而出现国际海事公约被各国接受的可能性随之增大的良性循环。那么，国际海事公约迟迟不能生效的问题也会逐渐成为历史。

三、《2006 年海事劳工公约》中目标型标准的运用

（一）《2006 年海事劳工公约》简介

MLC 2006 与 SOLAS 1974、MARPOL 73/78 和 STCW 1978 并称航运业"四大支柱"公约。MLC 2006 由 ILO 制定，适用于其规定的船舶和海员，特别注意的是，MLC 2006 所定义的海员内涵范围较大，包括受雇于本公约所涵盖的船舶上工作的任何人员。因此，此前因没有操作或航行责任而未被归为海员的人员，如客船上舱室服务人员，如今也涵盖在该定义范围之内。总体而言，批准 MLC 2006 将更加有效地维护海员以及航运业和港口的权益，促进航运业健康发展。该公约将自 2016 年 11 月 12 日起对我国生效（香港特别行政区和澳门特别行政区暂不适用）。

MLC 2006 共分三部分，即条款、规则和守则。条款和规则规定了公约原则、缔约国的基本权利和义务。守则规定了实施公约的具体要求，其内容分列在各部分规则之下。守则分为两个部分且其效力亦不相同，守则 A 部分具有强制性，要求各缔约国遵照执行，守则 B 部分的规定不具有强制性，是对守则 A 部分的推荐措施或实施指南。

根据该公约对规则和守则的划分，共分为五个标题：标题一，"海员上船工作的最低要求"，包括最低年龄、体检证书、培训和资格以及招募和安置等 4 组规则和守则；标题二，"就业条件"，包括海员就业协议、工资、工作时间或休息时间、休假的权利、遣返、船舶灭失或沉没时对海员的赔偿、配员水平、海员职业发展和技能开发及就业机会等 8 组规则和守则；标题三，"起居舱室、娱乐设施、食品和膳食服务"，包括起居舱室和娱乐设施以及食品和膳食服务等两组规则和守则；标题四，"健康保护、医疗、福利和社会保障"，包括船上和岸上医疗、船东的责任、健康保护和安全及防止事故、获得使用岸上福利设施、社会保障等 5 组规则和守则；标题五，"遵守与执行"，包括船旗国责任、港口国责任和劳工提供责任等 3 组规则和守则。

（二）《2006 年海事劳工公约》的目标型规定

为尽快批准公约的目的，MLC 2006 采用了 SOLAS 1974 目标型立法理念，使之成为国际海事公约目标型发展趋势下的一部重要公约。我们依循着目标型标准的层次对 MLC 2006 的目标型规定进行解析。

1. 第一层"目标"

附于 MLC 2006 公约条款文本之后的"海事劳工公约的规则和守则的解注"虽然不构成 MLC 2006 的组成部分，但是该部分内容对于缔约国理解和履行 MLC 2006 有较高的指导作用。该解注与公约序言部分确定了 MLC 2006 第一层"目标"。

序　言

············

意识到本组织倡导体面劳动条件的核心使命，并

忆及 1998 年《国际劳工组织工作中的基本原则和权利宣言》，并

还意识到海员也受国际劳工组织其他文件所保护，且享有已确立的其他适用于所有人的基本权利和自由；并

认为由于航运业的全球性特点，海员需要特殊保护。

············

本公约有三个根本目标

（a）在正文和规则中规定一套确定的权利和原则；

（b）通过守则允许成员国在履行这些权利和原则的方式上有相当程度的灵活性；和

（c）通过标题五确保这些权利和原则得以妥善遵守和执行。

公约序言与解注的内容相辅相成，为后续规则、守则乃至公约的履行确定了指导目标。首先，"体面劳动"、"特殊保护"等为公约的核心。其次，围绕核心尽可能系统地确定一套权利和原则，使海员权利得到充分保护。再次，允许成员国以"灵活"的方式履行这些权利和原则，既利于各国接受 MLC 2006，又能最大程度上实现海员的权利。最后，明确这部公约并非空谈的公约，而是规定具体保障措施的公约。

后续第二、第三层次的内容，以 MLC 2006 规则 2.7"配员水平"部分内容为例。

2. 第二层"功能要求"

（1）规则

规则 2.7－配员水平

目的：为了船舶运营安全、高效和保安，确保海员在人员充足的船上工作

各成员国应要求悬挂其旗帜的所有船舶考虑到海员的疲劳以及航行的性质和条件，在船上配有充足数目的海员以确保船舶的安全、高效操作，并充分注意到在各种条件下的保安。

规则 2.7 由两个部分组成：其一，以 MLC 2006 总体目标为指导，根据本规则内容制定的具体目标，即"为了船舶运营安全、高效和保安"；其二，在确定的目标的基础上，细化了实现目标的要求，可总结为"确保海员在人员充足的船上工作"等。

（2）守则

标准 A2.7－配员水平

1. 各成员国应要求悬挂其旗帜的所有船舶在船上配有充足的海员数目，确保船舶的安全和高效操作，并充分注意到保安。各船舶均应根据主管当局签发的最低安全配员证书或等效文件，并满足本公约的标准，从数量和资格角度配备充足的船员，确保在各种操作情况下船舶及其人员的安全和保安。

2. 在确定、批准或修改配员水平时，主管当局应考虑到避免或最大限度减少过度超时工作从而确保充分休息和限制疲劳的需要，以及适用的国际文件，特别是国际海事组织的文件中关于配员的原则。

3. 在确定配员水平时，主管当局应考虑到规则 3.2 和标准 A3.2 关于食品和膳食服务的所有要求。

导则 B2.7.1－争议解决

1. 各成员国应维持一种调查和解决任何关于船上配员水平的申诉或争议的高效机制，或确认其得以维持。

2. 无论有无其他人员或当局的参与，船东和海员组织的代表应参与此种机制的运作。

守则 A 部分是对规则部分的细化。第一款要求船旗国当局签发最低安全配员证书，并允许以等效文件替代。第二款要求制定配员标准时充分考虑IMO 文件的适用，具体仍需各国采取必要措施确定、批准或修改其法律文件，

使之符合公约的目标和要求。第三款则是提示各国确定配员水平时还应考虑到规则和守则 3.2 食品和膳食服务部分的相关要求。守则 B 是对成员国履行规则 2.7 和守则 A2.7 的保障措施，鉴于 B 部分属于非强制适用的规定，由各国自行决定是否采取措施。

（3）实质等效原则

MLC 2006 第六条（规则以及守则之 A 部分和 B 部分）规定了适用于履约的"实质等效原则"，以便缔约国通过实质上与守则 A 部分规定的标准等效的措施，如法律、条例、法令、集体协议或其他履约措施，替代实施守则 A 部分的规定。

规则以及守则之 A 部分和 B 部分

第六条

…………

3. 除非本公约另有明文规定，不能按守则 A 部分规定的方式履行权利和原则的成员国，可以通过实质上等效于 A 部分规定的法律和条例的规定或其他措施来实施 A 部分。

4. 单就本条第三款而言，法律、条例、集体协议或其他履约措施只有在成员国自行确认以下情况时才应被视为实质上等效于本公约的规定：

（a）它有助于充分达到守则 A 部分有关规定的总体目标和目的；而且

（b）它落实了守则 A 部分的有关规定。

为便于港口国核查采取了实质等效措施的船舶是否符合公约要求，船旗国在其签发的《海事劳工符合声明》第 I 部分中应明确载明"任何根据第六条第三款所采用的实质上等效的规定"，并提供简明的解释供港口国监督检查员参考。所采取的国内措施是否视为"实质等效"，ILO 发布的《船旗国监察指南》规定应满足：有助于充分实现守则 A 部分有关规定的总体目标和目的。同时，落实了守则 A 部分的有关规定。

3. 第三层"符合性验证"

MLC 2006 并没有规定专门的验证程序，主要通过要求成员国将等效措施记录于《海事劳工符合声明》第 I 部分中，并作出简明的解释。该等效措施是否符合 MLC 2006 要求，则由港口国检查员进行"验证"。

（三）目标型公约的层次体系的提炼

综上，在目标型船舶建造规则的基础上，结合国际立法实践，目标型公约的层次体系可以提炼为四个层次：

第一层，目标。实现公约所要达成的目标。例如，MLC 2006 提出的"体面劳动"。

第二层，功能要求。规定达到公约目标所需的功能和要求。例如，标准A2.7 第三款"确定配员水平时，主管当局应考虑到规则 3.2 和标准 A3.2 关于食品和膳食服务的所有要求。"

第三层，符合性验证。若公约涉及的措施过于复杂，可以通过规定专门的验证程序进行验证认证。而对于那些涉及的措施较为简单的公约，则可以由成员国要求船舶将采取的措施副本置于船上，由港口国行使"验证"的权力。

第四层，公约实施细则。由各缔约国根据公约确定的目标、功能要求、替代方案（如有）制定实施细则。

第四节　国际海事公约的涉他性

《1969 年条约法公约》第二条第一款规定："称'条约'者，谓国家间所缔结而以国际法为准之国际书面协定，不论其载于一项单独文书或两项以上相互有关之文书内，亦不论其特定名称如何。"国际条约既然可以视为国际法主体之间的"契约"，那么参照"合同相对性原理"，原则上，国际条约约定的各项权利和义务只对接受该条约的国际法主体有效。这也为《1969 年条约法公约》第三十四条所承认。对于国际条约通过其条文为第三国创设权利或义务的一般途径，我们已经在本书第一章第四节作了介绍，此处不再展开。国际海事公约常通过间接的途径，即既不明文为第三国创设权利或义务，也不要求第三国明示接受（义务），其部分效力亦能及于第三国。

一、国际海事公约对第三国的实施基础

（一）法律基础

SOLAS 1974 第二条规定了公约的适用范围："本公约适用于悬挂缔约国政府国旗的船舶"，符合条约相对效力原则。SOLAS PROT 1988 第一条第三款则间接地将执行公约标准施加于非缔约国之上，该款规定："对悬挂非公约和本议定书缔约国国旗的船舶，本议定书各缔约国应实施公约及本议定书的各项必要的规定，以确保不再给予此类船舶优惠的待遇。"

其他国际海事公约亦有此类规定，如 STCW 1978 第十条第五款、MARPOL 73/78 第五条第四款、MLC 2006 第五条第七款，即所谓不予更优惠待遇条款。在不予更优惠待遇条款下，缔约国（港口国）对于驻在其港内的

船舶，无论悬挂的国旗属于缔约国抑或是非缔约国，都应以缔约国所遵守的国际海事公约规定的技术规则和标准检查非缔约国旗船。在这种情况下，悬挂非缔约国国旗的船舶只有在非缔约国港口内停靠时，才可以排除公约的适用。然而，鉴于 SOLAS 1974、MARPOL 73/78 等国际海事公约缔约国数量平均超过150 个、船舶总吨位占比均为 98% 以上，这种情况几乎不可能出现。正因如此，国际海事公约各项技术标准得以适用于绝大部分悬挂非缔约国国旗的船舶，使得国际海事公约的部分效力在不需要第三国明示接受的情况下突破效力相对性。

（二）意识基础

所谓意识基础是指驱动某种行为的深层思想动力。例如，各国对条约必须信守原则的遵守，体现在一当事国不以其国内法律的规定为理由而不履行条约。根据不予更优惠待遇的要求"各缔约国应在必要的时候适用本公约/本议定书的规定"，国际海事公约确定的技术标准得以在非缔约国船舶上施行，以缔约国严格履行公约义务为前提，即船旗国监督本国船舶严格执行公约、港口国严格监督他国船舶执行公约。试想，适用不予更优惠待遇条款的结果是非缔约国被动适用公约，若无缔约国的严格监督，悬挂非缔约国国旗的船舶即使停靠缔约国港口，非缔约国船舶也不会主动增加巨量成本去适用更加严格的技术标准。除条约必须信守的意识基础外，还包括需要各国具有高度的环境保护意识，尤其是海洋环境保护意识、航行安全意识等。

（三）制度基础

健全的执行制度基础是施行"不予更优惠待遇"的关键。国际海事公约体系是以《1982 年联合国海洋法公约》为基础，与其他国际海事公约共同组成的条约系统。《1982 年联合国海洋法公约》第九十一条至第九十四条确定了船舶海洋活动的基本规则，STCW 1978、MARPOL 73/78、MLC 2006、SOLAS 1974 等国际海事公约则确定了国际海事法律体系的具体规定和要求。《1982 年联合国海洋法公约》第二百一十七条赋予船旗国以管辖和监督悬挂该国国旗的船舶的权利和义务，第二百一十八条赋予港口国、第二百一十九条赋予沿海国监督各国船舶的权利和义务。① 各国则通过"港口国监督谅解备忘

① 《1982 年联合国海洋法公约》第五十六条第一款规定，"沿海国在专属经济区内有：……（b）本公约有关条款规定的下列事项的管辖权：……（3）海洋环境的保护和保全。"同时需特别注意的是，《1982 年联合国海洋法公约》第五十九条规定："在本公约未将在专属经济区内的权利或管辖权归属于沿海国或其他国家而沿海国和任何其他一国或数国之间的利益发生冲突的情形下，这种冲突应在公平的基础上参照一切有关情况，考虑到所涉利益分别对有关各方和整个国际社会的重要性，加以解决。"可以从上述规定看出：《1982 年联合国海洋法公约》赋予了沿海国家对专属经济区保护保全海洋环境相关的管辖权。但是这种管辖权是不完全的，因为公约并未将沿海国家的管辖权等同于沿海国对领海的管辖权。

录"具体协调实施。目前,最活跃的港口国监督组织是《巴黎港口国监督谅解备忘录》 (Paris Memorandum of Understanding on Port State Control) 和《亚太地区港口国监督谅解备忘录》 (Memorandum of Understanding on Port State Control in the Aisa－Pacific Region) 等。①

(四)标准基础

标准基础要求国际海事公约采用先进的、严格的、可行的技术标准。之所以技术标准是实现国际海事公约对第三国效力的基础,原因在于:落后的技术标准各国没有遵守的必要,缔约国仅需采用国内标准就可以了;实践性差、操作性不强的技术标准会增加缔约国的顾虑和履约成本,甚至导致国际海事公约遭遇长期不得生效的问题等。因此,国际海事公约若为各国创造良好的标准基础,对于推行国际海事公约具有积极作用。

二、国际海事公约对第三国的效力影响

(一)国际海事公约立法主体权威性得到提升

由国际组织主持制定的公约为各国接受的程度,一方面反映的是各国对公约涉及的问题和解决方案的重视程度,另一方面体现的是该国际组织在其领域的权威性。国际海事标准通过国际海事公约体系广泛适用于各国,加之国际海事立法过程中逐渐形成的如修正案的"默示接受"制度、IMO强制性文件审核制度,使IMO、ILO等参与国际海事立法的国际组织权威性进一步得到提升,并将有利于践行其促进国际海事公约和标准在全球范围内有效执行的历史使命。

(二)不予更优惠待遇条款利于国际海事标准的统一

不予非缔约国以更优惠待遇不仅是要求非缔约国承担不低于国际海事公约规定的标准的国际义务,如航行安全、环境保护、人命财产安全等,也是为了杜绝国际海事公约被部分国家有意规避。试想,如果SOLAS 1974仅要求"悬挂缔约国政府国旗的船舶"执行公约确定的标准而不规定不予更优惠待遇条款,非缔约国船舶就没有适用SOLAS 1974有关规定的义务,缔约国也没有必须在悬挂非缔约国国旗的船舶上执行SOLAS 1974进行监督检查的义务。正因不予更优惠条款的积极作用,国际海事标准才得以在全球范围广泛实施,极大地促进了国际海事标准的统一。

(三)促使非缔约国积极研究和批准国际海事公约

对非缔约国而言,不予更优惠待遇条款会使它们面临公约本身生效以后,

---

① 李品芳,曾青山.港口国监督的现状和发展趋势研究 [J].中国海事,2013,1:36.

不得不被动适用公约的现实问题。例如，2012 年 8 月 20 日，ILO 对外发布菲律宾已批准 MLC 2006，正式触发 MLC 2006 的生效程序，MLC 2006 生效准备期进入倒计时。中国船级社便于 2012 年 8 月 24 日发布公告提醒航运业界做好履约准备，以免届时因不符合 MLC 2006 要求而遭到港口国监督检查员滞留。①

尽管不予更优惠待遇条款对于国际海事公约的部分效力及于第三国作用至关重要，但能形成这种突破相对性效力的效果却不仅仅是在文本中载明该条款就能实现的，其中的理论依据值得我们深入研究。

三、国际海事公约对第三国效力的理论依据

使国际海事公约规定的不予更优惠待遇的规定具有及于第三国效力的原因是《1969 年条约法公约》第三十八条（条约所载规则由于国际习惯而成为对第三国有拘束力）："第三十四条至第三十七条之规定不妨碍条约所载规则成为对第三国有拘束力之公认国际习惯法规则。"即成为了国际习惯法，因而具有普遍拘束力。与之相似的，如纽伦堡法庭判决时认为，1899 年和 1907 年"海牙规则"中的陆战规则，至 1939 年时已经被视为宣告了战争的法律与惯例。②可见，满足一定条件时，国际条约的规定可以成为国际习惯法规则，从而对各国具有普遍拘束效力。

（一）国际习惯法

1. 国际习惯法的概念和要素

国际习惯法从其字面意思，可以理解为尚未成文的国际规则，然而，这种解释仅能帮助理解。《国际法院规约》第三十八条第一款规定："国际习惯，作为通例之证明而经接受为法律者。"该规定将国际习惯法的概念进行了较为完整的诠释。我们可以从该规定中提炼出国际习惯法的构成要素，包括：①某种国际实践在时间上具有持续性、一致性和连贯性；③ ②该种实践可以归纳或提炼成为一种国际行为规范；③法律确信，即国家相信这种规范对它们具有法律

---

① 《CCS 提醒业界 MLC 2006 公约进入正式生效倒计时》，载 http：//www. ccs. org. cn/ccsewwms2007/displayNews. do？id＝ff8080813928f0670139668fcb2100ae，最后访问日期：2016 年 6 月 16 日。

② ［英］安托尼·奥斯特. 现代条约法与实践. 江国青译. ［M］. 北京：中国人民大学出版社，2005：204.

③ ［英］伊恩·布朗利. 国际公法原理. 曾令良等译. ［M］. 北京：法律出版社，2007：5－7.

拘束力。①

2. 国际条约与国际习惯法的关系

国际条约与国际习惯法之间的关系，从立法实践来看，主要有两层：第一层，国际条约是对国际习惯的确认，通过国际条约的形式对国际习惯法进行编纂，从而使之成文并具有可直接援引的依据；第二层，通过国际条约对某些国际行为规则进行编纂，经过长期的国家间实践，成为国际习惯法规则。

（1）国际条约对国际习惯法的编纂

国际条约对国际习惯法编纂的情况很多，较为典型的例证如《1969 年条约法公约》将多年来，各国交往所遵从的条约必须信守原则编纂成文，该公约第二十六条（条约必须遵守）规定："凡有效之条约对其各当事国有拘束力，必须由各该国善意履行。"同样的，"不溯及既往原则"是从公元 440 年东罗马皇帝狄奥多西二世颁布的法令开始，为各国民法、刑法所广泛接受的习惯。该公约将其确认并编纂成文。《1969 年条约法公约》第二十八条规定："除条约表示不同意思，或另经确定外，关于条约对一当事国生效之日以前所发生之任何行为或事实或已不存在之任何情势，条约之规定不对该当事国发生拘束力。"又如，《1961 年维也纳外交关系公约》中关于外交代表等级的规定，就是对已有国际习惯法规则的编纂。②《1958 年领海和毗连区公约》和《1982 年联合国海洋法公约》将已经形成国际习惯法的"和平或无害通过权"进行了编纂。③

（2）国际条约的编纂形成国际习惯法

《1982 年联合国海洋法公约》是编纂国际条约进一步形成国际习惯法的例证之一。《1982 年联合国海洋法公约》第五部分"专属经济区"第五十五条至第七十五条创设了专属经济区制度。由于目前已有 151 个以上的国家对专属经济区提出了主张，使该制度成为了国际习惯法的一部分。同时，该制度的国际习惯法地位已经为国际法院和美国所承认。④ 又如，《1982 年联合国海洋法公约》规定的领海宽度"12 海里"，许多国家已采用了这一制度等。⑤

---

① ［英］安托尼·奥斯特. 现代条约法与实践. 江国青译. ［M］. 北京：中国人民大学出版社，2005：10.

② 万鄂湘等. 国际条约法［M］. 武汉：武汉大学出版社，1998：199.

③ ［英］伊恩·布朗利. 国际公法原理. 曾令良等译. ［M］. 北京：法律出版社，2007：167.

④ ［英］伊恩·布朗利. 国际公法原理. 曾令良等译. ［M］. 北京：法律出版社，2007：176.

⑤ ［英］伊恩·布朗利. 国际公法原理. 曾令良等译. ［M］. 北京：法律出版社，2007：165.

（二）国际海事公约的规定成为习惯法规则

1. 某种国际实践在时间上具有持续性、一致性和连贯性

IMO 和 ILO 等从事国际海事公约制定的国际组织，在制定重要的国际海事公约过程中，自 1974 年至今持续且连贯地采用了不予更优惠待遇条款，该等国际海事公约及其不予更优惠待遇规定的条款序号如表 2-4-1 所示。

表 2-4-1　　主要国际海事公约不予更优惠待遇条款统计情况

序号	国际海事公约名称	条款序号
1	《1973 年国际防止船舶造成污染公约》	第五条第四款
2	《〈1974 年国际海上人命安全公约〉1978 年议定书》	第二条第三款
3	《1978 年海员培训、发证和值班标准国际公约》	第十条第五款
4	《〈1966 年国际船舶载重线公约〉1988 年议定书》	第一条第三款
5	《〈1974 年国际海上人命安全公约〉1988 年议定书》	第一条第三款
6	《2001 年国际控制船舶有害防污底系统公约》	第三条第三款
7	《2004 年国际船舶压载水和沉积物控制与管理公约》	第三条第三款
8	《2006 年海事劳工公约》	第五条第七款
9	《2009 年香港国际安全与环境无害化拆船公约》	第三条第四款

根据表 2-4-1，MARPOL 1973 将该款规定于"证书和检查船舶的特殊规定"中，该公约第五条第四款规定："对于非公约缔约国的船舶，必要时缔约国可适用本公约的要求，以保证对这些船舶不给予更为优惠的待遇。"MARPOL 1973 虽然将适用公约的标准作为缔约国根据实际情况判断是否需要采用的权利，但保证不予更优惠待遇条款的实施是缔约国应当遵守的义务，该等权利的实质就转变成了缔约国必须履行的国际义务。

SOLAS PROT 1988 则规定于"一般义务"，该议定书第一条第三款规定："对悬挂非公约和本议定书缔约国国旗的船舶，本议定书各缔约国应实施公约及本议定书的各项必要的规定，以确保不再给予此类船舶优惠的待遇。"

《2001 年国际控制船舶有害防污底系统公约》规定于"适用范围"之中，该公约第三条第三款规定："对于非当事国的船舶，当事国应视必要实施本公约的要求，以确保不给此类船舶更为优惠的待遇。"

《2009 年香港国际安全与环境无害化拆船公约》同样规定在"适用范围"

之中，该公约第三条第四款规定："对悬挂非本公约缔约国国旗的船舶，各缔约国在必要时应运用本公约的要求，以保证不给予这些船舶较为优惠的待遇。"

通过对各公约不予更优惠待遇条款的比较，尽管各条款名目不尽相同，但就其内容而言，各主要国际海事公约不予更优惠待遇条款的内容存在高度一致性。

2. 该种实践可以提取成为一种国际行为规范

从上述国际公约的立法实践中，不难归纳出一种范式规范，即"对悬挂非本公约/本议定书缔约国国旗的船舶，各缔约国应在必要的时候适用本公约/本议定书的规定，以确保不给予此类船舶优惠的待遇。"

3. 法律确信

法律确信是指各国对该等"通例"作为法律接受其拘束。我们可以结合上述国际海事公约的缔结情况进行分析。鉴于不予更优惠待遇条款更有利于国际航行安全、环境、海员等领域的维护，各国对该等条款普遍持欢迎态度。就缔约国数量而言，截至 2016 年 6 月 13 日，SOLAS PROT 1978 有 120 个缔约国，SOLAS PROT 1988 有 109 个缔约国，MARPOL 73/78 有 154 个缔约国，STCW 1978 有 161 个缔约国，《〈1966 年国际船舶载重线公约〉1988 年议定书》有 103 个缔约国，而截至 2016 年 6 月 7 日，MLC 2006 已拥有 77 个缔约国等。[①] 虽有少数国际海事公约未生效或缔约国数量偏少，但却不妨碍世界各国认可上述国际海事公约的规定。

综上所述，不予更优惠待遇条款已经形成一项具有普遍拘束力的国际习惯法规则。

（三）不予更优惠待遇条款与国际强行法和客观制度

1. 不予更优惠待遇条款与国际强行法

众所周知，就适用效力而言，国际强行法与国际习惯法一致，都能普遍拘束各国。然而，满足国际强行法的条件比较苛刻：①国际强行法是经国际社会作为整体接受与承认的法律规范；②以维护全人类最重要的公共利益和社会公德为主要目的；③国际强行法对全体国际社会成员具有普遍拘束力，对任何其他类别的法律规范都有否决效力，与之相抵触者无效。[②] 例如，国家主权平等、种族隔离罪、海盗罪等均属于国际强行法的范畴。

---

① SEE *Thailand ratifies the ILO Maritime Labour Convention*，2006（MLC，2006），at http：//www. ilo. org/global/standards/maritime － labour － convention/news/WCMS _ 488396/lang － en/index. htm. Jun. 7th, 2016.

② 万鄂湘等. 国际条约法［M］. 武汉：武汉大学出版社，1998：319－322.

结合前文就不予更优惠待遇条款属于国际习惯法的论述,我们可以发现,不予更优惠待遇条款基本可以达到国际强行法条件中的①和②,体现于普遍接受和承认,以及为了世界海洋环境保护的目的等人类最重要的公共利益,但是尚不满足③中"与之相抵触者无效"这一条件。因此,该规则不是国际强行法规范。

2. 不予更优惠待遇条款与客观制度

有些学者认为,通过建立"客观制度"的国际条约亦可无需第三国同意,突破条约效力相对性为第三国创设权利或义务。① 但是,国际法委员会甚至不承认"客观制度"条约是国际条约的一种专门概念。② "客观制度"是指各当事国间缔结的条约系为一般的利益,就特定的区域、国家、领土、河流、水道或者海床、空气、空间等的一个特定的范围创立的一般的权利和义务,此类条约就是建立客观制度的条约。③ 试举几例比较典型的客观制度条约,如《1958年南极条约》《1888年君士坦丁堡公约》《1978年巴拿马运河条约》等。根据该定义,载有不予更优惠待遇条款的国际海事公约不构成客观制度条约。

本章小结

国际海事公约的特性可以总结为四个方面。第一,从其制定主体来看有其特殊性。绝大部分国际海事公约均由国际组织负责组织制定。第二,国际海事公约的生效机制存在特殊性。生效的条件通常较多,需要满足船舶吨位、缔约国数量、生效期限等多个条件,并另有默示接受制度最大程度上促进了修正案的生效。第三,国际海事公约目标型趋势明显。目标型规定允许各国采用替代实施方案,使国际海事公约更易得到众多国家的接受,而不会被呆板的条款限制。第四,国际海事公约的涉他性。国际海事公约对第三国的效力影响虽然无形地加重了各国海上安全和环境责任,但它无疑对全球航运的健康发展利大于弊,且在非缔约国船舶上执行国际海事标准这种做法,目前已被世界各国所普遍接受。

---

① 李浩培. 条约法概论 [M]. 北京:法律出版社,2003:402.

② 万鄂湘. 国际条约法 [M]. 武汉:武汉大学出版社,1998:170.

③ 李浩培. 条约法概论 [M]. 北京:法律出版社,2003:411.

第三章　国际海事公约的查明

第一节　国际海事公约查明的重要意义

2015 年 7 月 7 日,《最高人民法院关于人民法院为"一带一路"建设提供司法服务和保障的若干意见》(法发〔2015〕9 号)指明:"依法准确适用国际条约和惯例,准确查明和适用外国法律,增强裁判的国际公信力。"在我国推进"一带一路"(丝绸之路经济带和 21 世纪海上丝绸之路)国际战略过程中,各级人民法院应准确适用国际条约,从而增强我国司法的国际公信力。

根据条约必须信守原则,国际条约的适用是缔约国政府对外交往所必须承担的国际义务,[①] 也是缔约国政府对内执法和司法的重要依据。这是我国法院、仲裁机构和行政机关所必须面临的问题。[②] 正如准确知悉外国法的内容,以及确保外国法的查明方法的可靠性是正确适用外国法审理案件的前提一般,[③] 国际海事公约的准确适用也应顾及查明问题。此处的准确适用应作两个方面的理解:第一,程序准确;第二,实体准确。

所谓"程序准确"需要明确国际条约查明主体,即查明责任由谁承担,查明的途径有哪些。"实体准确"则需要解决国际条约是证据、事实或法律以及所适用的国际条约内容是否可靠无误等问题。最终,程序准确与实体准确将归总至是否成功适用了国际条约的问题。

在司法实践中,我国法院可以直接适用国际条约的规定。例如,广州海事法院审理的"韩国租赁发展有限公司与广东省湛江渔业协海事赔偿责任限制案"中多次适用国际海事公约。该案"春木一号"轮停靠湛江港过程中发生碰

---

① 此处的"政府"应作广义的理解,包括立法部门、行政部门、司法部门等.

② 《中华人民共和国涉外民事关系法律适用法》第十条第一款规定:"涉外民事关系适用的外国法律,由人民法院、仲裁机构或者行政机关查明。当事人选择适用外国法律的,应当提供该国法律。"

③ 王国华. 海事国际私法(冲突法篇)[M]. 北京:北京大学出版社,2009:44.

撞事件，并致有毒液体泄漏污染事故。法院审理过程中，三次适用了国际条约的规定：①适用了 MARPOL 73/78 附则二的附录一和附录二判定涉案船舶泄漏物质属于"B类有毒液体物质"；②适用 SOLAS 1974 第十三条、第二十条和 STCW 1978 第二条及附录的规定，说明韩国租赁公司（租船人）严重违反公约规定，涉案船舶属于严重不适航船舶；③适用《1972 年国际海上避碰规则》第五条的规定，说明"春木一号"轮船长未采取正确避让措施导致船舶发生碰撞，并发生污染事故。最后，法院裁定驳回韩国租赁公司海事赔偿责任限制的申请。

尽管经过多年实践，我国法院仍存在适用国际条约过程中的"程序"和"实体"失准问题。例如，天津海事法院审理的"王高强诉天津福泓人力资源开发服务有限公司等船员劳务合同纠纷案"中，法院认可了被告提出的适用 MLC 2006 和 STCW 1978 的主张，"证据 5（MLC 2006）、6（STCW 1978）为国际公约，对于真实性予以认可，能够证明被告中远散货公司对工作休息时间规定符合公约的规定，原告并未超时值班。"该判决适用了两部公约——STCW 1978 和 MLC 2006。STCW 1978 于 1984 年 4 月 28 日对我国正式生效，该公约的适用并无问题，但 MLC 2006 自 2016 年 11 月 12 日才对我国正式生效，直接认可其对我国的效力并据以作为认定事实的依据有欠妥当。同时，法院对于被告举证的 MLC 2006 文本来源亦未作严格说明。又如，广州海事法院审理的"珠海市环境保护局和广东省海洋与水产厅诉东海海运有限公司和中国船舶燃料供应福建有限公司"一案中，法院对该起无任何涉外因素的案件适用了《1969 年国际油污损害民事责任公约》的规定，存在较大的争议，结果引起了学界巨大讨论。①

行政机关工作人员同样存在缺乏执法实务经验，诸如根据不充分或存在瑕疵的证据作出处罚决定等，②而不能准确适用国际海事公约。这种问题体现的是行政机关适用国际海事公约存在实体上的失准。③另外，查明国际海事公约文本的途径存在瑕疵，同样属于适用错误。其结果虽然是文本的版本错误导致的却是法律适用错误（实体失准），本质上是查明程序上的失准。

因此，针对提高适用国际条约的准确性问题，我们同样应当分解为程序和实体进行考虑。若需保证程序准确，可以通过规范国际海事公约的查明程序，

---

① 韩立新. 从一起海事案件谈国际海事公约的适用 [J]. 当代法学，2001，12：71~72.

② 《中华人民共和国海事局海事行政执法监督管理规定》第十一条.

③ 张重阳. 自愿审核机制中《1972 年国际海上避碰规则公约》履约情况探讨 [J]. 中国水运，2007，9：222.

重点关注国际条约的查明流程和国际条约文本的获取来源。若需保证实体准确，可以通过进一步学习国际海事公约知识，提高执行条约人员基本素养来实现。本章主要讨论国际海事公约查明的问题。

第二节　国际海事公约查明的流程

我国法律并未就国际条约的查明作特别规定。鉴于国际条约适用的情况比较多，既可能适用我国是缔约国的国际条约，也可能适用我国不是缔约国的国际条约。可能是法律规定应当适用国际条约，也可能是当事人选择适用国际条约。这就会存在查明主体、查明方法和文本验证等诸多问题。

一、查明主体

国际海事公约查明主体，顾名思义，是指根据法院地法律的规定负有查明国际海事公约义务的人员或部门。我国法律并未明确国际海事公约的查明主体，但国际海事公约的查明可以参照适用外国法查明的有关原理确定查明主体。依外国法性质的不同，各国对外国法查明主体也存在一定的分歧。

（一）外国法的性质

第一，事实说。事实说多由英美等普通法系国家主张，他们认为即使依据本国冲突规范指引适用的外国法，也只是一个事实，而非法律。[①] 若视外国法为事实，当事人不主张适用法官则无适用外国法的职权和责任。[②] 这种学说主要考虑的是国家主权问题，因外国法是通过适用国内冲突规范确定，若将外国法作为一种事实对待，就不存在外国法侵犯本国立法主权的问题了。

第二，法律说。多为法国等国家学者所主张，该种学说认为，外国法与内国法是完全平等的，适用外国法与适用内国法没有本质区别。然而，外国法与内国法完全平等显然属于理想状态，适用外国法与适用内国法实质上是不同的。试想，考虑到法官熟知本国法律体系，因而对于本国法律的查明非常便利。实践中，内国法院适用外国法，则需要查明外国法和验证外国法的过程。这与"法官知法"显然是冲突的。

第三，折衷说。以日本、德国等国为代表采用这种学说，这种学说的观点

---

① 韩德培. 国际私法新论 [M]. 武汉：武汉大学出版社，1997：200.

② 曾陈明汝，曾宛如续著. 国际私法原理（上集）总论篇 [M]. 台北：新学林出版股份有限公司 2008，275.

调和了事实说和法律说，即应尊重彼此的主权，适用外国法即是对外国主权的尊重。外国法既不是单纯的事实，也不是一般的内国法律，而是以冲突规范指引适用的法律，它既是法律也是事实。换言之，确定外国法的程序既要有别于确定内国法的程序，也要有别于确定事实的程序。①

（二）外国法查明主体

1. 当事人为查明主体

当事人提供外国法。当事人提供外国法的制度，要求将外国法看作"事实"，即在一定程序下，通过负有举证责任的当事人举证证明并经法院审查确定外国法的内容。这种查明制度主要为英国、美国等"事实说"国家所采用。② 这种查明制度下，法院没有依职权查明外国法的义务，同时对于当事人举证证明的方式不限，当事人可以通过提供专著书籍、公报文件等途径提供外国法。

2. 法院、仲裁机构或者行政机关为查明主体

法院、仲裁机构或者行政机关依职权查明外国法。法院依职权查明外国法的立论基础是"法官知法"的原理，多为"法律说"国家所采用，如荷兰、意大利等。另外一些采用"折衷说"的国家，如德国、瑞士等，要求当事人也要负有一定协助查明外国法的义务，协助法院查明法律。③ 此外，我国还将仲裁机构和行政机关作为外国法查明的主体之一与法院、仲裁机构并列。

（三）我国国际海事公约的查明主体

我国的外国法查明制度兼顾了当事人和法院的查明责任，同时增加了"仲裁机构"和"行政机关"作为主体。《法律适用法》第十条的规定："涉外民事关系适用的外国法律，由人民法院、仲裁机构或者行政机关查明。当事人选择适用外国法律的，应当提供该国法律。"

虽然我国法律并没有规定国际海事公约的查明主体，但是国际海事公约的查明与外国法查明形式上存在相似之处。同时，不需要考虑本国或外国主权问题，相比外国法查明也更加简单。因此，确定国际海事公约的查明责任可以参照适用外国法查明的有关规定，由法院、仲裁机构和行政机关负责。

二、查明方法

学术界讨论过的外国法的查明方法主要包括法院、仲裁机构、行政机关或

---

① 韩德培. 国际私法新论 [M]. 武汉：武汉大学出版社，1997：201.
② 韩德培. 国际私法新论 [M]. 武汉：武汉大学出版社，1997：201.
③ 李双元. 中国国际私法通论 [M]. 北京：法律出版社，2007：189.

当事人亲自进行的外国法查明、专家证人、习惯证明书、通过外交或领事途径查明、专家意见等。① 类比外国法查明方法并结合我国法律规定，在不限制国际海事公约获取来源的情况下，国际海事公约的查明方法可以包括如下 6 种：

（1）法院、仲裁机构、行政机关或当事人亲自查明；

（2）法院、仲裁机构、行政机关或当事人通过聘请或委托有专业知识的人（专家证人）说明。例如，本国/外国的外交人员、研究机构、② 独立学者等；

（3）法院、仲裁机构、行政机关或当事人通过聘请或委托有专业知识的人出具适用外国法的书面意见书。例如，本国/外国的外交人员、研究机构、独立学者等；

（4）对本国生效的国际海事公约，法院、仲裁机构、行政机关或当事人通过本国国际海事公约副本保存部门查明；

（5）对本国未参加或未生效的国际海事公约，法院、仲裁机构、行政机关可以通过外交途径查明。例如，我国可以通过交通运输部门（对应 IMO）、人力资源和社会保障部门（对应 ILO）、外交部门（对应联合国）等；

（6）其他途径。

三、文本验证

关于验证所查明的外国法的方法，我国《法律适用法解释（一）》第十八条规定："人民法院应当听取各方当事人对应当适用的外国法律的内容及其理解与适用的意见，当事人对该外国法律的内容及其理解与适用均无异议的，人民法院可以予以确认；当事人有异议的，由人民法院审查认定。"所体现的验证过程可以总结为：当法院依职权查明或当事人提供外国法后，法院会首先对该外国法的内容及其理解与适用进行考量，而后当事人发表意见，最后再由法院审查认定，即"法院→当事人→法院"的过程。我们将国际海事公约文本的验证进行了细化，以便使国际海事公约的查明与外国法查明一样，对国际海事公约获取来源的可靠性和内容的真实性进行验证。在具体实施过程中，验证的方法和严谨程度取决于国际海事公约的查明方法和来源情况。

---

① 肖芳. 论外国法的查明——中国法视角下的比较法研究［M］. 北京：北京大学出版社，2010：80.

② 目前，中国政法大学、华东政法大学、西南政法大学等高等院校、研究机构已建立起多个外国法查明研究机构。这些外国法查明研究机构对最高人民法院和地方人民法院涉外案件审理过程中，外国法律适用问题的研究有着重要作用。较为知名的外国法查明研究中心有中国政法大学外国法查明研究中心、华东政法大学外国法查明研究中心、深圳市蓝海现代法律服务发展中心（最高人民法院港澳台和外国法律查明基地）、西南政法大学中国—东盟法律研究中心等。

（一）法院、仲裁机构或行政机关依职权查明

1. 依职权查明的国际海事公约来源于官方的客观信息载体

若国际海事公约文本来源于本国国际海事公约副本保存部门、国际海事公约制定的国际组织、官方出版的条约集等官方的客观信息载体，则该等国际海事公约获取的来源是可靠的，内容真实性也能保证，仅需对国际海事公约的理解和适用进行确认即可。

2. 依职权查明的国际海事公约来源于非官方的客观信息载体

若国际海事公约文本来源于国际海事公约汇编作品、法律商业数据库、互联网等非官方的客观信息载体，则该等国际海事公约获取的来源可靠性和内容真实性相对官方的客观载体就会有所下降，需要借助至少一种不同的方法或来源进行佐证，以进一步强化所查明的国际海事公约的可靠性和真实性。在非官方的客观载体中，不同的来源也有可靠性的差异。例如，由政府部门主持编纂的汇编作品可靠性和真实性更接近官方的客观载体，由高等院校或知名学者汇编出版的作品相对互联网（非专业法律数据库、普通搜索引擎）收集的国际海事公约的可靠性和真实性更强等。

3. 依职权查明的国际海事公约来源于具有主观意识的载体

有专业知识的人（外交人员、研究人员、独立学者等）所作的关于国际条约适用的说明或有专业知识的人出具的书面意见书等属于国际海事公约来源于具有主观意识的载体的范畴。此类信息不同程度地受信息来源的主观意识影响，因而通过此类途径获取的文本只能作为帮助法官理解国际海事公约文本的参考信息，而不能单独作为法律或事实依据直接适用于案件的审理。运用此类信息宜通过至少一种客观载体证明国际海事公约文本的可靠性和真实性。

（二）当事人主动查明

当事人主动查明的国际海事公约是否需要验证以及验证措施的严谨程度与法院、仲裁机构或行政机关依职权查明的国际海事公约相似，在实践过程中，可能还会要求公证认证，相同之处此处不再展开。如果当事人之间约定适用我国未参加或未生效的国际海事公约或直接在合同中援引此类国际海事公约的，根据《法律适用法解释（一）》第九条的规定，法院有权决定是否按照该国际海事公约确定当事人之间的权利和义务关系。如果法院决定不予适用的，则无涉国际海事公约的验证问题；如果法院决定适用的，则需要对该未生效的国际海事公约文本进行验证。

由于我国未参加该国际海事公约或该国际海事公约未对我国生效，验证其可靠性和真实性的途径需排除我国国际条约副本保存部门，宜通过其他可能保存该国际海事公约文本的客观载体获取国际海事公约的文本。在此基础之上，

最终确定是否适用以及如何适用。另外，可结合具有主观意识的载体提供的信息，强化文本的真实性和可靠性。

总而言之，验证所查明的国际海事公约的文本是不可或缺的。但是验证的方法是不唯一的，数量也是不定的，这需要结合获取该文本的方法以及该文本的来源而定。验证的目的就是以能达到充分加强查明的文本之可靠性和真实性，即法官达成对该等文本可靠性和真实性的"自由心证"① 即可。

第三节　国际海事公约的获取来源

国际海事公约的获取来源是指保存、记载、记录或承载国际海事公约信息的物质形体。因此，国际海事公约获取来源的选择，因国际条约载体的不同而有所不同。国际条约集、国际条约汇编出版物、互联网络（网络搜索引擎、在线数据库等）、研究报告、论著、专著等都是常见的国际条约的载体。本节主要介绍国际条约集、其他国际条约出版物（单行本和汇编本）和在线数据库。

一、官方国际条约集出版物

（一）联合国条约集

根据《联合国宪章》和《1969 年条约法公约》的规定，国际条约生效后，国际条约保管机关有义务将该国际条约送交联合国秘书处登记或存档及记录。联合国秘书处则会将登记或存档和记录的国际条约载于《联合国条约集》并正式对外出版发行。除书面出版发行条约集外，联合国亦通过在其官网设立的"联合国条约数据库"整合各类登记或交存及记录在联合国的国际条约数据。联合国条约数据库主要包括如下几个模块。

1. 联合国秘书长保存的多边国际条约数据库（Multilateral Treaties Deposited with the Secretary-General, MTDSG）

该数据库提供交存联合国秘书长处的逾 560 部重大多边法律文件（含保留意见、声明和反对），并涵盖了 29 个主题，包括人权、裁军、商品、难民、环境以及海洋等法律文件。而交存联合国秘书长保存的国际条约数量也在不断稳

---

① 《最高人民法院关于民事诉讼证据的解释（征求意见稿）》第五条规定："审判人员应当依照法定程序，全面、客观地审核证据，依照法律规定，运用逻辑推理和日常生活经验，对证据有无证据能力和证明力大小独立进行判断，并公开判断的理由和结果。"

步增长。该数据库反映了这些法律文件的状态，包括成员签署情况、批准情况、声明、保留或反对。同时，使用者可以通过索引号搜索、全文搜索、高级搜索等途径进行检索。以《联合国宪章》的状态为例，《联合国宪章》位于第一章"联合国宪章和国际法院规约"，点击进入后显示的内容如下。

表 3-3-1　　　　　《联合国宪章》状态检索结果

2016 年 6 月 16 日美国东部时间 05：04：34 状态	
第一章　联合国宪章和国际法院规约 1.《联合国宪章》 （1945 年 6 月 26 日，于旧金山）	
生效时间	根据《联合国宪章》第一百一十条于 1945 年 10 月 24 日生效
状态	49 个当事国
备注	193 个会员（49 个创始会员国以及 144 个会员国）

参加国	批准时间
阿根廷	1945 年 9 月 24 日
澳大利亚	1945 年 11 月 1 日
白俄罗斯	1945 年 10 月 24 日
比利时	1945 年 12 月 27 日
多民族玻利维亚国	1945 年 11 月 14 日
巴西	1945 年 9 月 21 日
加拿大	1945 年 11 月 9 日
智利	1945 年 10 月 11 日
中国	1945 年 9 月 28 日
哥伦比亚	1945 年 11 月 5 日
哥斯达黎加	1945 年 11 月 2 日
古巴	1945 年 10 月 15 日
丹麦	1945 年 10 月 9 日
多米尼加共和国	1945 年 9 月 4 日
厄瓜多尔	1945 年 12 月 21 日
埃及	1945 年 10 月 22 日
萨尔瓦多	1945 年 9 月 26 日

续表

参加国	批准时间
埃塞俄比亚	1945 年 11 月 13 日
法国	1945 年 8 月 31 日
希腊	1945 年 10 月 25 日
危地马拉	1945 年 11 月 21 日
海地	1945 年 9 月 27 日
洪都拉斯	1945 年 12 月 17 日
印度	1945 年 10 月 30 日
伊朗（伊斯兰共和国）	1945 年 10 月 16 日
伊拉克	1945 年 12 月 21 日
黎巴嫩	1945 年 10 月 15 日
利比里亚	1945 年 11 月 2 日
卢森堡	1945 年 10 月 17 日
墨西哥	1945 年 11 月 7 日
荷兰	1945 年 12 月 10 日
新西兰	1945 年 9 月 19 日
尼加拉瓜	1945 年 9 月 6 日
挪威	1945 年 11 月 27 日
巴拿马	1945 年 11 月 13 日
巴拉圭	1945 年 10 月 12 日
秘鲁	1945 年 10 月 31 日
菲律宾	1945 年 10 月 11 日
波兰	1945 年 10 月 24 日
俄罗斯联邦	1945 年 10 月 24 日
沙特阿拉伯	1945 年 10 月 18 日
南非	1945 年 11 月 7 日
阿拉伯叙利亚共和国	1945 年 10 月 19 日
土耳其	1945 年 9 月 28 日

参加国	批准时间
乌克兰	1945 年 10 月 24 日
英国	1945 年 10 月 20 日
美国	1945 年 8 月 8 日
乌拉圭	1945 年 12 月 18 日
委内瑞拉（玻利瓦尔共和国）	1945 年 11 月 15 日

表 3—3—1 所显示的《联合国宪章》状态检索结果具有一定可取之处：（1）它将使用者检索的服务器时间（存储数据资料的物理设备提供查询结果的时间）固定下来。例如，笔者于 2016 年 6 月 17 日北京时间 17：06：32 点击搜索 "Charter of United Nations"，系统就将该次检索时间固定于 "2016 年 6 月 16 日美国东部时间 05：04：34"，这使研究人员和审判人员利用的检索结果更为严谨；（2）列明了缔约国名单及其加入时间；（3）若需公约信息进行解释说明的，均通过尾注的形式进行说明，因《联合国宪章》的尾注较多，表 3—3—1 作了省略处理。以《联合国宪章》对 "49 个创始会员国" 的简要说明为例，该尾注提到，原捷克斯洛伐克是联合国的 49 个创始会员国之一。该国于 1992 年 12 月 31 日解体为捷克和斯洛伐克两个独立国家；（4）在其他国际条约中，还会加入声明或保留情况，如《1986 年联合国船舶登记条件公约》。[①] 也存在依据不同公约增减内容，如《1969 年条约法公约》显示各国的签订时间、加入时间、继承时间和批准时间等。[②]

2. 联合国条约集数据库（United Nations Treaty Series，UNTS）

该条约集数据库是自 1946 年以来由联合国秘书处根据《联合国宪章》第一百零二条的规定登记或保存和记录以及出版的条约或国际协定。该条约集数据库收纳各国际条约作准语言文本，并酌情收录其英、法文译本，现已收录逾200000 条记录，至 2016 年 6 月 16 日已出版达 2775 卷。使用者可以通过标题搜索、关键词搜索、参加国搜索、高级搜索、全文搜索等检索途径，在联合国

---

① SEE *United Nations Convention on Conditions for Registration of Ships*, at https：//treaties. un. org/Pages/ViewDetails. aspx? src = TREATY&mtdsg _ no = XII − 7&chapter = 12&lang = en. Jun. 17th 2016.

② SEE *Vienna Convention on the Law of Treaties*, at https：//treaties. un. org/Pages/ViewDetailsIII. aspx? src= IND&mtdsg _ no = XXIII−1&chapter = 23&Temp = mtdsg3&clang = _ en. Jun. 17th 2016.

条约集数据库检索存放于联合国秘书处的国际条约。笔者以"Maritime Labour Convention"进行检索后，结果显示出"Maritime Labour Convention，2006"的简介，包括通过时间、生效时间、协议类型、查看细节。当点击查看细节后，可以看到该公约的情况：联合国秘书处收到有关文书的日期、登记编号或存档和记录编号、文书标题、缔约国（名称、批准时间、生效时间）、登记文书或提交存档和记录的缔约国或专门机构名称、缔结时间/地点、生效信息、作准语言、附文、登记证书、公约文本等。

3. 条约和国际协定每月说明数据库（Monthly Statements of Treaties and International Agreements，MS）

本数据库由联合国秘书处法律事务厅条约科根据《联合国宪章》第一百零二条的规定每月对外公布前一个月联合国秘书处登记或保存以及记录的各类条约和国际协定的说明。每月说明会提供以英文和法文语言登记或存档和记录的国际条约的细节（如标题、缔结日期等）以及国际条约相关的后续行动、修改和协定等，但不包括条约或国际协定的文本。截至 2016 年 6 月 17 日，该数据库公布了自 1946 年 12 月至 2016 年 2 月的每月说明。

联合国出版发行的书面条约集和条约在线数据库，不仅是联合国用以公开国际条约的途径，更是各界研究国际条约的前沿资料。但是，联合国公布的国际条约仅包括各国及国际组织主动登记的国际条约信息，未提交登记的国际条约就无法查询到。例如，我国政府与尼泊尔政府 2012 年 1 月 14 日签订的《中华人民共和国政府和尼泊尔政府关于边境口岸及其管理制度的协定》就无法检索到。

（二）其他国际组织数据库

1. 国际劳工组织国际条约数据库

随着 ILO 将不同的数据库合并，ILO 的数据库数量在逐渐减少。截至 2016 年 6 月 18 日，ILO 还维持着 8 个在线数据库，包括 NORMLEX（国际劳工标准数据库）、NATLEX（国家劳工、社会保障和人权立法情况数据库）、全球职业技能知识共享平台、劳动条件法律数据库、EPLex（就业保护立法数据库）、LEGOSH（全球职业安全与卫生立法数据库）、ICSC（国际化品安全卡数据库）、LABORDOC（国际劳工组织图书馆数据库）。其中，NORMLEX 是 ILO 发布的包括国际海事公约在内的国际劳工标准信息数据库。

NORMLEX 是整合了原 APPLIS、ILOLEX 和 Libsynd 数据库的新信息系统，主要提供涉及国际劳工标准（包括 ILO 国际条约批准信息、ILO 监督机构报告和评论等）、国家劳工和社会保障法律等信息。该数据库专设有 MLC

2006 子库，提供关于公约实施的最新信息。MLC 2006 子库分 3 个栏目：一是国家信息。提供使用者了解目前批准该公约的国家情况，包括国家名称、批准时间、效力、保留和声明等，还可以了解到具体国家拥有的船舶数量、总载重吨及其世界占比（标明数据来源和时间）、海事主管部门（名称、地址、网址、电话、联系人、联系邮箱等）。二是实施指导。提供实施 MLC 2006 的各类资料下载，如《港口国检查人员根据 2006 年海事劳工公约实施检查的指南》（Guidelines for port State control officers carrying out inspections under the Maritime Labour Convention，2006）、《2006 年海事劳工公约船旗国监察指南》（Guidelines for flag State inspections under the Maritime Labour Convention，2006）、《关于实施 2006 年海事劳工公约和船员社会保障的指南》（Handbook：Guidance on implementing the Maritime Labour Convention，2006 and Social Security for Seafarers）等。三是公约文本。提供英文文本在线预览，以及英文、法文、西班牙文、阿拉伯文、德文、葡萄牙文、俄文以及中文版本的文本下载。

NORMLEX 数据库各国政府、海员、船舶所有人及研究机构学习和研究 ILO 制定的国际海事公约的重要信息来源。由于 MLC 2006 规定各缔约国需将各自实施的具体信息诸如国内立法详细通报给国际劳工局局长，该数据库预计将得到进一步发展。然而，该数据库受到 ILO 本身的限制，只收录了 ILO 制定的国际海事公约，无法囊括 IMO 等国际组织参与制定的国际条约。

2. 国际海事组织国际条约数据库

IMO 建立了自己的国际条约数据库，分为公约列表、公约状态和行动日期。具体收录的内容包括：第一，公约列表。公布了各类国际海事公约及其议定书、修正案的简况：（1）重要的 IMO 公约，包括 SOLAS、MARPOL、STCW；（2）关于海上安全、保安和船舶/港口分界面的公约，如《1972 国际海上避碰规则公约》《1966 年国际载重线公约》等；（3）关于海洋环境保护的公约，如《1972 年防止倾倒废物和其他物质污染海洋公约》等；（4）关于海上事故的责任与赔偿公约，如《1969 年油污损害民事责任国际公约》等；（5）其他主题，包括《1989 年国际救助公约》《1969 年国际船舶吨位丈量公约》；（6）关于设立 IMO 的公约，即《国际海事组织公约》。第二，公约状态。提供 IMO 公约各国批准状态、最新批准情况月报、多边条约状态（含签字情况、缔约国情况、声明和保留等）等信息下载。第三，行动日期。公布了本年度或来年预计生效的 IMO 国际海事公约的修正案清单。

IMO 建立的国际条约数据库数据全面，各界人士可以通过该的数据库获取 IMO 制定的国际海事公约的第一手资料。但是，该数据库收录的形式仍存在不少缺陷：第一，IMO 所提供的数据多以电脑文件的形式而不是网页列表的形式发布，不便于数据信息的查看和筛选。第二，IMO 提供的搜索系统非常简陋，无法通过高级搜索的方式准确定位需要查阅的数据位置。这主要体现为大量有价值的资料需要通过下载的电子文件翻阅查找，不能直接利用搜索系统检索，不利于使用者快速检索数据。第三，关联性较强的公约文本与公约信息分离，需要使用者至少两次搜索操作才能完成检索。

（三）世界各国条约集

1. 无偿查阅

加拿大《向议会提交条约讨论的政策》第九条规定了加拿大公布条约的途径，包括官方政府档案、《加拿大条约集》和互联网三种。[①] 根据该条的规定，编订《加拿大条约集》的主要目的是公布加拿大生效的所有的双边、多边条约，并分发给世界各地的条约保存机关。政府档案由加拿大外交和国际贸易部条约司保存，包括双边条约的原件以及经核无误的多边条约副本。而这些生效的国际条约，一经生效就会被公布于互联网，供全世界的用户免费自由获取。[②]

澳门特别行政区第 3/1999 号法律《法规的公布与格式》确定了以"中国澳门"签订的以及适用于澳门特区的国际条约须由行政长官公布于《澳门特别行政区公报》。以"中国澳门"签订的国际条约经公报公布后才发生效力，而适用于澳门特区的国际条约则只作发布之用。虽然该法律并未规定"条约集"或其他形式的汇编途径，但是"澳门特别行政区法例资料查询系统（legismac. safp. gov. mo）"可以查询到自 1875 年至 2016 年适用于澳门特区的国际条约的信息，一部分国际条约可以获取其公报文本。

2. 有偿查阅

《尼日利亚条约法》第五条第一款规定："联邦司法部负责按本法准备和进行国际条约的登记。"[③] 该款确定了尼日利亚政府进行国际条约登记的部门是联邦政府司法部。第二款规定："根据本条第一款进行的条约登记册，应在所有合理时间，向支付了象征性费用的公众提供查阅。费用可随时调整。"[④] 尼日利亚的"条约登记册"需要向公众收取"象征性费用"后再提供给公众

---

① 外交部条约法律司. 主要国家条约法汇编 [M]. 北京：法律出版社，2015：364.

② 周晓瑛、王玮. 大数据时代的"人、信息和技术"——加拿大档案工作见闻，载 http：//jda. cq. gov. cn/gzdt/wzxw/gjzx/43582.htm，最后访问日期：2016 年 6 月 17 日.

③ 外交部条约法律司. 主要国家条约法汇编 [M]. 北京：法律出版社，2015：449.

④ 外交部条约法律司. 主要国家条约法汇编 [M]. 北京：法律出版社，2015：449.

查阅。

《津巴布韦国际协定法》第四条称该国的条约集为"国际协议档案",该条规定:"一、部长是所有国际条约的首席管理人和首席国家保存人。二、外交部应开放并保存所有当前有效的国际协定的官方档案。依据本法第十一条所规定的包括付费等条件,向任何利害关系人提供该档案或该国际协定条款的作准复印件。"① 然而,津巴布韦对于提供档案或国际条约条款的对象限定于"任何利害关系人"显然存在偏颇,问题在于如何解释"利害关系人",是指国际条约规定的内容所涉及的领域为利害关系人,还是指高等院校等致力于研究国际条约的非相关人员。大部分国际条约并非具有保密性质的法律文件,向所有社会公众公布并不具有障碍,设定"利害关系人"为提供对象,是多此一举的。

(四)《中华人民共和国条约集》

《中华人民共和国条约集》是我国《缔结条约程序法》法定的我国缔结的国际条约的汇编集,根据《缔结条约程序法》第十六条的规定:"中华人民共和国缔结的条约和协定由外交部编入《中华人民共和国条约集》。"《中华人民共和国条约集》由我国外交部主管的世界知识出版社出版发行,已出版至 58集,收录了 2011 年之前我国与亚洲、非洲、欧洲、美洲、大洋洲,与各国、地区或国际组织签订的双边条约及条约性文件。另出版有《中华人民共和国领事条约集》(1959-2011)两册,《中华人民共和国边界事务条约集:2004-2012 年》三册。然而,我国正式对外出版的条约集只包括双边条约和条约性文件,不包括多边条约。

此外,以中华人民共和国外交部名义发布的移动客户端(支持 ipad、Iphone 和 Android 系统移动设备)设计有"新闻、领事、资料、服务、外交小灵通"5 个标签页面,其中的"资料"标签介绍了世界各国、地区概况信息,外交部则将与我国建交的国家签订的一部分双边条约收录于每个国家栏目下的"重要文件"中。每个拥有移动设备的人员,都可以通过下载"中华人民共和国外交部"移动客户端按"资料→国家/地区改款→大洲名称→国家名称→重要文件"的路径,找到我国与各国签订的重要的双边条约。中华人民共和国外交部网站也能找到部分双边条约全文。

鉴于,我国外交部出版的条约集只收录了重要的双边条约和条约性质文件,对于民商事审判中适用更为广泛的多边国际条约(尤其是公约)仍需要借

---

① 外交部条约法律司. 主要国家条约法汇编 [M]. 北京:法律出版社,2015:442.

助其他途径进行查明。

二、非官方国际条约出版物

（一）单行本出版物

国内有关国际海事公约的单行本出版物数量较多。例如：交通部国际合作司编译，大连海事大学出版社出版的《2006 年海事劳工公约》（2007 年）；张铎校译，大连海事大学出版社出版的《2006 年海事劳工公约（中英对照）》（2013 年）等。又如，吴兆麟编译，大连海事大学出版社出版的《STCW 公约与 STCW 规则（2008 年中英文对照综合文本）》（2009 年）；交通部海事局翻译，大连海事大学出版社出版的《1978 年海员培训、发证和值班标准国际公约马尼拉修正案（中英文对照）》（2010 年）；国际海事组织编、韩庚辰等翻译，海洋出版社出版的《〈防止倾倒废物及其他物质污染海洋的公约〉1996 年议定书——内容介绍与实施指南》（2016 年）等。

（二）汇编出版物

我国交通运输部门、高等院校等汇编过许多国际海事公约出版物。例如，《国际海事公约汇编》由吴兆麟、胡正良、交通部国际合作司等编写，大连海事大学出版社出版（1993 年至 2015 年）。该汇编共十四卷，收集了 IMO、UNCTAD（联合国贸易和发展会议）、ILO、UNCITRAL 和 CMI 等国际组织制定的与海事有关的国际公约、议定书及其修正案。《中国海上维权法典》由吴兆麟等编写，大连海事大学出版社出版（2012 年）。该书分五卷，包括基础综合、海上安全、海洋环境保护、国际海员、海上运输，收录了大部分生效或即将生效的国际海事公约（汉英对照）。《涉渔国际海事公约汇编》由张仁平等编写，大连海事大学出版社出版（2016 年）。该汇编分三卷，收录了与渔业相关的国际海事公约（汉英对照）等。

由政府部门、高等院校、研究机构、学者个人编译出版的国际海事公约汇编或单行本，对国际海事公约查明都有较高的价值，无论是学习、研究或国际海事公约的适用，都能成为各部门的重要参考。然而，此类出版物存在的缺陷也不容忽视：单行本包含的内容有限，汇编巨制又过于笨重，且其内容受编者主观影响较大；前者可能无法满足使用者全部需要，后者又不利于检索等。

三、其他途径

除通过联合国、政府出版的条约集、条约集数据库，或通过非官方国际条约出版物查阅国际条约的情况外，还可以通过政府网站、收费的商业数据库或法学文献对国际条约进行检索。常用的中文商业数据库以北大法宝、北大法意、律商网为例。

（一）政府网站

全国人民代表大会是我国最高国家权力机关，行使国家立法权。根据《缔结条约程序法》第七条第二款的规定，全国人大的常设机关全国人大常委会有决定批准国际条约和重要协定的权力，包括友好合作条约、和平条约等政治性条约，有关领土和划定边界的条约、协定，有关司法协助、引渡的条约、协定，同中华人民共和国法律有不同规定的条约、协定，缔约各方议定须经批准的条约、协定等。

中国人大网（www. mpc. gov. cn）是全国人大常委会的门户网站，由全国人大常委会办公厅主办，收集有大量国际公约中文文本。例如，《1989年儿童权利公约》《1910年统一船舶碰撞某些法律规定的国际公约》《1974年海上旅客及其行李运输雅典公约》《1983年残疾人职业康复和就业公约》等。使用者可以通过中国人大网的搜索工具进行检索。由于该网站是我国立法机关的门户网站，其内容的可靠性可以充分保证。

然而，该网站仅录入了公约文本，且收录的数量偏少。除《2006年海事劳工公约》外，我国加入的其他三部"支柱公约"《1973年国际防止船舶造成污染公约》《1978年海员培训、发证和值班标准国际公约》《1974年国际海上人命安全公约》均无法检索到。

（二）商业数据库

1. 北大法宝（www. pkulaw. com）

"北大法宝"是最大的中文商业法律数据库之一，提供法律、案例、法学文献、新闻等在线服务，该数据库在"法律法规"数据库下设有"中外条文"库。截至2016年6月18日，该数据库收录国际条约及条约性质文件共8065篇，包括条约、公约、协定、议定书、宪章/盟约/规约、换文、文件、宣言/声明、谅解备忘录、联合公报等，该数据库可以检索到大部分国际海事公约。然而，该数据库存在的主要缺点是，只提供了国际条约的文本内容，而其他必要的信息则不完整（包括生效时间、签订时间、效力、缔约国等），部分内容甚至存在错误。例如，MLC 2006没有显示生效信息；2014年10月17日通过的第MEPC. 256（67）号决议 MARPOL 73/78 附则I修正案（对第四十三条的修正）显示的生效日期为"2016.03.01"，但其时效性显示的又是"尚未生效"等。

2. 北大法意（www. lawyee. com）

"北大法意"建有大型的法律数据库，提供案例、法规、法学文献、法学辞典等在线服务。该数据库在"法规数据库群"下设有"国际条约库"。① 截至 2016 年 6 月 18 日，该数据库收录有 5668 条国际条约记录并可显示收录的国际条约的关键内容，包括条约名称、生效时间、签订时间、颁布时间、效力（有效、失效）、缔约国和国际条约文本等。然而，最大的缺点是国际条约数量偏少。笔者以已经生效的"海事劳工公约"作为关键词进行检索，并不能检索到该公约的相关文本。不过，该数据库提供"一对一"查询服务，可以协助用户收集用户所需的文本，但该等服务只承诺"尽可能找到该资料"，同时，无法保证获得包括缔约国等内容在内的全面信息。

3. 律商网（hk. lexiscn. com）

"律商网"虽然也建有专门的国际条约数据库，但该数据库主要是以各国法律、法规、商业资讯、专业文章等为其数据库的主要内容，国际条约数据库内容偏少。例如，使用者希望通过律商网查阅国际条约，可以通过高级检索功能选择"国际条约"数据库再进行标题或关键词检索。如此便可尽快判断该数据库是否收录了使用者所要搜索的国际条约文本，避免普通检索耗费太多时间。

（三）法学文献

当然，我们可以从大量研究国际海事公约的文献中找到有关国际海事公约的条款文本和专业分析。这种途径所找到的国际海事公约运用于学习和研究并无太大问题，若要适用于司法审判之中却可能存在欠缺客观性的问题。原因在于此类文献常受文献作者的个人观点及其学术态度影响。

综上，兼顾专业性、系统性、便利性等特点的国际海事公约中文获取来源尚不健全。部分途径具备高度的专业性和系统性，却无法兼顾便利性，且可能受编者主观影响。部分途径具备高度的专业性和便利性，却受其本身职能的限制无法收录其他国际海事公约而无法兼顾系统性。例如，ILO 数据库不包含 IMO 制定的国际海事公约，反之亦然。部分途径具备高度的系统性和便利性，却无法兼顾专业性。例如，联合国国际条约数据库无法兼顾国际海事公约。若以中文为首要考量标准，符合要求的国际海事公约数据库则更是稀缺。例如，ILO 数据库和 IMO 数据库均为英文数据库，并不提供中文服务。鉴于此，我们建议尽快建构"国际海事公约大数据资源库"，以尽可能全面地收集、整理国际海事公约中文资源。

---

① "北大法意"收录的国际条约类型有：条约、公约、协定、议定书、宪章/盟约/规约、换文、文件、宣言/声明、谅解备忘录、联合公报等。

第四节　国际海事公约数据资源库的构建

一、国内法律数据库现状

随着互联网和现代信息技术在各行各业的广泛应用，法律数据库越来越受到关注，因其信息全面、及时、便捷等特点，显示出法律数据库在法律信息提供领域不可撼动的优势。① 自 1985 年国内最早的"中国法律检索系统"创立以来，各类中文法律数据库得到蓬勃发展，如北大法意、法律图书馆、法律之星等。然而，目前国内对国际海事公约中文信息的整合情况，与航运业相对全球贸易的贡献是不相匹配的。

（一）信息资源分散

国内外专门从事收集、存档、记录国际海事公约中文信息的数据库不多，国际海事公约信息以分散于各类网站为基本现状。

表 3—4—1　　　　　　　国际海事公约中文信息源（网站）

序号	网站名称	网址
1	联合国国际贸易法委员会	www. uncitral. org
2	联合国文献中心	www. un. org/chinese/documents
3	中国人大网	www. npc. gov. cn
4	中国海事局（MSA）	www. msa. gov. cn
5	中国船级社（CCS）	www. ccs. org. cn
6	中国海商法协会	www. cmla. org. cn
7	中国船东网	www. csoa. cn
8	中国船员网	seafarers. msa. gov. cn

除存放联合国制定的国际海事公约的联合国国际贸易法委员会和联合国文献中心外，中国船级社、中国海事局等都是以收集国际海事公约为主。上述网站都存在不同的问题：（1）联合国国际贸易法委员会收集的国际海事公约则仅限于联合国制定的国际海事公约；（2）联合国文献中心存在信息滞后、内容局限、无法正常浏览等问题；（3）中国人大网虽然能充分保证文本的可靠性，但

---

① 建设，郭叶. 国内法律专业数据库之比较［J］. 法律文献信息与研究，2008，4：50.

是其收集的我国缔结或参加的国际海事公约并不完整，加之搜索工具不支持智能搜索，使用者检索效率无法保证；（4）中国船级社只提供船舶认证、验证相关文件下载；（5）中国海事局及其下属的直属海事局也参与收集关于国际海事公约的信息。例如，宁波海事局提供一部分国际海事公约的文本下载，上海海事局提供有关国际海事公约的解读文章等；（6）中国海商法协会虽对收集的国际海事公约进行了精细地分类，然而其信息存在明显滞后。例如，"与船员有关的国际公约"一栏却缺失 MLC 2006，STCW 1978 也未录入该网站等；（7）中国船东网可以散见一些国际海事公约的内容，如"2006 年海事劳工公约专栏"；（8）中国船员网是中国海事局主办的网站，收集有与船员密切相关的国际条约和法律法规信息，但是其缺点与大多数网站相同且其搜索功能无法使用。

国际海事公约中文信息源存在信息不集中、不成系统、数量少、信息滞后更新慢、无法高效率检索等问题。

（二）缺乏专业性

诸如北大法宝、北大法意、法律图书馆等主流大型中文法律数据库均提供国际条约的信息检索功能。然而，国内中文法律数据库在国际海事公约信息整理上缺乏专业性。

表 3-4-2　　　　　　　国际海事公约中文信息源

序号	数据库名称	网址
1	北大法宝	www. pkulaw. cn
2	北大法意	www. lawyee. com
3	法律图书馆	www. law—lib. com
4	法律之星	law1. law—star. com

表 3-4-2 中涉及的数据库专业性问题体现在：（1）北大法宝是国内最早设立的法律数据库，但该数据库的问题包括生效时间、签订时间、效力、缔约国等必要信息缺失、搜索功能智能化程度不高、信息重复等。例如，搜索只能通过关键词"防止倾倒废物"搜索到《1972 年防止倾倒废物及其他物质污染海洋的公约》，近义关键词"防止倾倒废料"则搜索不到任何结果。又如，"International Convention Harmful Anti—fouling Systems Ships，2001"公约的中文本则有"控制船舶有害防污底系统国际公约（中文本）"和"国际控制船舶有害防污底系统公约"两个检索结果；（2）北大法意虽然条约的基数大，

但是其文本来源不权威。例如，存在部分文本未经审查直接下载于互联网的情况；① （3）法律图书馆则存在信息不完整的问题。例如，该网站《联合国海洋法公约》的文本录入就不完全；（4）法律之星虽也录入了一部分国际海事公约，但其没有将收集的国际海事公约分类为一个专门的子数据库，若不尝试对国际海事公约进行检索的话，使用者根本无从得知该数据库收录有国际条约。

二、国内法律数据库建设趋势

（一）注重专业性、实用性和准确性

并不是盲目追求大而全的数据库便是客户所需求的数据库，专业化程度越高、水平越高、信息越准确、实用性越强的数据库才能获得使用者的青睐。以法律数据库为例，除了研究机构和航运实务部门需要国际海事公约信息外，司法部门对于国际海事公约的需求也不容忽视，无论是学术研究、知识学习，抑或是司法审判的需要，无一不对国际海事公约信息来源的可靠、内容的真实、准确以及检索的效率有较高的要求。

（二）注重功能性

完整、准确、可靠的信息是对数据库的基本要求，而强大的功能则是数据库提高信息检索效率的关键。例如，简单地通过关键词对文本全文进行检索的，检索范围显得过于庞大，往往一次搜索不能达到检索目的，就需要引入"结果中搜索"的功能。又如，研究者若在论文中引用 Westlaw 数据库的判例，常附上判例的"Westlaw 数据库引证号"，读者则可以方便地通过该引证号在 Westlaw 数据库中回溯判例查看其原文，避免查找不到案例而只能阅读"二手文献"的问题。② 北大法宝的"法宝之窗"是使用者将鼠标置于存在联想信息的超链接之上，即可预览数据库提供的联想信息，避免了点击大量链接带来的信息阅览的不便。③

（三）网络化

显而易见，网络化法律数据库的信息检索效率要远高于纸质信息源（书籍、报告等）。网络化法律数据库的信息量也是纸质信息源所不能比拟的。然而，网络化趋势下，信息来源能否在互联网快餐文化影响下保持必需的严谨性和专业性，我们仍应予以充分重视。否则将会影响信息的可靠性和真实性。

---

① 建设，郭叶. 国内法律专业数据库之比较 [J]. 法律文献信息与研究，2008，4：51.
② 李远. 海商法电子文献和数据库检索之研究 [J]. 法律文献信息与研究，2013，1：47.
③ 郭叶. 北大法宝 V5 版中文法律数据库检索与利用 [J]. 法律文献信息与研究，2011，1：39.

三、建设国际海事公约数据库的构想

构建"国际海事公约大数据资源库"是必要的。而搭建一个准确、可靠、高效、便捷的中文数据库，必须首先明确数据库的建设目标，以便各种特色功能紧密围绕建设目标展开。建设该数据库需要重点关注以下几个目标。

（一）系统性

国际海事公约数据库的系统性主要体现在两个方面：资源结构的系统性和信息内容的系统性。

1. 资源结构的系统性

体现在该数据库所要收集的内容应涵盖海商海事相关的所有国际条约、公约、协定、议定书、规则、修正案、宪章、盟约、规约、换文、文件、宣言、声明、联合公报等形式的条约，还应包括谅解备忘录、通函、国际组织决议等与国际海事公约密切相关的条约性质文件。除国际海事公约外，还可以包括海商海事相关的国际惯例（如各版本的《国际贸易术语通则》、《跟单信用证统一惯例》）等。

除文件的名称外，还应注意信息分类的合理性。国际海事公约的分类可以参照 IMO 的区分类型做如下安排：

（1）重要的国际海事公约。例如，UNCLOS、SOLAS 1974、MARPOL 73/78、STCW 1978、MLC 2006。

（2）关于海上安全、保安和船舶/港口分界面的国际海事公约。例如，《1989 年国际救助公约》《1972 年国际集装箱安全公约》等；

（3）关于海洋环境保护的公约。例如，《2001 年国际控制船舶有害防污底系统公约》《2004 年船舶压载水和沉积物控制和管理公约》等；

（4）关于海上事故的责任与赔偿国际海事公约。例如，《1974 年海上旅客及其行李运输雅典公约》《1969 年国际油污损害民事责任公约》《1971 年设立国际油污损害赔偿基金国际公约》等；

（5）关于国际货物运输的国际海事公约。例如，《1965 年便利国际海上运输公约》《1980 年联合国国际货物多式联运公约》《2008 年联合国全程或部分海上国际货物运输合同公约》等。

2. 信息内容的系统性

不同的国际条约的作准语言亦不同。例如，MLC 2006 第十六条规定："本公约的英文本和法文本同等作准。"而《1969 年条约法公约》第八十五条规定："本公约之原本应送请联合国秘书长存放，其中文、英文、法文、俄文及西班牙文各本同一作准。"因此，国际海事公约各语言版本都应收集提供给

检索者以随时获取的渠道，并于明显的位置注明检索结果显示的语言是否为作准语言。

（二）专业性

所谓专业性不仅包括数据准确、可靠，也要求信息要完整。例如，一般适用国际条约时，首先要判断当事人是否是缔约国，若数据库无法显示缔约国信息，则使用者仍得利用其他数据库进行第二次检索，这会带来很大的不便。因此，建议国际海事公约数据库至少应包括以下除文本外的信息：国际海事公约的名称、简称或别称、缔约国情况参加时间和生效时间、保留和声明、生效时间、对我国生效时间、附件或附则（技术规则）等。

此外，当数据量达到一定规模，可以编制引证码。做到实时更新、及时更新，以便新的国际海事公约在通过或生效后能够第一时间被使用者获取。值得一提的是，数据库可以利用大数据资源的优势做使用者检索习惯的分析，以便继续优化使用者常用的检索方式，改善使用者不常利用的检索方式，并定期向社会发布大数据报告，如根据使用者搜索的次数发布"常用国际海事公约分析报告"，或根据国际海事公约更新的频率分析"国际海事立法趋势"等。

对于数据库查询结果页面的格式，可以参考表 3—4—3 的样式，以 MLC 2006 为例。

表 3—4—3　　　　　　　　国际海事公约检索结果示例

海事劳工公约				
通过时间	2006 年 2 月 23 日于日内瓦			
生效条件	第八条 "3. 本公约应在合计占世界船舶总吨位 33％的至少 30 个成员国的批准书已经登记之日 12 个月后生效。"			
生效时间	2013 年 8 月 20 日			
作准语言	英语、法语			
缔约国	77 个缔约国			
	国家名称	批准时间	效力	声明或保留
	安提瓜和巴布达	2011—08—11	生效	
	阿根廷	2014—05—24	生效	
	中国	2015—11—12	未生效	

续表

序言
国际劳工组织大会 经国际劳工局理事会召集，于 2006 年 2 月 7 日在日内瓦举行了其第 94 届会议，并希望制订一项条理统一的单一文件，尽可能体现现有国际海事劳工公约和建议书中的所有最新标准以及其他国际劳工公约，特别是以下公约中的基本原则： ……………
查询时间：2016 年 6 月 17 日北京时间 08：00：00

（三）实用性

数据库是否实用的判断标准归根结底取决于使用者，以数据库建设者的角度，则是为使用者考虑并方便使用者的设计。例如，横向联想功能，将与本条规定有关的通函、决议等文件关联起来；纵向联想功能，将该条规定修订记录关联起来，以便使用者在需要时回溯；丰富检索功能，可以添加高级检索、结果中检索、关键词检索、标题检索等；提供文本下载，可以包括 PDF、WORD、TXT 等格式。对于改善数据库的实用性，可以通过扩大测试范围并接受反馈意见达到目的。例如，免费开放给各地海事法院、各省市高级人民法院、最高人民法院、中华全国律师协会、高等院校，供法官、律师、研究人员、教师、学生等人士测试。

（四）权威性

首先，要求确保内容的真实性和权威性，不对文本原文作删减，应对每一份录入的文件来源和内容予以审查。若为自己翻译的版本，应予以标明。一旦存在修订记录，应将修订记录展示给使用者。其次，可以通过聘请海商海事专家、学者为数据库的顾问，或为数据库的建设建言献策，或参与国际海事公约的翻译、审查、适用分析等。再次，国际组织和国家机关是国际海事公约的制定者和保管者，若能寻求得到它们的支持，也有利于增强数据库的权威性。数据库在树立起高度权威性后，可以提供给使用者验证和认证功能，或认证使用者下载的国际海事公约文本与数据库存储的文本一致，或认证使用者提供的国际海事公约文本与数据库储存的文本一致，并收取合理费用。

本章小结

为了准确适用国际海事公约，我们必须确保所获取的国际海事公约的可靠性。我们应进一步规范国际海事公约的获取来源，首选官方渠道获取有关文本。并应进一步明确验证程序，通过多种查明渠道对获取的文本可靠性进行佐证。大数据发展趋势下，可以积极筹备专门的国际海事公约数据库，提供国际海事公约信息、文本、研究等资料的检索、认证和验证服务。

第四章　国际海事公约的实施现状与途径

第一节　国际海事公约国内实施的现状

一、我国国际海事公约缔结与参加现状

中国积极参与国际海事公约的制定，并缔结或参加了大量国际海事公约。缔结或参加的联合国组织制定的国际海事公约共 3 部，即具有"海洋宪章"之称的《1982 年联合国海洋法公约》《1980 年联合国国际货物销售合同公约》以及对外国海商海事仲裁裁决书承认及执行有重要作用的《1958 年纽约公约》。在 IMO 公布的 59 部重要的国际海事公约及其议定书中，我国共计缔结或参加了 33 部国际海事公约及其议定书，占该组织制定的国际海事公约总数的 55.93%。我国缔结或参加的 ILO 国际条约共 26 部，包括国际海事公约 6 部。其中，《1920 年（海上）最低年龄公约》已因《1973 年最低年龄公约》对我国生效自动退出了，而《1921 年（海上）未成年人体检公约》《1926 年海员协议条款公约》《1926 年海员遣返公约》也将在 MLC 2006 对我国生效后自动退出。具体详见表 4－1－1。

表 4－1－1　　我国缔结或参加的重要国际海事公约情况统计
（截至 2016 年 6 月 13 日）

公约名称	简称	生效时间	我国参加时间	对我国生效时间	缔约国数	总吨占比
联合国						
1982 年联合国海洋法公约	UNCLOS	1994.11.16	1982.12.10	1996.06.07	168	—
1980 年联合国国际货物销售合同公约	CISG	1988.01.01	1988.01.01	1986.12.11	85	—

公约名称	简称	生效时间	我国参加时间	对我国生效时间	缔约国数	总吨占比
联合国						
1958 年承认和执行外国仲裁裁决公约	NEW YORK CONVENTION	1959.06.07	1987.01.22	1987.04.22	156	—
国际劳工组织						
2006 年海事劳工公约	MLC 2006	2013.08.20	2015.11.12	2016.11.12	77	91
1921 年（海上）未成年人体检公约	C016	1922.11.20	1936.12.02	1936.12.02	82	—
1926 年海员协议条款公约	C022	1928.04.04	1936.12.02	1936.12.02	60	—
1926 年海员遣返公约	C023	1928.04.16	1936.12.02	1936.12.02	47	—
1920 年（海上）最低年龄公约（因C138 生效，自动退出）	C007	1921.09.27	1936.12.02	1936.12.02	53	—
1973 年最低年龄公约	C138	1976.06.19	1998.04.28	1999.04.28	168	—
国际海事组织						
1948 年国际海事组织公约	IMO 1948	1958.03.17	1973.02.01	1980.05.25	171	96.53
1974 年国际海上人命安全公约	SOLAS 1974	1980.05.25	1980.01.07	1980.05.25	162	98.53
1974 年国际海上人命安全公约 1978 年议定书	SOLAS PROT 1978	1981.05.01	1982.12.17	1983.03.17	120	96.85
1974 年国际海上人命安全公约 1988 年议定书	SOLAS PROT 1988	2000.02.03	1995.02.03	2000.02.03	109	95.35

续表

公约名称	简称	生效时间	我国参加时间	对我国生效时间	缔约国数	总吨占比
国际海事组织						
1966 年国际船舶载重线公约	LL 1966	1968.07.21	1973.10.05	1974.01.05	161	98.52
1966 年国际船舶载重线公约 1988 年议定书	LL PROT 1988	2000.02.03	1995.02.03	2000.02.03	103	95.28
1969 年国际船舶吨位丈量公约	TONNAGE 1969	1982.07.18	1980.04.08	1982.07.18	153	98.40
1972 年国际海上避碰规则公约	COLREG 1972	1977.07.15	1980.01.07	1980.01.07	156	98.52
1972 年国际集装箱安全公约	CSC 1972	1977.09.06	1980.09.23	1981.09.23	83	63.26
1978 年海员培训、发证和值班标准国际公约	STCW 1978	1984.04.28	1981.06.08	1984.04.28	161	98.76
1979 年国际海上搜寻救助公约	SAR 1979	1985.06.22	1985.06.24	1985.07.24	107	80.50
1976 年国际海事卫星组织公约	IMSO C 1976	1979.07.16	1979.07.13	1979.07.16	102	95
1976 年国际海事卫星组织业务协定	INMARSAT OA 1976	1979.07.16	1979.07.13	1979.07.16	88	—
1965 年便利国际海上运输公约	FACILATION 1965	1967.03.05	1995.01.16	1995.03.17	117	93.2
1973 年国际防止船舶造成污染公约 1978 年议定书	MARPOL 73/78	1983.10.02	1983.07.01	1983.10.02	154	98.73
附则 I/II	Annex I/II	1983.10.02 1987.04.06	1983.07.01	1983.10.02 1987.04.06	154	98.73
附则 III	Annex III	1992.07.01	1994.09.13	1994.12.13	146	98.15
附则 IV	Annex IV	2003.09.27	2006.12.02	2007.02.02	138	90.96

公约名称	简称	生效时间	我国参加时间	对我国生效时间	缔约国数	总吨占比
国际海事组织						
附则V	Annex V	1988.12.31	1988.11.21	1989.02.21	151	98.32
经1978年议定书修订的1973年国际防止船舶造成污染公约1997年议定书（附则VI）	MARPOL PROT 1997 Annex VI	2005.05.19	2006.03.15	2006.08.23	87	95.69
1972年防止倾倒废物及其他物质污染海洋公约	LC 1972	1975.08.30	1985.11.14	1985.12.14	87	60.73
1972年防止倾倒废物及其他物质污染海洋公约1996年议定书	LC PROT 1996	2006.03.24	1985.11.15	1985.12.15	47	37.98
1969年国际干预公海油污事故公约	INTERVEN-TION 1969	1975.05.06	1990.02.23	1990.05.24	88	73.93
1973年干预公海非油类物质污染议定书	INTERVEN-TION PROT 1973	1983.03.30	1990.02.23	1990.05.25	56	51.79
1969年国际油污损害民事责任公约	CLC 1969	1975.06.19	1980.01.30（已退出）	1980.04.29（已退出）	34	2.74
1969年国际油污损害民事责任公约1976年议定书	CLC PROT 1976	1981.04.08	1986.09.29（已退出）	1986.12.28（已退出）	53	60.19
1969年国际油污损害民事责任公约1992年议定书	CLC PROT 1992	1996.05.30	1999.01.05	2000.01.05	134	96.69

续表

公约名称	简称	生效时间	我国 参加时间	对我国 生效时间	缔约 国数	总吨 占比
国际海事组织						
1974 年海上旅客及其行李运输雅典公约	PAL 1974	1987.04.28	1994.06.01	1994.08.30	25	31.81
1974 年海上旅客及其行李运输雅典公约 1976 年议定书	PAL PROT 1976	1989.04.30	1994.06.01	1994.08.30	17	31.54
1988 年制止危及海上航行安全非法行为公约	SUA 1988	1992.03.01	1991.08.20	1992.03.01	166	94.45
1988 年制止危及大陆架固定平台安全非法行为议定书	SUA PROT 1988	1992.03.01	1991.08.20	1992.03.01	155	94.13
1989 年国际救助公约	SALVAGE 1989	1996.07.14	1994.03.30	1996.07.14	69	51.71
1990 年国际油污防备、反应和合作公约	OPRC 1990	1995.05.13	1998.03.30	1998.06.30	109	74.15
2000 年有毒和有害物质污染事故防备、反应和合作议定书	OPRC/HNS 2000	2007.06.14	2009.11.19	2010.02.19	37	48.84
2001 年国际燃油污染损害民事责任公约	BUNKER 2001	2008.11.21	2008.12.09	2009.03.09	83	92.12
2001 年控制船舶有害防污底系统国际公约	AFS 2001	2008.09.17	2011.03.06	2011.06.07	73	93.26

二、行政机关适用国际海事公约的现状

为了进一步加强各成员国海上安全和防污的水平及能力，2005 年 12 月 1 日，IMO 通过了第 A.974（24）号决议《IMO 成员国自愿审核机制框架和程

序》以及第 A.973（24）号决议《IMO 强制性规则实施细则》，正式在全球范围内启动了 IMO 成员国自愿审核机制（Voluntary IMO Member State Audit Scheme）。① IMO 成员国自愿审核机制是指 IMO 在各国自愿的基础上对各成员国就其加入的几乎所有的 IMO 公约的履约状况进行审核。② 具体来说，就是审核和评估成员国为履行公约而作出的适当法律的制定、实施和执行。审核的范围涵盖 SOLAS 1974、SOLAS PROT 1978、SOLAS PROT 1988、MARPOL 73/78、MARPOL PROT 1997、STCW 1978、LL 1966、LL PROT 1988、TONNAGE 1966、COLREG 1972 等 10 部国际海事公约及通过该 10 部国际海事公约成为强制性文件的其他文件。

我国于 2009 年 9 月 24 日签署了参加 IMO 自愿审核机制的《合作备忘录》。2009 年 11 月，IMO 正式派出审核组对我国履行国际海事公约的总体战略、制度安排、工作程序、履约资源和履约效果等情况进行审核评估。③ 我国顺利通过该次审核，总体情况良好，但也发现了 3 个不符项、4 个观察项、8 项待进一步改进的事宜。其中，不符项和观察项主要集中在"向 IMO 通报信息、认可组织授权和监督、记录管理、人员资格管理等方面"④；而待改进事项主要表现在"内部信息沟通、地方立法与国家立法协调、国家立法通知相关方的程序、'令主管机关满意'的标准解释、滞留调查时 ISM 缺陷的关注度、船舶废弃物跟踪程序、耐火试验实验室清单等"⑤。

由于 IMO 自愿审核机制采用的是各成员国自愿提出审核的模式，往往愿意参加 IMO 审核的国家是履约状况较好的国家，自然而然的结果就是履约状况较差的国家不会得到审核。为进一步促进各国履约效果，避免履约效果两极分化，2009 年 11 月 IMO 第 26 届大会通过了第 A. 1018（26）号决议，将该自愿审核机制转化为强制制度，使其具有强制性，并于 2016 年起全面实施。⑥

三、司法机关适用国际海事公约的现状

我国海事法院是最常适用国际海事公约的一审法院。截至 2016 年 6 月 22

---

① 沙正荣. 中国海事推演 IMO 自愿审核机制的成效分析 [J]. 中国海事，2010，1：23.

② 成纪麟. IMO 成员国自愿审核机制介绍 [J]. 航海技术，2007，5：80.

③ 王霖. 应对 IMO 成员国审核机制强制化的建议 [J]. 中国海事，2015，8：32.

④ 凌黎华. 我国应对 IMO 审核机制强制化转变的新策略 [J]. 中国海事，2016，2：32.

⑤ 凌黎华. 我国应对 IMO 审核机制强制化转变的新策略 [J]. 中国海事，2016，2：32.

⑥ 王霖. 应对 IMO 成员国审核机制强制化的建议 [J]. 中国海事，2015，8：32.

日，"中国裁判文书网"① 共登录 26061 个全国海事法院审理案件的裁判文书，按年份分布如下图所示。

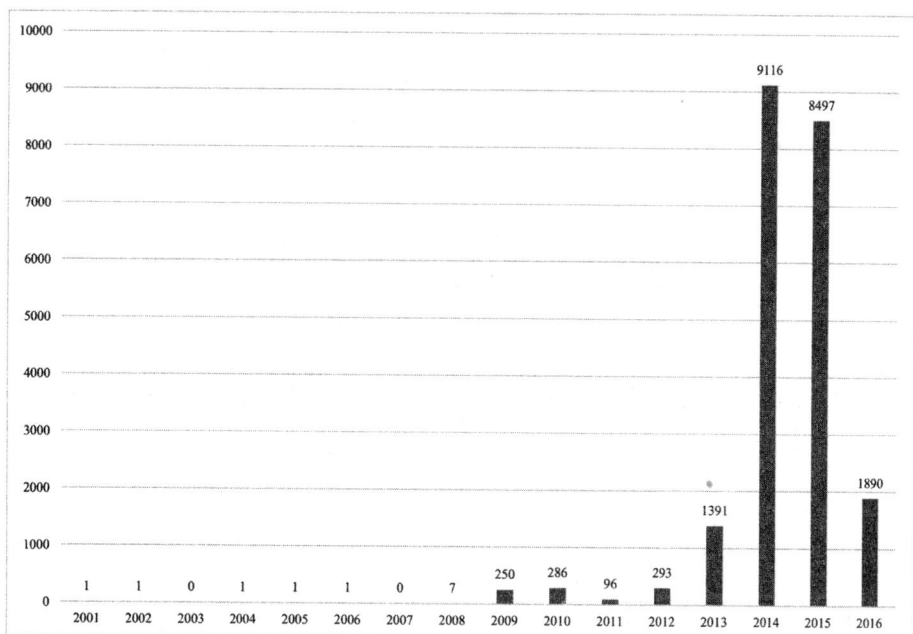

图 4—1—1　全国海事法院中国裁判文书网案件登录情况（截至 2016 年 6 月 22 日）

通过对"中国裁判文书网"收录的全国海事法院 26061 个裁判文书的筛选发现，自 2001 年至今，全国海事法院共审结适用国际海事公约的案件 45 起，详见"附录六：全国海事法院适用国际海事公约情况调查表（2006—2016）"。

涉及的案件类型共 11 种，包括船员劳务合同纠纷案，船舶碰撞损害责任纠纷案，海上、通海水域货物运输合同纠纷案，承认和执行外国仲裁裁决案，船舶抵押合同纠纷案，海上、通海水域打捞合同纠纷案，海事债权确权纠纷案，海上货运代理合同纠纷案，申请海事债权登记与受偿案，船舶污染损害责任纠纷案，海上、通海水域保险合同纠纷案。其中，船员劳务合同纠纷案 3 起（7%），船舶碰撞损害责任纠纷案 6 起（13%），海上、通海水域货物运输合同纠纷案 15 起（34%），船舶抵押合同纠纷案 2 起（5%），承认和执行外国仲裁裁决案 13 起（29%），海上、通海水域打捞合同纠纷案 1 起（2%），海事债权

---

① "裁判文书网"系根据《最高人民法院关于人民法院在互联网公布裁判文书的规定》的精神组织建设的网站，收录全国各级人民法院自 1996 年起生效的裁判文书。目前，该网站收录的裁判文书主要集中于 2014 年 1 月 1 日后，2014 年 1 月 1 日之前的裁判文书各级人民法院也在陆续登录该网站。

确权纠纷案 1 起（2%），海上、通海水域货运代理合同纠纷案 1 起（2%），申请海事债权登记与受偿案 1 起（2%），船舶污染损害责任纠纷案 1 起（2%），海上、通海水域保险合同纠纷案 1 起（2%）。如图 4—1—2 所示。

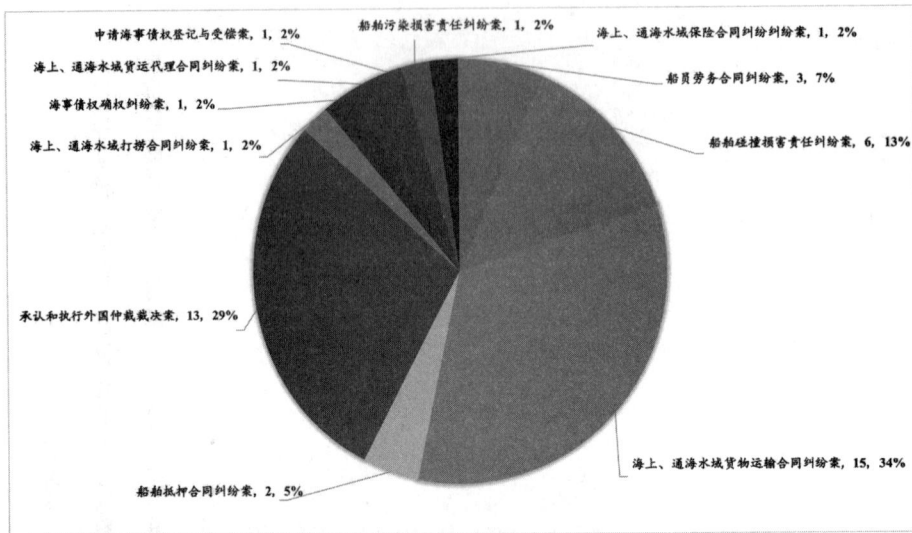

图 4—1—2　全国海事法院适用国际海事公约案件类型分布图

　　上述案件中，有 19 起案件将国际海事公约作为事实适用的案件。例如，北海海事法院审理的"黄华福诉北部湾旅游股份有限公司船员劳务合同纠纷案"中，当事人将 MLC 2006 作为证据提交，法院同样认可其作为证据的合法性，"符合法律规定的证据要件……并作为认定本案事实的依据"。又如，武汉海事法院审理的"原告穆德费斯特有限公司与被告攀钢集团国贸攀枝花有限公司、常熟市瀚邦船务代理有限公司海上货物运输提单侵权纠纷一案"中，由于我国《海商法》没有规定受雇人、代理人能否援引承运人关于诉讼时效的抗辩，法官以《海商法》立法之初"合理借鉴了相关海事国际公约的内容"，结合相关国际海事公约的立法本意解释《海商法》有关条款；广州海事法院审理的"原告中国平安财产保险股份有限公司青岛分公司诉被告嘉林国际物流有限公司、商船三井株式会社海上货物运输合同纠纷一案"中，法院认为 SOLAS 公约规定如涉案船舶应配有船载航行数据记录仪（VDR），但当事人以未保存为由未提交，并结合其他证据认为不足以认定涉案船舶在涉案运输过程中遭遇了恶劣天气。

　　另外 26 起案件则是将国际海事公约作为法律适用的案件。例如，海口海事法院审理的"原告桂自豪诉被告晨洲船业集团有限公司、中国平安财产保险股份有限公司宁波分公司船舶碰撞损害责任纠纷一案"中,法院直接以《1972年国际海上避碰规则》第二条、第五条、第六条、第七条、第八条、第十八条、第十九条作为判决的依据,即以"法律"的地位适用了该国际海事公约。经调查发现,凡涉及适用《1972年国际海上避碰规则》的案件,海事法院基本都能以法律的地位适用该公约,而《1958年纽约公约》亦同。例如,上海海事法院审理的"申请人约翰曼·客·布卢门撒尔股份有限公司与被申请人江苏熔盛重工有限公司、被申请人西飞集团进出口有限公司申请承认外国仲裁裁决一案";厦门海事法院审理的"申请人大宇造船海洋株式会社与被申请人贝塔象有限公司、诺尔商业有限公司申请承认外国仲裁裁决一案"等。

调查涉及的案件中,《1958年纽约公约》《关于修改〈1924年统一提单的若干法律规定的国际公约〉1968年议定书》和《1972年国际海上避碰规则公约》等国际海事公约的适用频率较高,分别为13次、8次和6次。详见下图4-1-3:

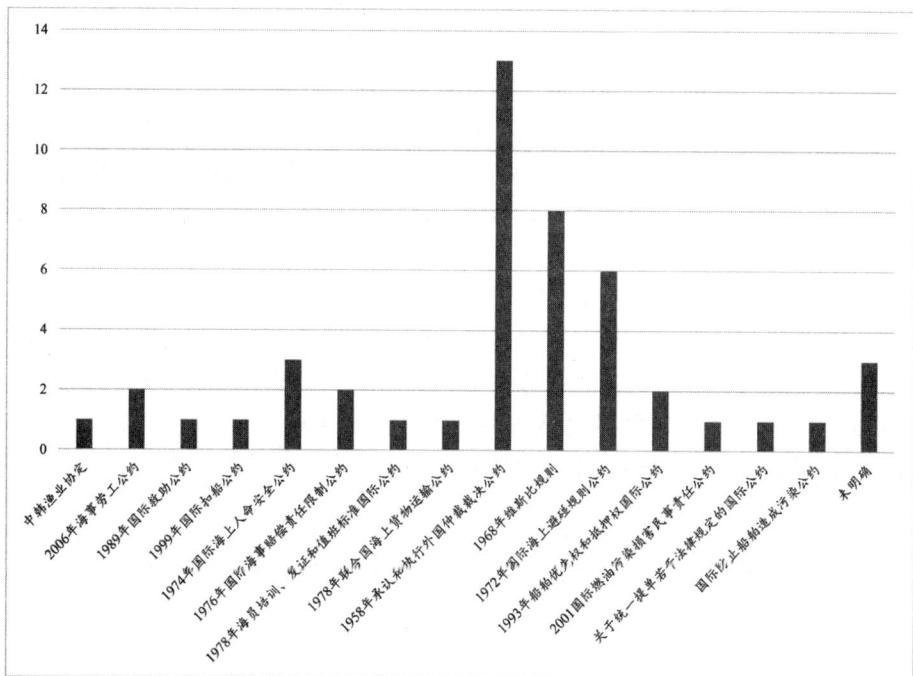

图4-1-3 调查涉及的案件适用国际海事公约分布图

此外,我们发现部分海事法院适用国际海事公约时未说明该条约的名称,包括当事人未说明和法官未说明两种情况。例如,上海海事法院审理的"原告湖南中联国际贸易有限责任公司与被告上海捷喜国际货物运输代理有限公司、被告上海恒鑫航运有限公司、被告莫曼斯科航运股份有限公司海上货物运输合同纠纷一案"中，当事人提交国际船舶保安证书证据证明船舶"符合国际公约的要求"，未说明依据的是什么国际海事公约；青岛海事法院审理的"李光涛诉被告荣成华顺海运有限公司船员劳务合同纠纷一案"中，当事人提出"根据国际公约及国内相关法律规定，在航行中，船长不得擅自辞职、离职或者中止职务"，也未说明依据的是什么国际海事公约。又如，上海海事法院审理的"原告上海比诺国际货物运输代理有限公司为与被告上海迅由国际物流有限公司海上货运代理合同纠纷一案"中，法院认为"该等说法也符合国际公约及我国关于危险货物运输的规定"，却未说明所符合的"国际公约"是哪一部国际海事公约。

对于国际海事公约的查明，上述裁判文书均未明确条约文本的来源。当然，应区分看待这一问题：第一，当事人查明并援引国际海事公约的规定的，法院应当进行必要的验证和核实才能适用。例如，当事人提出船长或船员不具备国际海事公约要求其必须获取的证书而导致船舶不适航的，考虑到"谁主张谁举证"的一般举证规则，当事人就应对该事实情况举证证明，并协助法官查明相关的国际海事公约的规定从而确定是否违反公约规定。若当事人约定合同适用国际海事公约，对于未对我国生效的国际海事公约（如《关于修改〈1924年统一提单的若干法律规定的国际公约〉1968年议定书》），应主动提交该等国际海事公约真实、可靠的文本，由法院进一步认定。第二，法院查明并直接援引国际海事公约的规定。依据"法官知法"的原理，可以认为法院援引的国际海事公约的规定真实、可靠。

实践中，无论是外国法或国际海事公约的查明，并不能完全将法院和当事人的查明责任分开。因为当事人或其代理人如果要援引国际海事公约的规定，一般都会在法律文书如民事起诉状中写明并附上国际海事公约条款供法院参考，而法院也会要求当事人或其代理人提供国际海事公约的文本。

第二节　国际海事公约国内实施的途径

一、国际海事公约实施的法律制度

我国适用国际条约的制度由《宪法》《立法法》《缔结条约程序法》《民法通则》《海商法》等法律构成。《宪法》由全国人大制定，根据《宪法》"序言"的规定"本宪法以法律的形式确认了中国各族人民奋斗的成果，规定了国家的根本制度和根本任务，是国家的根本法，具有最高的法律效力"。因此，《宪法》在我国法律体系中具有最高法律效力。《立法法》由全国人大制定，规定了国家立法制度。《缔结条约程序法》由全国人大常委会制定，规定了条约缔结制度。《民法通则》《海商法》等法律由全国人大常委会制定或修正，① 这些法律分别构成立法法、条约法、民法、海商法等法律部门的国际条约适用制度。据此，我国国际条约法律制度如下图4－2－1所示。

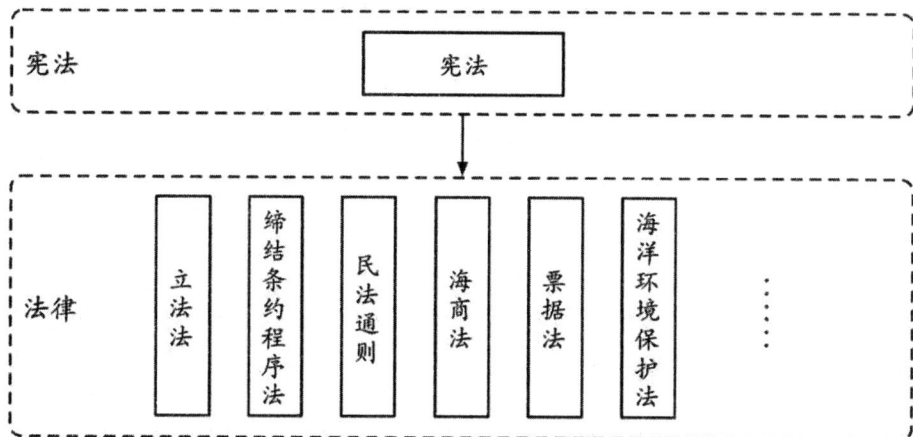

图4－2－1 我国国际条约法律体系

《宪法》中与"条约"直接相关的条款共计3条：第六十七条、第八十一条和第八十九条。分别确定的是全国人大常委会、国家主席和国务院在缔结国际条约中的职权。第六十七条第（十四）项规定了全国人大常委会决定同外国缔结的条约和重要协定的批准和废除的权力；第八十一条规定了国家主席根据全国人大常委会的决定批准和废除同外国缔结的条约和重要协定的权力；第八十九条第（九）项规定国务院有管理对外事务，同外国缔结条约和协定的职权。《缔结条约程序法》在上述职权划分基础上，明确由外交部或政府其他部门以国家、国务院或部门的名义对外缔结条约，而外交部则在国务院领导下管理同外国缔结条约和协定的具体事务。

《缔结条约程序法》将我国对外缔结条约区分为：须由全国人大常委会批准的国际条约以及无须由全国人大常委会批准的国际条约。

---

① 《中华人民共和国民法通则》于1986年4月12日由第六届全国人民代表大会第四次会议通过，并由第十一届全国人民代表大会常务委员会第十次会议《关于修改部分法律的决定》于2009年8月27日修正。

对于须由全国人大常委会批准的国际条约，从立法权的角度，此种国际条约生效后具有国内法效力。既然根据《立法法》第七条的规定，全国人大常委会享有立法权，《缔结条约程序法》第七条第二款中列明的须由全国人大常委会批准才能缔结或参加的国际条约，包括友好合作条约、和平条约等政治性条约，有关领土和划定边界的条约、协定，有关司法协助、引渡的条约、协定，同中华人民共和国法律有不同规定的条约、协定，缔约各方议定须经批准的条约、协定等，全国人大常委会在作出批准决定并满足国际条约生效条件后，该等国际条约具有国内法的效力。

对于无须由全国人大常委会批准的国际条约，此类条约在国务院公布之后生效，事实上具有国内直接适用的效力，法院仍会优先适用这部分国际条约。例如，青岛海事法院审理的"原告张建华诉被告中国人民健康保险股份有限公司威海中心支公司海上、通海水域保险合同纠纷一案"适用了《中韩渔业协定》。① 但是，此类国际条约与国内法的关系仍待法律特别规定。②

若仍以前种条约效力的推导方式作判断，国务院核准的"协定"属于"行政法规"，而政府部门缔结由国务院备案的"协定"属于"部门规章"。根据《宪法》第一百二十六条、《民事诉讼法》第一百五十二条第一款以及《最高人民法院关于裁判文书引用法律、法规等规范性法律文件的规定》第四条的规定，③ 是否意味着法院审理案件过程中就没有必须适用此类国际条约的义务？部门间国际条约也是条约，各国理当遵守。但是，这些部门间国际条约在我国又属于"规章制度"的效力层级，法院在条约必须信守的原则之下必须适用此类国际条约。如此一来，行政部门是否存在逾越《立法法》关于立法权限的规定的问题？可见，这种推论显然不具有普适性。

《宪法》和《缔结条约程序法》划分了国内各部门关于缔结和废除条约事项的职权和分工，但未明确国际条约与国内法的关系，我们也无法从现有规定中推导国际条约与国内法关系的结论。考虑到《民法通则》《海商法》《环境保

---

① 《中华人民共和国政府和大韩民国政府渔业协定》由中华人民共和国政府（代表唐家璇）和大韩民国政府（代表权丙铉）缔结，属于政府间条约。该条约于2000年8月3日签订，并于当日生效。
② 曹兵兵. 国际公法：和平时期的解释与适用［M］. 北京：清华大学出版社，2015：207.
③ 《中华人民共和国宪法》第一百二十六条规定："人民法院依照法律规定独立行使审判权，不受行政机关、社会团体和个人的干涉。"《中华人民共和国民事诉讼法》第一百五十二条第一款规定："判决书应当写明判决结果和作出该判决的理由。判决书内容包括：……（二）判决认定的事实和理由、适用的法律和理由。"；《最高人民法院关于裁判文书引用法律、法规等规范性法律文件的规定》第四条规定："民事裁判文书应当引用法律、法律解释或者司法解释。对于应当适用的行政法规、地方性法规或者自治条例和单行条例，可以直接引用。"该司法解释允许经法院审查认为必要的时候，适用部门规章等规范性文件作为判案依据。

护法》《海洋环境保护法》《民用航空法》《票据法》等近 10 部法律均规定了条约在某个特定领域优先适用的规则，^①国际条约具有国内法的效力是毋庸置疑的。

综上所述，条约与重要的国际协定在经全国人大常委会批准后具有与法律同等效力，甚至在特定领域具有优先效力。其他无须由全国人大常委会批准的国际条约（《缔结条约程序法》称之为"协定"）之于国内法的效力还需特别立法予以确定，目前仍无法从国内法律规定中总结出具有普遍适用意义的衡量规则。

二、国际海事公约的立法实施途径

立法机关行使宪法赋予的立法权，负责制定执行国际海事公约的法律或采取其他适当的履约措施，并监督国际海事公约和相关法律的执行情况。学界常拘泥于"一元论"或"二元论"甚至其他国际条约与国内法关系理论问题的讨论。诚然，这些理论都有可能为一国所采用，但无论采用哪种理论，国际海事公约的国内实施都需要国内法来实现。一般来说，考虑到私法性质国际海事公约对自然人或法人某种权利和义务关系规定明确，可以直接适用于自然人或法人间的法律关系，则该等条约可通过宪法或法律的事先规定，使条约具有等同于法律的效力从而得到直接实施的效果。公法性质的国际海事公约往往涉及领土、国家行政权等国家主权问题，负担义务的主体为国家，又可能会明确要求各国采取立法措施予以实施，立法机关自然需要将之转化为国内法。

通常认为，国际条约在国内的适用方式大致可概括为两种：第一，纳入方式；第二，转化方式。^②正如前文所述，我国《宪法》及宪法性法律尚未对国际条约和国内法的关系、地位问题作明确规定，亦没有明确规定我国对于国际条约的适用是采用何种方式。从我国立法现状来看，国际条约在我国适用的方式具有较为明显的特点。

（一）纳入（一元论）

我国法律允许直接适用国际条约，并明确了当该法的规定与国际条约的规定存在冲突时，优先适用国际条约的规定。

1. 法律层面

《海商法》第二百六十八条第一款赋予国际海事公约以直接适用、优先适用的效力，该款规定："中华人民共和国缔结或者参加的国际条约同本法有不

① 曹兵兵. 国际公法：和平时期的解释与适用［M］. 北京：清华大学出版社，2015：208.
② 李浩培. 条约法概论［M］. 北京：法律出版社，2003：1.

同规定的，适用国际条约的规定；但是，中华人民共和国声明保留的条款除外。"

2. 行政法规层面

《防治船舶污染海洋环境管理条例》（2016 年修正）该行政法规共七条规定要求适用国际海事公约，包括第十条、第十五条、第五十条、第五十一条、第五十七条、第七十一条、第七十三条。其中，第十条规定："船舶的结构、设备、器材应当符合国家有关防治船舶污染海洋环境的技术规范以及中华人民共和国缔结或者参加的国际条约的要求。船舶应当依照法律、行政法规、国务院交通运输主管部门的规定以及中华人民共和国缔结或者参加的国际条约的要求，取得并随船携带相应的防治船舶污染海洋环境的证书、文书。"第五十七条将国际海事公约的规定作为行政处罚的直接依据，该条规定："违反本条例的规定，船舶的结构不符合国家有关防治船舶污染海洋环境的技术规范或者有关国际条约要求的，由海事管理机构处 10 万元以上 30 万元以下的罚款。"

3. 部门规章层面

《中华人民共和国船舶安全检查规则》系 2009 年 11 月 30 日由交通运输部制定。该规则第九条规定："海事管理机构应当根据中华人民共和国海事局制定的选船标准以及国际公约、区域性合作组织的规定，结合辖区实际情况，按照公平对等、便利公开、重点突出的原则，合理选择船舶实施安全检查。经海事管理机构检查的中国籍船舶或者经《亚太地区港口国监督谅解备忘录》成员当局检查的外国籍船舶，自检查完毕之日起六个月内不再进行检查。"又如，《中华人民共和国高速客船安全管理规则》第三十三条规定："本规则未尽事宜，按国家其他法规和我国加入的国际公约执行。"

4. 司法解释层面

最高人民法院还通过单独或联合多个部委发布法律文件以实现国际条约在我国的直接适用。例如，1987 年 4 月 10 日颁布的《最高人民法院关于执行我国加入的〈承认和执行外国仲裁裁决公约〉的通知》直接援引了《1958 年纽约公约》的规定向各级法院强调需切实执行该公约，并提示适用过程中所需注意的问题。又如，2013 年 1 月 7 日施行的《法律适用法解释（一）》第四条规定："涉外民事关系的法律适用涉及适用国际条约的，人民法院应当根据《中华人民共和国民法通则》第一百四十二条第二款以及《中华人民共和国票据法》第九十五条第一款、《中华人民共和国海商法》第二百六十八条第一款、《中华人民共和国民用航空法》第一百八十四条第一款等法律规定予以适用，但知识产权领域的国际条约已经转化或者需要转化为国内法律的除外。"对于未对我国生效的国际条约，该解释第九条规定，将未在我国生效的条约作为"合同条款"① 处理，除非违背我国社会公共利益和法律法规强制性规定的，亦能在涉外案件审判时予以适用。

5. 地方司法文件层面

地方高级人民法院出台的司法文件并没有法律的普遍适用效力，但省、自治区、直辖市高级人民法院出台的审判指导文件对规范当地审判、提高审判质量具有重要指导作用。例如，广东省高级人民法院颁布的《关于涉外商事审判若干问题的指导意见》第二十四条提出："如何理解《中华人民共和国民法通则》第一百四十二条规定的'中华人民共和国缔结或者参加的国际条约同中华人民共和国的民事法律有不同规定的，适用国际条约的规定'？"并解释道："《民法通则》的这一规定体现了我国'国际条约优先'的法律适用原则。涉案争议属于我国缔结或者参加的条约的适用范围的，除条约规定当事人可以约定排除条约的适用且当事人有这种约定之外，应优先适用条约的规定，但我国声明保留的条款除外。"又如，上海市高级人民法院2014年颁布的《上海法院服务保障中国（上海）自由贸易试验区建设的意见》第四条明确指出："依法行使涉外案件的司法管辖权，准确适用法律、我国缔结或参加的国际条约、国际商事交易惯例，努力为国际化营商环境提供优质的法治保障。"

（二）转化（二元论）

我国在适用国际条约的方法中，其中一种重要的途径就是直接将国际条约转化为国内法的条文，从而间接适用国际条约。我国海商海事领域内最重要的一部法律《海商法》立法过程中，许多章节、条款由国际海事公约吸收、借鉴、转化而来。例如，《海商法》第四章"海上货物运输合同"是以《修改〈1924年统一提单某些法律规定的国际公约〉1968年议定书》为基础，同时参考《1978年联合国海上货物运输公约》而成；第五章"海上旅客运输合同"多数规定来源于《1974年海上旅客及其行李运输雅典公约》。又如，第九章"海难救助"则是根据我国参加的《1989年国际救助公约》起草的；第十一章"海事赔偿责任限制"多数条款是参考了我国没有参加的《1976年海事赔偿责任限制公约》的大量条款等。其他国际条约转化国内法的例证，如《领海及毗连区法》《专属经济区和大陆架法》和《海洋环境保护法》便是由《1982年联合国海洋法公约》转化的国内法。

---

① 《最高人民法院民四庭负责人就〈关于适用《中华人民共和国涉外民事关系法律适用法》若干问题的解释（一）〉答记者问》，载 http://www. chinalawedu. com/new/201301/wangying20130117135319463329 34. shtml，最后访问日期：2016年6月30日。

行政法规中，《2006年海事劳工公约》是制定《船员条例》的直接依据。《2006年海事劳工公约》中大量与海员船上工作生活和社会保障的条款，由于当时起草部门（原交通部）职责所限以及立法协调难度较大，只能将有关社会保障条款作了删除处理。①

许多部门规章是根据国际海事公约制定的。例如，《1978年海员培训、发证和值班标准国际公约》是制定《中华人民共和国海船船员适任考试、评估和发证规则》（2013年修正）的主要根据；《中华人民共和国船员培训管理规则》《中华人民共和国引航员注册和任职资格管理办法》《中华人民共和国船舶安全检查规则》《中华人民共和国航运公司安全与防污染管理规定》《中华人民共和国船舶载运危险货物安全监督管理规定》等均是依据我国缔结或者参加的相关国际海事公约制定的。

显然，众多法律规定反映了我国采用"纳入"的方式将国际条约作为国内法的一部分直接予以适用，同时又在实践中兼采"转化"的方式将国际条约转化为国内法再予以适用。因此，我国是兼采国际条约纳入和转化两种途径的混合方式的国家。

三、国际海事公约的行政实施途径

行政机关负责以国际海事公约和有关法律的规定，制定具体执行的法规、规定或政策，行使国家行政权准确适用国际海事公约。我们不能忽视行政机关在实施国际条约中的重要作用——立法机关行使的是立法权和监督权，而行政机关负责具体实施国际海事公约。

IMO秘书长在"有效履行IMO通过的标准的机制"讲话中强调，提高海上安全和防止船舶污染环境的责任有赖于三方共同努力，② 即港口国监督、船旗国监督和船级社。正如IMO秘书长所说的，三者的履约关系并非相互独立，而是一种协同和制约的关系。

（一）船旗国监督与船级社的关系

根据国际海事公约内容的不同，各船旗国所应承担的监督内容亦有所不同，总体而言，即要求船旗国根据国际海事公约的规定以一定检查措施监督本国船舶履行国际海事公约的各项要求。在船旗国授权之下，船级社则代行船旗国监督职权，负责该国国籍船舶的监督和管理工作。例如，承担入级检验、法

---

① 陈鹏. 浅析《船员条例》对国际劳工组织公约国内化的立法实践（上）[J]. 中国海事，2009，10：31.

② 鲍君忠. 国际海事公约概论 [M]. 大连：大连海事大学出版社，2007：166.

定检验、认证、审核、发证等。①

以 MLC 2006 为例，对于船舶是否履行 MLC 2006，MLC 2006 规则 5.1.1 第四款规定："辅以一项海事劳工符合声明的海事劳工证书，应构成船舶已经过其船旗国正规检查。"《海事劳工符合声明》将载有 MLC 2006 关于海员工作和生活条件的要求是否得到满足的书面确认，该声明也将成为证明船舶是否符合要求和经过船旗国检查的表面证据。《海事劳工符合声明》分为第 I 部分（Part I）和第 II 部分（Part II）。第 I 部分由主管机关填写，第 II 部分由船舶所有人填写。第 I 部分载有实施 MLC 2006 的国内相关要求，若船旗国采取任何"实质等效措施"须在第 I 部分中明确说明。第 II 部分则由船舶所有人列明履行 MLC 2006 要求的各项措施，并接受船旗国或其认可组织的检查。在我国，中国海事局与中国船级社已签署《关于对中国籍国际航行船舶发放海事劳工符合证明的委托协议》，于 2013 年 6 月 21 日正式委托中国船级社对中国籍国际航行船舶海事劳工条件进行检查，并代海事管理机构发放海事劳工符合证明。②

目前，中国船级社已经获得了包括巴拿马、马绍尔、利比里亚、巴哈马、新加坡、中国香港等共计 31 个国家、地区的海事劳工检查和发证的授权。③

船舶所有人若准备为其所有的中国籍船舶申请《海事劳工符合声明第 I 部分》，须向中国船级社递交申请书、船舶所有权登记证书复印件、船舶国际证书复印件、海事管理机构批准的实质等效和准许免除函件复印件（如有）、船舶所有人委托协议（如有）等材料。中国船级社公布的申请书如图 4-2-2 所示。

---

① 《中国船级社》，载 http：//www. ccs. org. cn/ccswz/font/fontAction！moudleIndex. do？moudleId＝297e62d739e7b92c0139ebcf090b0004，最后访问日期：2016 年 6 月 25 日。

② 《交通运输部海事局委托 CCS 发放海事劳工符合证明》，载 http：//www. gov. cn/gzdt/2013 -07/26/content_2455736. htm，最后访问日期：2016 年 6 月 25 日。

③ 《〈2006 年海事劳工公约〉在中国生效正式进入倒计时》，载 http：//www. ccs. org. cn/ccswz/font/fontAction！article. do？articleId＝ff8080814f64248b014f8c2e8ec000eb，最后访问日期：2016 年 6 月 25 日。

格式：RWPSM703－B

中国船级社

致中国船级社：

《海事劳工符合声明》第Ⅰ部分申请书

根据《2006年海事劳工公约》标准A5.1.3和《中华人民共和国海事局关于中国籍国际航行船舶做好〈2006年海事劳工公约〉履约准备工作的通知》（海船员【2013】498号文）要求，现申请贵社为下述船舶签发《海事劳工符合声明》第Ⅰ部分。

<table>
<tr><td>船　名</td><td colspan="2"></td><td colspan="2">船　籍　港</td><td colspan="2"></td><td>总吨位</td><td></td></tr>
<tr><td>船舶类型[1]</td><td colspan="2"></td><td colspan="2">国际海事组织编号</td><td colspan="2"></td><td>安放龙骨日期</td><td></td></tr>
<tr><td rowspan="3">船东[2]</td><td colspan="8">公司名称：
邮寄地址：
联系人：</td></tr>
<tr><td>邮政编码</td><td></td><td colspan="2">固定电话</td><td colspan="2"></td><td>传真</td><td></td></tr>
<tr><td>移动电话</td><td colspan="3"></td><td colspan="2">电子信箱</td><td colspan="2"></td></tr>
<tr><td colspan="9">按照公约第六条第3和4款规定的海事管理机构批准的实质等效（若有时）：</td></tr>
<tr><td colspan="9">根据公约标题三的规定海事管理机构准许的免除（若有时）：</td></tr>
<tr><td colspan="9">请随本申请一并提交：船舶所有权登记证书的复印件、船舶国籍证书的复印件、舱室符合证明以及船东的委托协议的复印件（适用时）、海事管理机构批准的实质等效和准许的免除函件复印件（适用时）。</td></tr>
<tr><td colspan="9">备注：
1. 船舶类型：客船、高速客船、高速货船、散货船、油船、化学品船、气体运输船、海上移动钻井平台、其他货船。若船舶属一种以上船型，请相应填写，如：“油船/化学品船”；如属于“其它货船”，请标注出该船的具体船舶类型（与船舶入级证书一致）。
2.“船东”系指船舶所有人或从船舶所有人那里承担了船舶经营责任并在承担这种责任时已同意接受船东根据MLC,2006公约所承担的职责和责任的另一组织或个人，如管理人、代理或光船承租人，无论是否有任何其它组织或个人代表船东履行了某些职责或责任。</td></tr>
</table>

申请人：____________________（公章）　　　　日期：____________________

(Rev. 6.0 20150515－1/1)

图4－2－2　中国船级社《海事劳工符合声明》第Ⅰ部分申请书

（二）船旗国监督对港口国监督的补充关系

船旗国监督是海事主管机构依据本国法律、法规的规定对本国船舶的安全检查。港口国监督是指海事主管机关依据本国法律、法规以及缔结或参加的国际海事公约的规定对航行、停泊于我国港口（包括海上系泊点）、内水和领海作业的外国籍船舶进行的安全检查。

根据《中华人民共和国船舶安全检查规则》第二条第三款的规定："海事管理机构按照本规则规定的程序，对船舶技术状况、船员配备及适任状况等进行监督检查，以督促船舶、船员、船舶所有人、经营人、管理人以及船舶检验机构、发证机构、认可组织等有效执行我国法律、行政法规、规章，船舶法定检验技术规范，以及我国缔结、加入的有关国际公约的规定。"由于在我国领水航行的船舶并非仅有我国国籍船舶，还包括本国船舶所有人拥有的外国籍船等船舶，若需使该等船舶遵守国际海事公约的规定，是船旗国监督所不能达到的，须由港口国监督与船旗国监督互相协作、相辅相成、共同推进。

（三）港口国监督对船旗国监督与船级社的监督关系

港口国监督所依据的标准又与船旗国监督所依据的检查标准密切相关，而一国海事主管机构通常会委托船级社代为行使船旗国监督的职权。[①] 因此，港口国监督对船旗国监督和船级社存在监督关系。

各国船级社会根据历年港口国监督情况，改进本级船舶的履约措施，在完善本级船舶履约措施的基础上，提高各国船舶的履约质量。例如，中国船级社制定了 2014 年港口国监督目标为"保持我社在东京备忘录（Tokyo MOU）、巴黎备忘录（Paris MOU）和美国海岸警卫队（USCG）优秀表现清单中。"中国船级社船舶在 2014 年港口国监督中的表现，较 2013 年有所提升。

---

① 马雪梅. 论船级社检验、船旗国监督与港口国监督三者关系 [J]. 航海技术，2007，1：74.

表 4－2－1　　　　　2014 年中国船级社滞留船舶船旗分布情况

船旗	2013 年船舶艘数	2014 年船舶艘数	滞留艘数		滞留率（％）	
			2013 年	2014 年	2013 年	2014 年
中国	2076	1971	10	3	0.48	0.15
中国香港	478	509	4	7	0.84	1.38
巴拿马	196	177	4	6	2.04	3.39
圣文森特	24	14	1	1	4.17	7.14
利比里亚	32	35	2	1	6.25	2.86
伯利兹	18	23	0	1	0.00	4.35
马绍尔	15	15	1	0	6.67	0.00
马耳他	16	17	2	2	12.50	11.76
牙买加	0	2	0	2	0.00	100.00
其他	162	241	0	0	0.00	0.00
合计	3017	3004	24	23	0.80	0.77

据表 4－2－1，中国船级社船舶 2014 年总滞留率较 2013 年降低了 0.03％，保持了该社在东京备忘录（Tokyo MOU）、巴黎备忘录（Paris MOU）和美国海岸警卫队（USCG）优秀表现清单中。在各籍船舶中，中国以及中国香港特别行政区、马绍尔等籍船舶滞留率低，保持较好的港口国检查记录。

综上所述，每艘船舶都要就其自身行为对所属国家负责，并遵守该国法律，同时亦受该国的保护。国际海事公约是否如期保质地履行须由船旗国全力配合方能顺利实施，船旗国的重要性不言而喻。而港口国监督是船旗国监督的补充，是督促船旗国和船级社严格履约的监督力量。之所以将船级社的地位与港口国监督和船旗国监督等同，因为绝大部分方便旗国家自身没有足够的履约力量监督本国船舶是否履行国际海事公约的要求，它们往往会通过授权至少一家船级社代其履行船舶检验和检查措施。

海事主管机构和船级社履行国际海事公约的作用是巨大的，但并不代表只有海事主管机构和船级社参与国际海事公约的履约工作。诸如海警、气象、救捞、医疗、通讯等都是我国履约的重要力量。①

四、国际海事公约的司法实施途径

司法机关在国际海事公约对我国生效后，有义务在司法审判中依法予以优先适用。除《民法通则》《海商法》等现行法律规定要求优先适用国际条约外，最高人民法院根据《人民法院组织法》第三十二条的规定以司法解释的形式要求各级人民法院遵守或适用中国缔结或参加的国际条约，并在不同场合强调"条约优先适用"或"条约必须信守"的国际法原则。虽然学界对于司法解释是否涉嫌造法的讨论由来已久，但不可否认的是，最高人民法院颁布的司法解释对推动国际海事公约在我国法院的适用有直接作用。根据我国法律和司法解释的规定并结合国际私法的理论，可以整理出国际海事公约在法院的一般适用途径。

（一）涉外因素的识别

对于涉外因素的定义，最高人民法院曾出台司法解释予以说明。1988 年 4 月 2 日，最高人民法院《关于贯彻执行〈中华人民共和国民法通则〉若干问题的意见（试行）》第一百七十八条第一款规定："凡民事关系的一方或者双方当事人是外国人、无国籍人、外国法人的；民事关系的标的物在外国领域内的；产生、变更或者消灭民事权利义务关系的法律事实发生在外国的，均为涉外民事关系。"根据该意见，涉外因素有三种：第一，民事关系的主体具有涉外性。例如，运输合同的承运人为美国公司，托运人为中国自然人；第二，民事关系的客体具有涉外性。例如，合同的标的物位于外国；第三，法律事实具有涉外因素。例如，运输合同在中国订立，而后于美国解除或终止。符合上述三种情形之一的法律关系，均应认定涉外法律关系。2012 年 12 月 28 日出台的《法律适用法解释（一）》则将上述涉外因素的解释进行了扩大，引入了经常居所地的概念，并以兜底条款作补充：

第一条　民事关系具有下列情形之一的，人民法院可以认定为涉外民事关系：

（一）当事人一方或双方是外国公民、外国法人或者其他组织、无国籍人；

（二）当事人一方或双方的经常居所地在中华人民共和国领域外；

（三）标的物在中华人民共和国领域外；

（四）产生、变更或者消灭民事关系的法律事实发生在中华人民共和国领

---

① 凌黎华. 我国应对 IMO 审核机制强制化转变的新策略［J］. 中国海事，2016，2：32.

域外；

（五）可以认定为涉外民事关系的其他情形。

此外，对于同一主权国家但分属不同且独立的法律体系的地区，是否属于涉外的问题，《法律适用法解释（一）》承认了这种观点，该解释第十九条规定："涉及香港特别行政区、澳门特别行政区的民事关系的法律适用问题，参照适用本规定。"

一般情况下，国际海事公约原则上只在涉外法律关系中适用。

第一，根据《1969年条约法公约》第二条第一款第（甲）项的规定："称'条约'者，谓国家间所缔结而以国际法为准之国际书面协定，不论其载于一项单独文书或两项以上相互有关之文书内，亦不论其特定名称如何。"国家之间缔结民商事国际条约，其目的就是解决不同国家民商事主体间关系的实体问题。因此，国际条约也应适用于不同当事国民商事主体间法律关系的处理。

第二，我国《海商法》《法律适用法》等法律及司法解释，虽未明确说明只有涉外法律关系才能适用国际条约，但从法律的体例结构上可以得出这一结论。例如，《海商法》第二百六十八条第一款位于该法第十四章"涉外关系的法律适用"。《票据法》第九十五条第一款位于该法第五章"涉外票据的法律适用"。《民用航空法》第一百八十四条第一款位于该法第十四章"涉外关系的法律适用"等。

第三，国际条约的冲突规则也表明无涉外因素的法律关系应适用国内法。例如，《1910年统一船舶碰撞某些法律规定的国际公约》第十二条规定，若案件当事船舶的登记地都属于缔约国，同时国内法也规定适用该公约的，则公约适用于全体利害关系人。如果全体利害关系人和受理案件的法院属于同一国家，则应适用国内法，而不适用本公约。又如，《1977年统一船舶碰撞中有关民事管辖权、法律选择、判决的承认和执行方面若干规则的国际公约》第四条第一款规定："如碰撞发生在领海以外的水域，则适用受理案件法院的法律，但如有关的船舶都在同一国登记或由它出具证件，或即使没有登记或由它出具证件，但都属同一国家所有，则不管碰撞在何处发生，都适用该国法律。"

特殊情况下，国际海事公约也可能适用于纯国内法律关系。

第一，国际海事公约适用于纯国内法律关系的，大多数情况下是因国际条约允许适用于此类法律关系。《1972年国际海上避碰规则》第一条第一款表明，该规则适用于"在公海和连接于公海而可供海船航行的一切水域中的一切船舶"，因而该规则在"何永生与临海市回浦海运有限公司船舶碰撞损害责任纠纷案"、"江苏顺天海运集团南京顺道航运有限公司等诉浙江省宁波市沥平航运有限公司船舶碰撞纠纷案"等国内案件均有适用。

第二，国际海事公约已生效且因国际海事公约的涉他性本国当事人事实上已经开始实施。例如，天津海事法院审理的"王高强诉天津福泓人力资源开发服务有限公司等船员劳务合同纠纷案"判决书中提到："本院对被告中远散货公司证据的认证意见：……证据 5、6 为国际公约，对于真实性予以认可，能够证明被告中远散货公司对工作休息时间规定符合公约的规定，原告并未超时值班"，北海海事法院审理的"黄华福诉北部湾旅游股份有限公司船员劳务合同纠纷案"等，均涉及 MLC 2006 的适用。

（二）法律关系的识别

正如萨维尼所认为的，每一种法律关系都有其本座，与每个人有其住所一样，应当从法律关系的角度出发，根据多种法律关系本身的性质来研究和确定它们应受什么法律支配，即所谓法律关系本座说。① 识别法律关系不只是为了确定案由，更是准确适用冲突规范的关键。我国《海商法》第十四章（涉外法律关系的法律适用）采纳了萨维尼"法律关系本座说"的理论，该法第二百七十二条解决的是船舶优先权法律关系的法律适用问题，第二百七十三条解决的是船舶碰撞法律关系的法律适用问题等。又如，《法律适用法》是解决涉外民事法律关系的法律适用问题等，都体现了"法律关系本座说"在我国的应用情况。若所确定的法律关系在法院地冲突规范中没有契合的规则时，需要对该法律关系进行再识别，从其法律关系的本质确定所应适用的冲突规则。例如，我国并没有专门的无单放货冲突规则，需要法院探析无单放货关系反映的是合同法律关系还是侵权法律关系，以适用相应的冲突规则。②

（三）适用冲突规范

1. 当事人协议选择准据法

当事人可以选择涉外法律关系适用的法律。例如，《海商法》第二百六十九条规定："合同当事人可以选择合同适用的法律，法律另有规定的除外。合同当事人没有选择的，适用与合同有最密切联系的国家的法律。"又如，《法律适用法》第三条规定："当事人依照法律规定可以明示选择涉外民事关系适用的法律。"对适用法律的选择，可以是事先的选择，也可以是事中（如案件审理过程中）的选择，《法律适用法解释（一）》第八条规定："当事人在一审法庭辩论终结前协议选择或者变更选择适用的法律的，人民法院应予准许。"

根据我国《法律适用法》的规定，当事人可以选择法律适用的关系包括合

---

① 马德才. 论萨维尼的"法律关系本座说"在国际私法发展史上的影响［J］. 甘肃政法学院学报，2001，1：40.

② 宋晓. 识别的对象与识别理论的展开［J］. 法学研究，2009，6：197.

同、委托代理、动产物权、信托、仲裁协议、夫妻财产关系、协议离婚、运输中动产物权的变更、消费者合同、侵权责任、产品责任、不当得利、无因管理、知识产权转让及许可使用、知识产权侵权责任等。

目前，允许当事人协议选择准据法存在三种情形：当事人选择适用国际条约、当事人选择适用中国法、当事人选择适用外国法。

当事人选择适用国际条约的，根据《法律适用法解释（一）》，在合同关系中当事人选择适用或直接援引国际条约的规定的，还应区分该等国际条约是否对我国生效。若该国际条约已经对我国生效的，须予以适用。若该国际条约对我国未生效的，法院有权决定适用国际条约来确定当事人之间的权利和义务关系，除非违反我国社会公共利益或法律、法规的强制性规定的。涉及劳动者权益保护、食品或公共卫生安全、环境安全、外汇管制等金融安全、反垄断和反倾销等领域的规定属于强制性规定。

当事人选择适用中国法的，若我国法律规定与我国缔结或参加的国际条约存在不同规定的，适用国际条约的规定。①

当事人选择适用外国法的，且我国冲突规范允许就该民事关系协议选择适用外国法的，当事人应当提供该国法律，若当事人不能提供该外国法律或该国法律没有规定的则适用中国法。此时，需要满足两个条件才可能直接适用国际条约：第一，我国与该国之间存在条约关系，即我国与该国是双边条约或多边条约的当事国；第二，国际条约的法律地位受该国认可并作为法律的一部分纳入该国法律体系，具有与该国法律同等的直接适用效力。

2. 冲突规范指引适用准据法

若冲突规范指引适用中国法的，我国法律规定与我国缔结或参加的国际条约存在不同规定的，适用国际条约的规定。若无不同规定则适用我国法律。

若冲突规范指引该法律关系适用外国法的，由法院、仲裁机构或行政机关查明该外国法。例如，我国与该国之间存在条约关系，且国际条约的直接适用效力受该国法律认可，则适用国际条约。例如，我国与该国之间不存在条约关系，法院、仲裁机构或行政机关已穷尽可能，仍无法查明该外国法或该国法律没有规定的则适用中国法，我国法律规定与我国同该国缔结或参加的国际条约存在不同规定的，适用国际条约的规定，否则适用我国法律的规定。

此外，我国《法律适用法》第九条对"转致"或"反致"持明确的否定态度，该条规定："涉外民事关系适用的外国法律，不包括该国的法律适用法。"

---

① 《中华人民共和国海商法》第二百六十八条第一款.

因此，我国冲突规范指引的是外国实体法，不包括外国冲突规范，即不存在通过"转致"和"反致"适用国际条约的情况。

综上所述，可以总结出法院适用国际海事公约的一般流程，如图4－2－3所示。

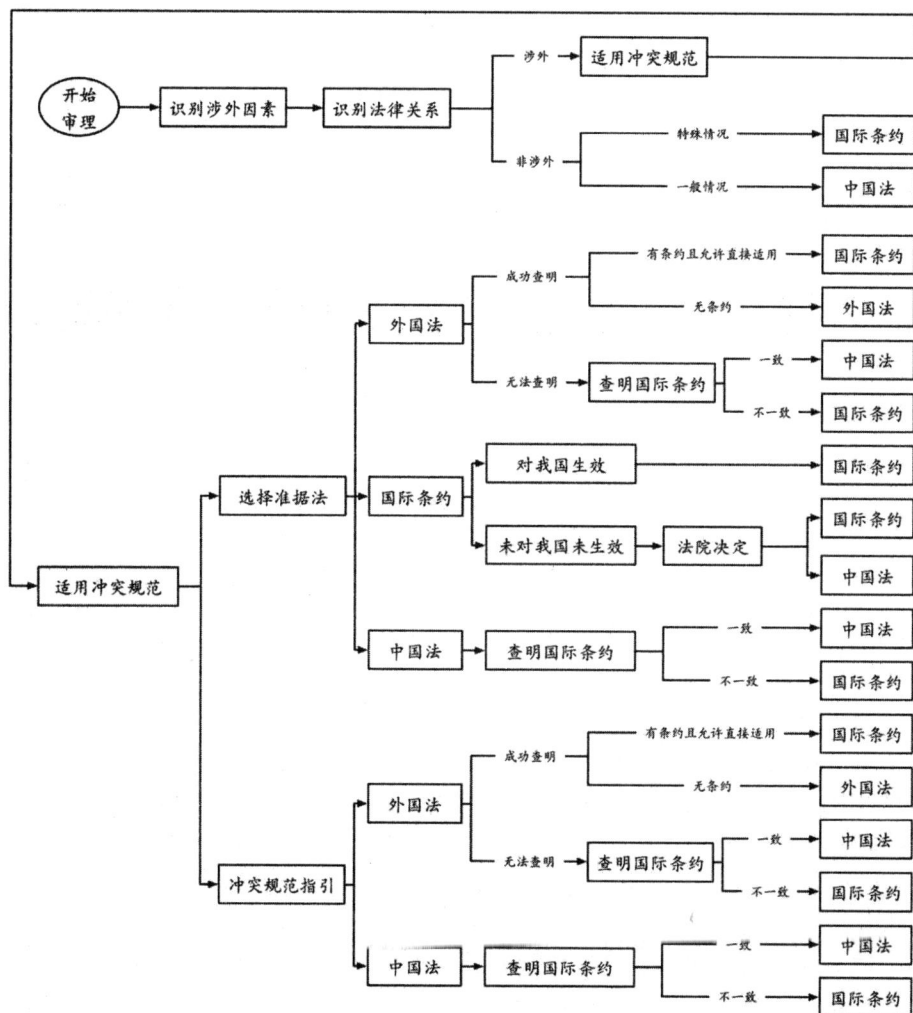

图4－2－3　国际条约适用流程

第三节　国际海事公约国内实施的困境

一、国际海事公约国内实施的宪法制度不完善

《宪法》是我国的根本大法，具有最高的法律效力，是我国法律体系的最高层。然而，《宪法》或其他宪法性法律却未对国际条约与国内法的关系作出界定，也未确定国际条约在国内法地位的问题。

目前，学术界讨论国际条约与国内法关系的，主要是依据现有法律规定和部门出台的规范性文件进行推论，从不同的角度理解常得出不同的结论。例如，有的观点就认为，《海商法》第二百六十八条的规定说明国际条约具有直接适用的效力，就直接作出我国采用的是"一元论"并以"纳入"的方式适用国际海事公约的偏颇结论。该观点无视国际海事公约的规定转化为法律、法规或规章制度的现实情况。

这种混乱的制度现状，不仅无法为国际海事公约的正确适用提供制度依据，亦与完善中国特色社会主义法律体系背道而驰。鉴于我国事实上承认了国际条约直接适用的效力，我们可以效仿部分国家的做法以完善我国条约适用法律制度，明确我国缔结或参加的国际条约成为我国法律的一部分，对我国生效后即具有国内法的效力。立法机关及国内履行国际条约的具体部门应共同采取必要的措施以妥善执行国际条约的规定。例如，《白俄罗斯共和国国际条约法》第三十三条、第三十四条的规定，确定该国缔结的国际条约是现行法律的一部分，同时，主管部门承担履行国际条约的责任，包括且不限于使本国法律与国际条约规定一致以及其他必要措施。《俄罗斯联邦宪法》第十五条第四款、《俄罗斯联邦国际条约法》第五条、第三十二条的规定，确定国际条约在国内的法律地位，并由联邦总统与政府制定必要措施履行国际条约等。

二、国际海事公约的国内实施文件位阶较低

部分国际海事公约国内实施的主要法律文件仅是行政法规或部门规章，在我国法律体系中，这些文件的位阶较低，履约效果会受到一定负面影响。以我国履行 MLC 2006 的立法措施为例。

我国用以履行 MLC 2006 的专门法律文件《船员条例》仅是行政法规，而《海员工作生活管理办法》仅是部门规章。考虑到海员职业相对特殊，其上船时间与航运市场和船舶所有人的具体安排等因素密切相关，而劳动合同的更改

又受到《劳动合同法》的严格限制，若允许用人单位在其主导下"随意"变更与海员签订的劳动合同，可能会引致巨大的道德风险。

因此，通过"上船协议"确定海员除劳动合同外的权利就显得尤为重要。但是，"上船协议"仅在《海员工作生活管理办法》中首次规定，那么"上船协议"的本质是属于劳务合同还是属于劳动合同的附属协议？不同的法律概念受不同的法律规范调整，如两类协议的解除条件就存在不同。

此外，《海员工作生活管理办法》在征求意见之初，曾有大量罚则条款。例如，《中华人民共和国海船船员职业保障规定（征求意见稿）》第六十二条曾规定船舶所有人未与海员订立"上船协议"，海事管理机构可以对用人单位处以罚款；第六十三条规定船舶所有人提供的工资清单"未载明本规定要求所列内容"的，海事管理机构亦有权对用人单位进行罚款等。但在最终通过的版本中，这些有利于保护海员权益的规定都被删去了，使得《海员工作生活管理办法》没有一条罚则制约船舶所有人的违法行为。不能否认《海员工作生活管理办法》出台的积极意义，却也无法掩盖该办法给人以履约流于形式的负面印象。导致这种负面效果的个中原因或有不同，或因为部门职权所限，或因为紧急履约须尽快出台国内规章的要求，但归根结底还是因为没有一部统一的上位法。

从 MLC 2006 保护海员权益的宗旨来看，出台该办法对海员权益保护是不彻底的。从国际海事公约整体履约效果的视角来看，该办法会影响中国在履约方面的努力。

三、国际海事公约履约能力需进一步加强

国际海事公约涉及的专业领域较多，涉的国内主体范围也比较广泛。这就要求我国负有履约义务的相关职能主体，包括海事行政机构工作人员、法官、仲裁员等，具备对应的国际海事公约专业知识和技能。

首先，正确识别适用国际海事公约的法律关系。一般情况下，无涉外因素的纯国内法律关系适用国际海事公约是没有依据的，即适用法律存在错误。根据《民事诉讼法》第一百七十条第一款第（二）项的规定"原判决、裁定认定事实错误或者适用法律错误的，以判决、裁定方式依法改判、撤销或者变更"，存在二审期间被改判、撤销或变更的风险，额外地增加了当事人解决争议的成本。

其次，国际海事公约文本是否真实、可靠、准确。经调查，涉及适用国际海事公约的判决书、裁定书，尤其是当事人提供的国际海事公约文本的案件，法院均未明确是否经过必要的验证和认证程序以审核该文本的真实性、可靠性和准确性。由于互联网搜索引擎非常便捷，如百度、搜狗、必应等，当事人很有可能仅通过搜索引擎链接的不知名网站获取所谓的国际海事公约文本，该内容是否可靠是不确定的。显而易见，若不经过审查直接予以适用，对裁判结果势必产生影响，这与准确适用国际海事公约的要求也是不相称的。

最后，储备丰富的国际海事公约相关知识。履行国际海事公约要求有关职能主体具备大量专业知识和技能，否则不仅会影响自身履约，也可能影响其他履约主体正确履约。例如，海事行政执法人员在参与海上交通碰撞事故调查、VTS 信息服务、船舶定线制及交通安全管理工作中需要运用《1972 年国际海上避碰规则》的知识和技能，才能做到正确查明事故原因、判定事故方责任。同时，正确的事故认定意见，也将有利于法院查明事实和正确裁判。

本章小结

国际海事公约的国内实施体现一国是否严格遵守"条约必须信守"的国际法原则。严格来说，这只是一个国家的内部行为。正如李浩培先生所说的："在条约当事国国内，立法、司法、行政这三个部门，都有适用条约的职务。"① 从国家内部来看，国际海事公约的国内实施不仅是立法机关、司法机关或行政机关单独的责任，必须在业界各部门的鼎力配合之下，由三者紧密合作共同实施。

---

① 李浩培. 条约法概论 [M]. 北京：法律出版社，2003：313.

第五章 《2006 年海事劳工公约》实施方式的经验借鉴

第一节 航运发达国家（地区）实施概况

一、《2006 年海事劳工公约》的制定背景

海员是航运业的基础。没有海员，航运将无法运转。航运业承担着世界集装箱、粮食、矿石等近 90％ 的外贸进出口货物运输业务。正如 IMO 前秘书长E. 米乔普勒斯先生所总结的："没有海员的贡献，世界上一半的人会受冻，一半的人会挨饿。"[①] 如今，海员职业所面临的问题远超我们的预期——职业尊严、社会认同、拖欠薪酬、重复体检、家属问题、税务社保、海事管理、海员组织、航运文化等。显然，海员职业的重要性及其面临的困难不言而喻，那么给予海员职业权利以特别保障或特别优待就显得殊为重要。

MLC 2006 糅合了 37 部海事劳工条约和 31 项建议书，其内容囊括了就业条件、食品和膳食、社会保障等关乎船员切身利益的规定，以确保海事劳工的体面劳动。这些规定对缔约国提出了基本的要求，构成今后"全球质量航运（Quality Shipping）"[②] 的重要组成部分。

为了更好地保护海员的权益，使海员职业成为"体面劳动"，ILO 以 314票的绝对多数通过了 MLC 2006。随着 2016 年 6 月 7 日泰国正式批准加入MLC 2006，该公约已有 77 个国家（地区）正式批准，占世界船舶吨位的

---

① 《海员——蓝色沃土耕耘者》，载 http：//www. cnss. com. cn/html/2013/cydt ＿ 0624/106622. html，最后访问日期：2016 年 6 月 7 日.

② 危敬添. 谈谈我对〈2006 年海事劳工公约〉的看法 [J]. 中国远洋航务，2013，6：50.

90％以上。[①]

二、《2006 年海事劳工公约》国内实施的意义

由于 MLC 2006 的规定存在一定特殊性，使得实际履约的国家不只限于批准公约的缔约国。一般而言，国际条约在一国内的生效条件依该国法律的具体规定而有所差异，但大部分国家均要求国内立法机关"批准"前置。以我国为例，根据《宪法》第六十七条的规定"……决定同外国缔结的条约和重要协定的批准和废除……"即全国人大常委会拥有批准国际条约在我国实施的权力。然而，MLC 2006 标题五"遵守与执行"将缔约国责任细分为"劳工提供责任""船旗国责任"和"港口国责任"。其中，"船旗国责任"要求悬挂缔约国船旗的船舶执行公约规定的标准，"港口国责任"则要求任何国籍的船舶在驶入缔约国港口后都应接受该国检查员按公约标准所执行的监督和检查工作。加之不予更优惠待遇条款的影响，无论是否批准公约，船舶登记国或驻在港所在国之一为缔约国的，均会面临适用 MLC 2006 的问题。

MLC 2006 自生效至今，我国航运业始终面临着各国严格的港口国检查带来的挑战。据中国船级社统计，2014 年该船级社下共有 23 艘船舶遭到港口国滞留，共发现 24 处不符合 MLC 2006 的缺陷，1 艘次船舶因不符 MLC 2006 标准的缺陷遭到滞留。2014 年，因不符合澳大利亚海事安全局（Australian Maritime Safety Authority，AMSA）的港口国检查要求遭到滞留的中国船级社船舶计 7 艘，占当年总滞留艘数的 29.17％。

虽然，我国具有中国特色的社会主义法律体系已经形成，[②] 但在完善社会主义法律体系尤其在完善海事劳工法律体系的过程中，仍旧需要制定或修改大量部门法以应对 MLC 2006 对我国正式生效后的诸多问题。在完善有关法律的过程中，我们可以参照《海商法》的立法形式，即通过借鉴有关国际条约、国际惯例和外国法律的先进立法例进行立法。放诸于海事劳工法律体系内，即为 MLC 2006 以及部分航运发达国家（地区）的先进法律和政策。

对于航运发达国家（地区）的选择，主要以国际公认的具备发达航运业、海事劳工立法技术先进或船舶的安全检查和监督标准较高等条件的国家或地区作为选择依据。例如，英国、新加坡、中国香港特别行政区（简称中国香港）、

---

① SEE *Thailand ratifies the ILO Maritime Labour Convention*，2006（*MLC*，2006），at http：//www. ilo. org/global/standards/maritime − labour − convention/news/WCMS ＿ 488396/lang − en/index. htm. Jun. 7th，2016.

② 《吴邦国：中国特色社会主义法律体系已经形成》，载 http：//www. chinanews. com/gn/2011/03−10/2895965. shtml，最后访问日期：2016 年 6 月 7 日.

荷兰、澳大利亚等。①

三、有关航运发达国家（地区）的选择

为解决我国按 MLC 2006 所规定的标准而应面对的严格的港口国监督检查问题，本章选定东京谅解备忘录港口国检查组织成员国（地区）中以国际航运中心、具备良好船舶安全质量控制著称的中国香港，以水运中转中心著称的新加坡以及以港口国安全检查和监督严格著称的澳大利亚，作为研究对象。

（一）中国香港

全国人大常委会批准 MLC 2006 时，特别说明"在中华人民共和国政府另行通知前，《2006 年海事劳工公约》暂不适用于中华人民共和国香港特别行政区和澳门特别行政区"，因而该公约暂时对中国香港不适用。待中国香港完成相关法例的制定工作后，会通过中央政府知会 ILO 把 MLC 2006 的适用范围延伸至中国香港。香港特别行政区立法会已就该公约和该领域全球最新标准在中国香港的实行，成立专门委员会组织法例修订工作。② 目前，《商船（海员）（修订）条例》已于 2013 年 11 月 6 日审读通过，③ 并有《2016 年商船（海员）（工作及生活条件）规例》以及涉及家属粮、工作时数、船员舱房、船员协议、船员名册及海员解职、遣返、工资及账目、医疗物品等共 24 部规例，有近 13 部对前述规例进行修订、废除的规例作为实施公约的准备。④

（二）新加坡

新加坡于 2011 年 6 月 15 日批准该公约，⑤ 并于 2014 年基本完成了立法工作，实现了公约在其国内的全面适用。新加坡的履约现况以上位法《2014

---

① 《典型航运发达国家（地区）航运政策比较及对上海的建议》，载 http：//www. fzzx. sh. gov. cn/LT/AWUCO5448. html，最后访问日期：2016 年 6 月 7 日。

② 《2013 年 11 月 6 日 1249 会议过程正式记录》，载 http：//www. legco. gov, hk/yr13－14/chinese/counmtg/hansard/cm1106－translate－c. pdf，最后访问日期：2016 年 6 月 7 日。

③ 《2014 年香港特别行政区立法会议事规则》第五十条至第六十六条。中国香港地区的法案经提出议案、三读通过、行政长官签署后即能生效；参见《〈2013 年商船（海员）（修订）条例草案〉委员会》，载 http：//www. legco. gov. hk/yr12－13/chinese/bc/bc06/general/bc06. htm，最后访问日期：2016 年 6 月 7 日。

④ 截至 2016 年 6 月 28 日，《2016 年商船》（海员）（工作及生活条件）规例》以及 13 部相关修订、废除规例尚未生效，实施日期以香港特别行政区运输及房屋局局长公告指定日期为准.

⑤ SEE *Ratifications for Singa pore*，at http：//www. ilo. org/dyn/normlex/en/f？ p＝1000：11200：0：：NO：11200：P11200 _ COUNTRY _ ID：103163. Jun. 7th, 2016.

年商船（海事劳工公约）法》（简称《商船（海事劳工公约）法》）为基础制定若干法规和法令，形成法律、法规、法令三层公约实施体系。

法规层次，《商船（海事劳工公约）（海事劳工符合声明〔第Ⅰ部分、第Ⅱ部分〕格式、证书和费用）规则》《商船（海事劳工公约）（工资）规则》《商船（海事劳工公约）（雇佣协议、海员名册和解职）规则》《商船（海事劳工公约）（工资）规则》《商船（海事劳工公约）（格式、证书和费用）规则》《商船（海事劳工公约）（健康和安全防护、事故预防）规则》《商船（海事劳工公约）（海员招募和安置服务）规则》《商船（海事劳工公约）（厨师和膳食服务人员的培训与发证）规则》《商船（海事劳工公约）（雇佣条件和要求）规则》《商船（海事劳工公约）（药品和医疗设施）规则》《商船（海事劳工公约）（遣返）规则》《商船（海事劳工公约）（刑事犯罪）规则》，共十二部。

法令层次，《商船（海事劳工公约）（海员定义）法令》《商船（海事劳工公约）（船舶定义）法令》，共两部。

（三）澳大利亚

澳大利亚于 2011 年 12 月 21 日批准该公约，[①] 并安排有《航海法》《2009年公平工作法》等法律以适用 MLC 2006。同时，根据《航海法》授权，澳大利亚海事安全局等主管部门颁布了若干海事法令以具体实施公约。例如，《2010 年第 9 号海事法令（健康体检）》（2013 年修正）（简称《海事法令 9》）、《2015 年第 11 号海事法令（船上生活与工作条件）》（2016 年修正）（简称《海事法令 11》）《2015 年第 28 号海事法令（操作标准和程序）》（2016 年修正）（简称《海事法令 28》）《2014 年第 70 号海事法令（海员证书）》（2016 年修正）（简称《海事法令 70》）等。

---

① SEE *Ratifications for Australia*，at http：//www. ilo. org/dyn/normlex/en/f? p＝1000：11200：0：：NO：11200：P11200＿COUNTRY＿ID：102544. Jun. 7th, 2016.

第二节 航运发达国家（地区）海员上船要求 与职业发展的实施情况借鉴

一、海员上船工作的资格与要求

（一）海员上船工作的最低年龄

1. 公约关于最低年龄的规定

MLC 2006 守则部分标准 A1.1 要求缔约国严格遵守上船工作人员最低年龄不得低于 16 周岁的规定。除非经主管部门、海员组织和船舶所有人三方一致允许的或海员必须参加的培训，公约禁止已满 16 周岁但未满 18 周岁的未成年船上雇员参与"夜间"[①] 作业。亦不允许雇佣未成年人参与对健康或安全存在损害或威胁的工作。

2. 航运发达国家（地区）关于最低年龄的规定

（1）中国香港

新出台的《2016 年商船（海员）（工作及生活条件）规例》将对海员年龄作较为严格的规定。该规例第五条规定："在船舶上工作的海员须年满 17 周岁。"并定义"青年海员"是指未满 18 岁的海员。要求确保青年海员"至少连续 9 个小时，且包括午夜至早上 5 时"的休息时间，除非进行必要的训练课程。例如，STCW 公约要求的导航值班普通船员训练、甲板高级船员的训练、电子技术高级船员、普通船员的训练等。若违反上述规定，将被定罪、罚款，雇佣未满 17 周岁的海员甚至将被处"第 6 级罚款及监禁 2 年"。

对于青年海员不能从事的工作，《2016 年商船（海员）（工作及生活条件）规例》在公约的基础上进一步细化。例如，不得令青年海员从事接触超过 1000 伏特电压的工作、不得处理《危险货物守则》的危险品清单所列任何物质、《国际散装化学品规则》第十七章所列任何有毒液体的工作等，公约对有关危害青年海员健康或存在安全威胁的工作的原则性规定更具体。

（2）新加坡

《商船（海事劳工公约）法》第五条、第六条和第十九条规定了海员的最低年龄标准，第十八条就"夜间工作"作了规定。该法第五条规定："禁止任

---

① 《2006 年海事劳工公约》要求各国在满足"不晚于午夜开始至不早于上午 5 点钟结束的一段至少 9 个小时的时段"，并允许缔约国在满足前项条件的前提下，按本国实际情况对"夜间"再行定义。

何人雇佣未满 16 周岁的人从事船上工作。任何人违反前款规定视为犯罪"。第十八条规定："夜间工作是指晚上 9 点至早上 6 点期间的船上工作",较 MLC 2006 "至早上 5 点"的规定更为宽裕。第十九条则不允许船舶所有人雇佣未成年海员从事船上"危险工作(Hazardous work)"①。

该法对"危险工作"的定义比较特殊。一般而言,危险的内容仅及于未成年海员个体本身。但是,该法不仅将危险工作的内容指向了危害未成年人本身,还包含了其他可能危害船舶或其他船上人员身体健康、生命和职业安全的岗位或工作。

(3)澳大利亚

《航海法》第三百四十二条授权澳大利亚海事安全局根据该法规定的必须或可以作出的事项颁布海事法令(Marine Orders)以实施该法。②

澳大利亚《海事法令 11》第二十条规定："任何人均不得雇佣或聘任未满 16 周岁的未成年人上船工作。"违反前述条款除会被认定为"严重责任违法"外,还会处 50 罚款单位的罚金或民事罚款。③ 同时,未满 18 周岁的未成年人还不得从事危害其健康和安全的工作,且工作时间为晚间 9 点至早上 6 点间的工作均不得聘用未满 18 周岁的海员,但参与合理培训者除外。

3. 比较分析

出于对未成年海员保护的目的,中国香港、新加坡和澳大利亚对未成年海员上船工作均有严格规定,与 MLC 2006 的规定出入不大。中国香港和新加坡将非法雇佣未成年海员确定为刑事犯罪,澳大利亚亦将此行为设定为"严重责任违法",以求禁止雇佣未成年海员的情况发生。

我国对海员上船工作的最低年龄的规定,主要分布于《船员条例》第五条和《海员工作生活管理办法》第四十八条至第五十二条,基本体现了公约的精神。但在立法上仍存在一定问题,主要表现为:《船员条例》第五条和《海员工作生活管理办法》第四十八条至第五十二条虽规定了一系列保护未成年人的措施。例如,禁止安排未成年人夜间工作、不得安排危及未成年人健康和安全

---

① 根据该法的规定,"危险工作(Hazardous work)"是指:(1)重货物、物品的搬抬或搬运;(2)进入锅炉、液舱和其他密闭场所作业;(3)暴露于有害的噪音和震动水平的环境作业;(4)操作起重机、升降机或其他动力设备和工具,或此类设备的操作者发送信号;(5)操作系缆、拖曳绳或锚泊装置;(6)索具;(7)恶劣天气下的高空作业或甲板作业;(8)电气设备维护;(9)暴露于具有潜在危害物质或有害的物理介质中。例如,有毒有害物质、电离辐射等;(10)提供饮食服务的设备的清洁工作;(11)船载小艇的操作或照顾.

② [澳大利亚]《2012 年航海法》(*Navigation Act* 2012)第三百四十二条.

③ [澳大利亚]《1914 年犯罪法》(*Crimes Act* 1914)第四条.

的工作、不得聘用未成年人为厨师等，但却未规定任何罚则。

（二）海员上船工作的体检证书

1. 公约关于体检证书的规定

规则 1.2 规定了关于海员适合履行海上职责的基本健康要求，以确保海员的健康状况适合船上工作。公约要求缔约国主管当局为身体健康状况符合要求的海员提供由具有正规医师资格的人员出具的体检证书。[①] 此类证书有效期最长为 2 年，如果持有人系未满 18 周岁未成年人时，则有效期不得超过 1 年。

MLC 2006 规定有两种针对海员体检证书的救济：第一，再次体检的权利。如果缔约国拒绝发给海员体检证书或所发体检证书内容存在限制的，应当给予这部分海员再一次体检的机会。第二，3 个月的宽限期。例如，在航行途中体检证书到期的，该体检证书在至多 3 个月内仍有效，直至持证海员抵达可以取得体检证书的下一停靠港。

2. 航运发达国家（地区）关于体检证书的规定

（1）中国香港

中国香港称体检证书为"健康证明书"。《2016 年商船（海员）（体格检验）规例》第六条第二款规定："如该认可医生认为合适，可以依法在证明书内对船舶类型、海员职位或服务区域加以限制。"[②] 针对被限制的证书，海员可以依据该规例第十条、第十一条向 3 人医务复核小组提出复核申请，通过申请的即可获得再次进行体检的权利。

对于航程中"健康证明书"失效的问题，《2016 年商船（海员）（体格检验）规例》允许海员继续完成该次航程的余下部分，但不得超过 3 个月，同时应尽快于停靠港取得一份有效的"健康证明书"。[③]

中国香港还实时公布认可注册医生名单及其注册编号，很大程度上方便了海员查询医生资质，名单的公示也为社会监督提供条件。相比公约简单地以 18 周岁为界限，中国香港更为细致地增加了 18 周岁和 55 周岁两个年龄节点、共计 3 种海员的体检证书有效期，是为因地制宜。

[①] 《2006 年海事劳工公约》标准 A1.2 体检证书第六款规定：体检证书应至少由英文写成，并特别载明：（1）视力、听力以及所在岗位会受视力、听力影响的符合证明；（2）任何会由于海上工作而可能加重或威胁其他成员人身健康的疾病或健康隐患情况。

[②] 在中国香港，认可注册医生会通过中国香港海事处网站公布名单及其注册编号，供海员查询。截至 2016 年 6 月 30 日，中国香港共有当局认可可为海员提供体格检验的注册医生 122 人。（参见香港海事处：《为海员检验体格的认可注册医生》，载 http：//www. mardep. gov. hk/en/pub _ services/pdf/regmp. pdf，最后访问日期：2016 年 6 月 30 日。）

[③] 《2016 年商船（海员）（体格检验）（修订）规例》第五条第五款.

（2）新加坡

《商船（海事劳工公约）法》第七条第一款和第二款明确规定："持有有效体检证书的海员方能上船工作……海员在船期间应持有效体检证书。"当海员体检证书在某一航程中失效时，如果 3 个月内海员能够在下一个可能获得认可医生出具的体检证书的港口中取得证书的，原持有的已失效体检证书在失效之日起 3 个月内仍视为有效。同时，新加坡法律禁止海员参与超出体检证书内容的船上工作，亦禁止海员前往为体检证书所限制的船上区域工作。

新加坡法律虽然禁止雇佣不持有有效体检证书的海员，但在紧急情况下并获当局负责人批准时，如果该证书失效日较上船日早 1 个月的，[①] 持失效证书的海员到达下一个可取得证书的港口取得有效证书前，原证书在此期间视为有效，但该期间（上船日起计）不得超过 3 个月。

新加坡还采用了健康状况报告制度（Reporting of medical conditions），[②] 即体检证书的怀疑程序。《商船（海事劳工公约）法》第十条规定，如果体检证书尚处于有效期间内，海员因重大疾病或病假超过 30 天，此后回复工作时应依法出具健康报告。此时海员的健康状况是否适合海上工作受到"怀疑"，原证书有效期即日中断，证书的效力暂时待定。合格的健康报告可以使中断的体检证书有效期自中断之日起重新计算。

（3）澳大利亚

《海事法令9》根据《航海法》第一百六十四条第二款第（a）项、第三百三十九条第一款和第三百四十二条第一款的授权，以实施该法第六十五条第二款的规定。《航海法》第六十五条第二款规定："（e）向海员或海员职业申请者出具体检证书；（f）要求海员持有体检证书。"

《海事法令9》第八条第六款第（1）项规定："体检证书的有效期自签发之日起 2 年内有效。"但是，针对未满 18 周岁的未成年人和年满 55 周岁的人，《海事法令9》第八条第六款第（3）项规定："体检医师认为适当的，签发的证书有效期限可以短于 2 年。"必要的时候，这款规定同样适用于该款第（1）项的普通海员。

由于 MLC 2006 生效初期面临新旧证替换的问题，《海事法令9》第八条

---

① ［新加坡］《商船（海事劳工公约）法》（*Merchant Shipping*〔*Maritime Labour Convention*〕*Act*）第十条.

② ［新加坡］《商船（海事劳工公约）法》（*Merchant Shipping*（*Maritime Labour Convention*）*Act*）第七条第四款第 b 项规定："……所持有的体检证书期间不少于 24 个月（如果持有人系未满 18 周岁的人，则该期间为 12 个月）……"

第六款第（4）项规定："当持有失效体检证书的人在上船出海前根据本海事法令未能成功签发新的体检证书或者失效证书未能根据这一规定延展的，当局可以自失效日起延展不超过 3 个月的宽限期。"与公约规定相似的是，该款第（6）项规定，如果在一段航程中体检证书恰好失效了，那么在到达下一个停靠港前仍视为有效。显然，这一规定去除了"至多 3 个月"的限制，相比公约规定更为宽松，增大了海员和雇主的操作空间。

澳大利亚海事安全局将确定证书有效期间为 1 年的权利作为医师的"裁量权"，这一点实际上并不一定有利于未成年和老年海员的健康保护，可能受到人情、贿赂等因素的影响。

3. 比较分析

在某些迫切情况下，中国香港在总监认可下，允许"健康证明书"失效不超过 6 个月的海员上船工作。新加坡设计的健康状况报告制度既能有效保证海员的健康状态始终符合船上工作的要求，又能减少不必要的重复体检问题。澳大利亚提出的医师拥有决定未满 18 周岁和年满 55 周岁的海员体检证书有效期限的权力，虽给予了澳大利亚医师灵活的裁量权，却可能会受贿赂等因素影响，需谨慎借鉴。

我国关于海员体检证书的规定主要集中于《船员条例》第九条、《海员工作生活管理办法》第四十三条和《中华人民共和国海船船员健康证书管理办法》第八条、第九条和第十七条，已基本反映了公约对海员体检证书的要求。尤其在对于公布体检机构和主检医师名单的措施上，紧密贴合了社会发展的实际。目前，海事主管部门已通过海事局网站（cyxx. msa. gov. cn）、"幸福船员"应用程序和"幸福船员"微信订阅号实现对外公布体检机构和主检医师名单，实时更新并供社会即时查询和监督。

（三）海员上船工作培训与资格

1. 公约关于培训与资格的规定

由于海难事故对自然环境和人命造成的损害较大，故而公约对于船员的职业培训、安全培训与资格的要求较高。规则 1.3 的要求主要分为两部分：第一，要求海员完成安全培训；第二，要求海员完成职业培训。当海员通过了 IMO 的培训并获得证书的，视为满足本公约的要求。

2. 航运发达国家（地区）关于培训与资格的规定

（1）中国香港

《商船（海员）条例》要求不同级别或岗位的海员必须通过培训和考试，据此发给某一级别的证书或执照，如表 5－2－1 所示。

表5-2-1　　　　　　中国香港船员培训与资格规例一览表

序号	分类	规例、规则名称
1	职业和安全培训与资格一般规定	《商船（海员）（资格证明及值班）规例》
		《商船（海员）（安全训练）规例》
		《商船（海员）（安全工作守则）规例》
		《商船（海员）（安全人员和意外及危险事故报告）规例》
2	按不同船舶类型的规例	《商船（海员）（油船－高级船员及普通船员）规例》
		《商船（海员）（滚装客船－训练）规例》
		《商船（海员）（非滚装客船－训练）规例》
3	按级别、岗位的规例、规则	《商船（海员）（高级水手合格证书）规则》
		《商船（海员）（高级船员资格证明）规则》
		《商船（海员）（导航值班普通船员）规则》
		《商船（海员）（机房值班普通船员）规则》
		《商船（海员）（救生艇筏、救援艇及快速救援艇熟练操作证书）规则》

根据表5-2-1，不同岗位、职责或船型的海员应当适用不同的规定。属于不同船舶类型海员的，应当适用该船舶类型的规例。例如，油船高级船员的资格证明应当适用《商船（海员）（油船－高级船员及普通船员）规例》；属于不同船上岗位的船员，应当同时适用该岗位的规例。例如，机房值班的普通船员资格证明应当适用《商船（海员）（机房值班普通船员）规例》。

（2）新加坡

对于船上工作的培训与资格，《商船（海事劳工公约）法》等法律法规只对体检证书和厨师及膳食服务人员培训与发证作了规定，普通海员船上工作仍须依据《2001年商船（培训、发证和配员）规则》（2014年修正）申请相关证书。

新加坡区分为两类，包括海员职业培训和安全培训。相应的技术依据如表5-2-2所示。

表5—2—2　　　　　　　　新加坡海员证书种类

序号	证书名称
1	《甲板部高级船员证书》（1至6级）
2	《轮机部高级船员证书》（1至5级）
3	《甲板部及轮机部高级船员证书》（1至4级）
4	《型式等级证书》（《动力支承船安全规则》〔DSC Code〕第十七章；《国际高速船安全规则》（HSC Code）第十八章）
5	《船上厨师资格证书》

（3）澳大利亚

《航海法》统称证明海员职业资格的证书和体检证书为海员证书（Seafarer certificates）。① 根据该法第二十九条规定，政府应根据不同的海员职位和技能要求规定不同的个人证书种类。同时，政府法规立法时应当充分考虑熟练程度、技能和水平、资格、经验、健康等符合标准。

《海事法令70》替代了原《2004年第3号海事法令（航海资格）》，重新梳理了海员证书的分类。根据《航海法》第三十条第一款的规定，每名海员须向澳大利亚海事安全局申请获得一种特定的证书，根据《2014年第70号海事法令（海员证书）》（2016年6月10日修正）第七条第二款的规定，表5—2—3第1、3、4或5项即《航海法》规定的特定证书。

表5—2—3　　　　　　　　澳大利亚海员证书种类

序号	证书名称
1	《船长或甲板部高级船员资格证书》
2	《游艇船长或甲板部高级船员资格证书》
3	《轮机员资格证书》
4	《能力评级证书》
5	《GMDSS雷达操作员证书》
6	《船上厨师资格证书》
7	《安全培训证书》

3. 比较分析

由于海员发证规则基本已由STCW公约实现全球统一，因而各国（地区）

① ［澳大利亚］《航海法》（*Navigation Act* 2012）第二十九条；［澳大利亚］《2010年第9号海事法令（健康体检）》（*Marine Order* 9〔*Health - medical fitness*〕2010）第一条第一款第（a）项.

在海员培训与资格方面差异不大，主要区分不同职务、船舶类型、级别和岗位。我国现行的《中华人民共和国海船船员适任考试和发证规则》则是按不同职务、船舶吨位、航行区域和船舶类型对培训与资格进行区分。例如，区分值班水手和高级值班水手的证书以及区分沿海航区和无限航区的证书等。

二、海员就业与职业发展

（一）海员就业协议

1. 公约关于海员就业协议的规定

MLC 2006 规定的"海员就业协议"必须包括船舶所有人信息、海员信息、订立时间和地点、社保措施、工资数额及其计算公式、带薪年假天数及其计算公式、协议终止条件、遣返等事项。须采用一定的标准格式，且列为港口国检查项目。在海员与船舶所有人自愿签订就业协议前，应当提供给海员充分的时间阅读协议文本。为确保海员享有公平的就业协议，双方如需提前终止就业协议的，应提前至少 7 天通知。

2. 航运发达国家（地区）关于海员就业协议的规定

（1）中国香港

确保海员审阅协议的权利，该项内容规定于《2016 年商船（海员）（工作及生活条件）规例》，填补了此前中国香港法律的空白。除此之外，中国香港立法作出了如下几点较为特别的规定。

船员协议可以"一船多人多书"或"一书多船"。通常情况下，同一船上海员所订立的协议（简称子协议）载于同一份"船员协议"（简称母协议）中。但在经商船海员管理处总监（简称总监）许可后，依据《商船（海员）条例》第八十条第二款之规定，同一船上工作的若干名海员可以与船舶所有人订立多份不同的子协议，各份子协议则载于同一份母协议中。同时，一份协议也可以与多艘船舶关联，即多艘船舶亦可仅订立一份船员协议。

船员协议的订立、合并、解除等事前、事中、事后事项充分引入政府监管。事前引入政府监管。例如，《商船（海员）（船员协议、船员名册及海员解职）规例》第四条第一款规定的签订协议前提前通知总监；事中引入政府监管，第六条第三款规定的签订协议时由总监见证；事后引入政府监管，第二十四条第一款规定的解除职务须提前至少 48 小时向总监发出书面解职通知。

由于此轮修订并未涉及《2016 年商船（海员）（工作及生活条件）规例》，即《商船（海员）（船员协议、船员名册及海员解职）规例》要求船长提前至少 48 小时向总监发出书面解职通知的规定仍将有效。《2016 年商船（海员）（工作及生活条件）规例》附表 1 要求海员雇佣协议必须载有给予双方不少于

7 天的终止协议的事先通知期，与 48 小时叠加之后，将会产生雇主提前终止协议的期限更长的效果。①

（2）新加坡

新加坡立法在公约的基础上，避免船舶所有人侵害海员休假权利作了明确规定。《商船（海事劳工公约）法》第十四条第八款规定，凡出于剥夺、削弱海员个人权利或以减少、降低船舶所有人个人义务和责任为目的，要求海员放弃本法案第二十二条"年休假权利"规定的最少年休假权利的海员雇佣协议条款不具有法律效力。

主管部门监督下的提前解约。《商船（海事劳工公约）（海员雇佣协议、海员名单和海员的解职）规则》第六条第五款规定："通知海事主管部门"，使得主管部门全面介入海员就业协议的终止环节，有利于保护海员权利。

（3）澳大利亚

《航海法》第五十四条"工作协议"授权政府制定有关法规，除应满足公约要求的协议内容和格式、充分阅读权、征询意见权、解除协议、协议登记和保存制度制定条款外，还要求立法实施信息获取权、协议签订程序、海员母港信息等。以信息获取权为例，信息获取权是指获得船上保存的任何与海员就业协议相关的资料正、副本的权利。信息获取权权利主体范围更广泛。《海事法令 11》第二十五条规定的有权主体包括："（a）协议适用的海员；（b）该海员的代表；（c）船长；（d）澳大利亚海事安全局；（e）驻在港的港口国监督检查员。"在公约规定基础之上，赋予了驻在港港口国监督官员信息获取权。

3. 比较分析

中国香港商船海员管理处总监对海员就业协议的深度介入监督，无疑对海员基本权益的保护具有更为积极的作用。新加坡同样采用了提前解除海员雇佣协议需将通知主管部门前置的方式保护海员权益。澳大利亚则是在信息获取权问题上制定了单独的条款。

我国《海员工作生活管理办法》第四十一条至第四十七条详细规定了"上船协议"的内容，所规定的协议格式、存放方式、协议报备、解除协议等问题基本符合公约要求。其中，《海员工作生活管理办法》第四十七条规定的将

---

① 中国香港立法会经济发展事务委员会 2013 年 11 月 25 日形成的"推展海事相关法例修订和海事处制度改革以提升海上安全的人员编制建议"中，曾拟定通过修订现有法例和附属法例（规例）以实施《2006 年海事劳工公约》。其中便包括对第 478 章〔《商船（海员）条例》附属法例 L《商船（海员）（船员协议、船员名册及海员解职）规例》的修订计划。但在此轮公布的 13 部《商船（海员）条例》的附属法例（规例）中，除《商船（海员）（船员协议、船员名册及海员解职）规例》未被修订或废除外，其他计划内规例均已得到修订或废除。

"上船协议……相关信息报船籍港海事管理机构备案"这一做法却不如海事主管部门主动介入更具保障作用。

（二）船上工作或休息时间

1. 公约关于工作或休息时间的规定

MLC 2006 对工作或休息时间规定了多种制度，包括每日 8 小时、每周 6 天工作制、船上工作安排书面化等工作或休息制度以及海员因工作而打扰了正常休息时间的补休制度、供缔约国自行选择的最长工作时间制或最短休息时间制等，如表 5—2—4 所示。

表 5—2—4　　　　　　最长工作时间制和最短休息时间制①

类型	内容	备注
最长工作时间	（1）任何 24 小时时间段内不超过 14 小时 （2）任何 7 天时间段内不超过 72 小时	（1）休息时间最多可分为 2 段，其中一段至少 6 小时、间隔不超过 14 小时 （2）超时工作安排补休、培训尽量不影响休息
最短休息时间	（1）任何 24 小时时间段内不少于 10 小时 （2）任何 7 天时间段内不少于 77 小时	

2. 航运发达国家（地区）关于工作或休息时间的规定

（1）中国香港

《商船（海员）（工作时数）规例》将被《2016 年（海员）（工作时数）（修订）规例》修订，并代之以新的名称——《商船（海员）（休息时间）规例》。鉴于该规例实际规定的是休息时间而非工作时间，新名称更符合该规例的实质。

新规例未对休息时间制度做修订，仍采用原规例的最短休息时间制，但其规定的休息时间仍少于公约规定的 77 小时，该规例第四条规定："船上主管值班的高级船员或值班的普通船员，其最短休息时间在任意 24 小时期间不少于 10 小时……任意 7 日期间提供最少 70 小时休息时间。"

休息间隔的规定。原规例第四条第二款规定，在第一款的基础上，如需将该休息时间分割时，至多分为 2 个时段，2 个时段其中一段至少为 6 小时。但没有公约规定的休息时间段间的间隔至多为 14 个小时的要求。

休息时间的缩减。原规例第四条第三款允许将该条前两款规定的 10 小时

---

① 按每 7 天为一个周期，计 7×24＝168（时/周）。当选择最长工作时间制的国家，该国海员最短休息时间理论上为 168－72＝96（时/周）；当选择最短休息时间制的国家，该国海员最长工作时间理论上为 168－77＝91（时/周）。据此，最短休息时间制相对倾向于船舶所有人，而最长工作时间制相对倾向于海员。

休息时间缩短至连续 6 小时，不符合 MLC 2006 最短休息时间的规定，不利于海员得到充分休息。

适用范围无限制。原规例第三条将任何大小的中国香港船舶或在中国香港水域内的任何大小非港籍船舶均纳入了该规例的管辖范围。然而，近海海员一般承担着相比远洋海员更为沉重的作业负担，休息时间常无法得到有效保障。[①] 近海海员的休息权利仍需要更严格的法律规范及严格的监督机制予以保护。

然而，《2016 年商船（海员）（工作及生活条件）规例》却在《2016 年商船（海员）（工作时数）（修订）规例》未废止《商船（海员）（工作时数）规例》休息时间条款的情况下，对休息时间另作了新的规定。该规例对采用最短休息时间的规定，与 MLC 2006 完全一致。

（2）新加坡

《商船（海事劳工公约）法》第十六条第四款规定："工作时间占用休息时间的，应在下一个休息时间段补偿与占用时间相等的休息时间。如可能，应尽快补休。"可见，相较于公约的补休要求，新加坡的规定略有不同，该法规定补休应在下一个休息时间段中补偿。在特殊情况下，船长被赋予了"中止工作或休息时间安排权"，《商船（海事劳工公约）法》第十六条第十款"船舶、船上人员、货物的紧急安全需要、救助……过后及时补休。"

在实务中，往往海员占用休息时间完成额外工作后并不能及时得到补休，通常通过在岸期间的休假加以弥补，甚至通过支付金钱的方式补偿。然而，金钱补偿无疑是透支海员健康的行为，这种透支健康的行为可能由雇主主动实施，也可能由海员主动实施，无论主动一方在谁都对海员健康不利。因此，新加坡为避免这一行为，作出了相应禁止性规定，即《商船（海事劳工公约）法》第十六款第五款"禁止任何人通过现金补偿的方式替代休息时间。"

（3）澳大利亚

澳大利亚海事安全局依照澳大利亚《航海法》第五十八条授权制定了《海事法令 28》和《海事法令 11》。其中，《海事法令 28》规定关于海员工作和休息时间的安排，《海事法令 11》则规定了违反相关安排的罚则。

《海事法令 28》采用了最短休息时间制。《海事法令 28》第十二条第一款规定："任意 24 小时内不少于 10 小时的休息时间，且任意 7 天内不少于 77 小

---

① 《近海海员》，载 http://www.itfseafarers.org/ITI-offshore.cfm/ViewIn/ZHO，最后访问日期：2016 年 6 月 7 日.

时的休息时间。"对于休息时间的安排，船长拥有中止工作或休息时间安排的权利。根据《海事法令28》第十三款规定，遭遇本船或他船、货物或人命等安全紧急事态、救助、训练等紧急情形时，船长有推迟船舶的值班表或个别安排工作时间的权力，并应尽快在事后安排补休。

3. 比较分析

中国香港、新加坡、澳大利亚都采用了最短休息时间制。然而，最短休息时间还存在法律解释的问题，即任意期间的首日（起算日）的确定，使工作和休息时间的安排存在瑕疵。具体以任意7天内不少于77小时（77 hours in any 7 days）为例，由于牵扯前、中、后共3个期间段的休息时间，计算程序、休息或工作时间安排等将极为复杂，不利于船舶的有效运营。

表5—2—5　2014年4月15日至4月28日海员B船上休息时间表（含补休）

4月15日	4月16日	4月17日	4月18日	4月19日	4月20日	4月21日
11	11	11	11	11	11	11
4月22日	4月23日	4月24日	4月25日	4月26日	4月27日	4月28日
8（灾）	14	9（灾）	13	11	11	11

如表5—2—5所示，假设船A安排海员B每天休息时间为连续的11小时，在2014年4月15日至2014年4月28日理论上应获得77小时的休息时间。在此期间，4月22日遭遇灾害少休息3小时后于4月23日补休，4月24日再次遭遇灾害少休息2小时后于4月25日补休。根据公约规定，需要该海员在任意7日的休息时间均要满足77小时的最低限额，然而，4月16日至4月22日之间实际休息时间合计为74小时，4月18日至4月24日之间实际休息合计为75小时。

表5—2—6　2014年4月15日至4月28日海员B船上休息时间表（不含补休）

4月15日	4月16日	4月17日	4月18日	4月19日	4月20日	4月21日
10	10	10	10	10	17	10
4月22日	4月23日	4月24日	4月25日	4月26日	4月27日	4月28日
10	10	10	10	10	10	17

假设船A按公约对最短休息时间制的最低下限为船员B安排休息时间为每天连续10小时，并在周末休息17小时补足77小时，即按表5—2—6显示的2014年4月15日至4月28日休息时间表安排休息。根据该表，4月15日至4月21日、4月22日至4月28日等7日内均满足公约要求。但4月21日至4月27日的休息时间合计仅为70小时。

因此，我们可以将休息区间模块化，即将"每7日"划分为诸如"每周"的固定模块进行管理。如此，可以最大程度上使休息时间的规定免于法律解释存在歧义的问题，使海员休息时间的安排在法律上更为合理，并更具可执行性。

（三）海员的休假权利

1. 公约关于休假权利的规定

海员需要长期从事海上作业的工作特点决定了海员职业的特殊性，即不能像陆上职业一样享受正常的双休日等休息制度。故而，区别陆上职业的休假制度，对于海员职业和海员健康的保护具有重要作用。MLC 2006 要求各国根据海员职业的特殊性在法律或集体协议中参考公式"每服务一个月最低2.5日历天"拟定带薪休假公式。

2. 航运发达国家（地区）关于休假权利的规定

（1）中国香港

中国香港地区海员的带薪假日或带薪年假称为"有薪假日"或"有薪年假"。除应给予海员安排包括国庆日和特区成立纪念日在内的共计12天法定节假日外，还应根据双方连续性合约受雇满3个月后的第一个月起，发给"假日薪酬"。[①] 在中国香港，如果连续合约雇佣满12个月，就应在雇佣开始之日翌年该日起享有带薪年假。

按照雇佣期限的不同，海员所享有的带薪年假长度亦会有所差异。如表5－2－7所示。

表5－2－7　中国香港《雇佣条例》带薪年假对照表

雇佣期	1994年或其后任何年份内终结的假期年的年假日数	换算公式
已满1年但未满3年	7	每月0.58天
已满3年但未满4年	8	每月0.67天
已满4年但未满5年	9	每月0.75天
已满5年但未满6年	10	每月0.83天
已满6年但未满7年	11	每月0.92天
已满7年但未满8年	12	每月1.00天

---

① ［中国香港］《雇佣条例》第四十一条第二款。如雇佣期未满12个月的，发给假日薪酬应按该假日首日前，该雇佣期所获工资的平均值计算；如雇佣期已满12个月的，发给假日薪酬应按该假日首日前12个月所获工资的平均值计算。

雇佣期	1994 年或其后任何年份内终结的假期年的年假日数	换算公式
已满 8 年但未满 9 年	13	每月 1.08 天
已满 9 年	14	每月 1.17 天

经简易换算，海员依据该条例获得的带薪年假天数低于 MLC 2006 规定的每服务满 1 个月最低 2.5 天带薪年假的要求。由于海员服务期起算时间可能会随上船期的不确定而具有不确定性。例如，自由海员会不定期更换雇主，与其他陆上职业规律的服务期存在差异，进而计算带薪年假就会存在雇佣期虽以年为计算单位，但实际工作期限未满 1 年，最终无法获取带薪年假的极端情形。据此，若以特别立法予以确定，将更为妥当。

《2016 年商船（海员）（工作及生活条件）规例》仍未明确海员休假天数的计算方式，只要求通过雇佣协议确定海员上岸休假的权利，计算方式则根据海员的职位及运营需要具体厘定。中国香港特区政府海事处、中国香港海员工会公布的《劳资谈判协议（最终稿）》（2013 年 11 月 6 日版）为中国香港的海员提供了最基本的休假条件。该协议排除《雇佣条例》带薪年假公式的适用，适用针对海员职业更有利的计算公式。《劳资谈判协议（最终稿）》（2013 年 11 月 6 日版）附件 3 约定了元旦、清明、劳动节等最少 12 天的法定假日，附件 4 第十二条约定的中国香港海员可以获得每月 6 天的带薪休假。

（2）新加坡

对于年休假的计算，《商船（海事劳工公约）法》第二十二条要求船舶所有人为海员提供每服务满 1 个月不少于 2.5 天的带薪年休假。同时，新加坡排除了如下不计为带薪年假的情形，包括：①海员在上船或下船期间或以紧急部署为目的灵活待机的海员所耗费的时间；②患病、受伤或受伤不工作期间；③基于船舶所有人和海员间的海员就业协议项下，海员短暂的岸上休息时间；④《假日法》（Cap. 126）指定的公共假日；⑤经当局批准参加海事职业培训课程而缺席工作的情形；⑥等待遣返和遣返期间；⑦当局在某些时候作出的决定所允许的休假。

新加坡细化了不应算作带薪年休假的情形。这一做法充分考虑了海员职业现状，更贴近实际。以上述第①项为例，处于灵活待机状态的海员表面上确实符合"休息"的构成要素，但事出"紧急部署"的需要，随时可能被要求参加到工作之中。并且"紧急部署"势必涉及船舶、货物、人命等安全保障问题，待机海员同样存在危及生命的风险。

（3）澳大利亚

澳大利亚《航海法》并未对海员带薪年休假作出规定，故而，海员带薪年休假应当适用澳大利亚《2009 年公平工作法》第二章第六节"年休假"的规定，如下表 5－2－8 所示。

表 5－2－8　　　　　　　　澳大利亚带薪年休假计算公式

序号	带薪年休假	适用情形
1	每服务 1 年计 4 周	普通雇员
2	每服务 1 年计 5 周	适用现代劳资裁决制度（Modern Awards）并且符合澳大利亚《国家雇佣标准》项下规定的轮值工①
		适用企业协定（Enterprise Agreement）并且符合澳大利亚《国家雇佣标准》项下规定的轮值工
		属于轮值工并且属于协议免费或不受现代劳资裁定协议约束

依照《公平工作法》以及《2010 年航海业裁决制度》（Seagoing Industry Award 2010）的规定，海员满足轮值工的 3 项构成要件，即依照值班安排工作、值班周期系在每周的通常时间并且经常在周日和公共假日值班工作。因此，海员应当适用表 5－2－8 "每服务 1 年计 5 周"即该制度第二十条规定的带薪年休假，相当于每服务 1 月约为 3 天的带薪年休假，高于公约中每服务 1 月 2.5 天的最低规定。严格而言，它们的年休假起计基数不同，《公平工作法》是以每服务 1 年为计算基数，而 MLC 2006 是以每服务 1 月为计算基数。但是，部分学者研究发现，澳大利亚引入的国际船舶登记制（Australian International Shipping Register，AISR）要求工作协议中必须明确每工作 1 月不少于 2.5 天的休假。② 这一标准虽低于《公平工作法》中规定的换算后的计算公式，但已达到了 MLC 2006 的需求。

3. 比较分析

中国香港没有通过法律条文固定海员休假计算公式，但在其《劳资谈判协议（最终稿）》（2013 年 11 月 6 日版）中予以明确规定。新加坡在公约规定的基础上，结合本国法定假日放假情况对公约规定进行了微调。澳大利亚《公平工作法》和国际船舶登记制（AISR）确立的年休假计算公式则存在冲突，前

---

① "轮值工（Shiftworker）"系指同时满足以下三项条件的人员：（1）依值班名册工作；（2）值班周期（每周、每两周或每月）应当在每周的通常时间；（3）经常在周日和公共假日值班工作。（SEE *Shiftwork*, at http：//www. fairwork. gov. au/employee－entitlements/types－of－employees/shift-workers. Jun. 7th, 2016.）

② 梁万春. 澳大利亚海事劳工公约履约体制安排［J］. 中国海事，2013，7：55.

者对长期从事海员职业但不急于休假的海员较为有利，后者则对短期从事海员职业的海员更为有利。

观之于我国，《船员条例》第三十条和《海员工作生活管理办法》第四十条所确立的年休假公式存在同样的冲突。《船员条例》第三十条第二款海员享有"每工作 2 个月不少于 5 日"的休假，但是《海员工作生活管理办法》第四十条却将该条例第三十条第二款的规定直接修改为了"每工作 1 个月不少于2.5 日"的休假。

（四）海员的遣返权利

1. 公约关于遣返权利的规定

MLC 2006 规定，当海员在国外发生就业协议到期或就业协议被船舶所有人终止等事由时，海员有得到遣返的权利。其次，该项权利应建立在船员已在船上服务一定期限的基础上，这一期限最长不超过 12 个月。最后，遣返发生的必要费用应由船舶所有人承担。例如，30 公斤个人行李运输费等。MLC 2006 规定的遣返要素如下表 5－2－9 所示。

表 5－2－9　　　　　《2006 年海事劳工公约》遣返要素总结

序号	要素	内容
1	遣返费用	（1）遣返费由船舶所有人承担，不得以任何形式要求海员承担，除非系因海员严重失职而遣返。船舶所有人不能支付遣返费用的，由缔约国当局垫付 （2）必要的遣返费：包括但不限于旅费、食宿费、遣返期间工资和津贴、30 公斤以下行李运输费、为适合遣返旅行的医疗费用等
2	遣返目的地	（1）通常采用飞机 （2）目的地（具有实质性联系的国家）：海员同意接受雇佣的地点、集体协议规定的地点、海员居住地、双方同意的其他地点

2014 年 4 月 7 日至 11 日，MLC 2006 三方专门委员会（简称三方机制）召开的第一次会议，通过了对规则 2.5 的修正案提案并获第 103 届国际劳工会议通过，若在 2017 年 1 月 18 日之前没有足够数量的国家提出异议，该修正案将在 2017 年 1 月 18 日生效。并将在该修正案生效后明确要求船舶所有人提供海员遣返的财务担保。①

---

① 《2006 年海事劳工公约》专门三方委员会第一次会议中国代表团：《〈2006 年海事劳工公约〉专门三方委员会第 1 次会议概况 [J]. 中国海事》2014，8：59—61.

2. 航运发达国家（地区）关于遣返权利的规定

（1）中国香港

《商船（海员）条例》第一百零四条至第一百零六条及《香港（海员）（遣返）规例》规定了海员遣返的费用承担、目的地和遣返方式等。《2016 年商船（海员）（遣返）（修订）规例》将会新增 MLC 2006 规定的必须遣返情况和雇主责任条款。

第一，遣返服务期。《香港（海员）（遣返）规例》经《2016 年商船（海员）（遣返）（修订）规例》修订后，海员在船舶上连续服务 11 个月或海员书面同意的较长连续服务期限届满，海员即有遣返的权利。该款规定较 MLC 2006 规定的 12 个月上限更短。

第二，遣返费用的承担。遣返的费用由雇主承担，不能通过雇佣前预收的形式要求海员分担，也不能在海员的工资中予以扣除。若违反上述规定，雇主将定罪并处 5 级罚款。

第三，遣返目的地和方式。遣返目的地主要包括：①海员与雇主合意确定的地点；②居住于中国香港的海员则送往香港；③非居住在中国香港的船员，在居住国家上船后应被遣返的，送往上船地；非中国香港居住的船员在非居住国家上船后应遣返的，送往该接受雇佣地。遣返方式视海员个人情况，应采用搭乘飞机的方式遣返，或者海员与雇主协商确定的其他合适且快捷的遣返方式。

第四，遣返担保。《2016 年商船（海员）（工作及生活条件）规例》第五十九条规定了该等关于遣返的财务担保问题，该规例要求船舶所有人提供的财务担保应符合四点要求：①采用保险单形式；②符合 MLC 2006 新修正案修订的标准 A 部分 2.5.2 第 4、8、9、10 各款规定；③不得于担保期届满前终止，除非提前 30 日书面通知总监；④不妨碍担保提供者向第三人追偿权。

（2）新加坡

《商船（海事劳工公约）法》第二十三款几乎完全接受了公约的规定，该条着重于海员服务期、遣返费用、遣返方式和遣返目的地。

第一，遣返服务期。《商船（海事劳工公约）法》第二十三款第一款规定："满足本条第三款和第四款规定的情况下，禁止雇佣并要求海员船上工作持续 12 个月，或服务期长于获得遣返权利的期限。"当未成年海员（已满 16 周岁但未满 18 周岁的海员）服务满 6 个月或约定的更短期限时，该未成年海员即可获得遣返权利；在未成年海员首次海外航线服务至少 4 个月后发现其无法适应海上生活的，应当给予其遣返的机会。

第二，遣返费用的承担。《商船（海事劳工公约）法》第二十三款第九款规定了合理遣返费用由"船舶所有人负担"。第十款"禁止向海员收取预付遣返费或从海员收入中扣除遣返费，除非海员严重违反就业协议义务的"。第十三款规定了船舶所有人追讨费用的权利，即"不得妨害船舶所有人通过第三方的契约安排追讨海员遣返费用"。

第三，遣返方式和目的地。对于遣返方式，《商船（海事劳工公约）法》第二十三款第八款要求船舶所有人采用"适当而迅速的方式"。对于遣返目的地，该法第六款列举了包括海员接受雇佣地、集体协议约定地、海员居住地、海员与雇主合意遣返目的地、当局确定的合适地点等。海员有权选择其中与之存在实质联系的地点。

第四，遣返担保。《商船（海事劳工公约）法》第三十四条第二款，要求船舶所有人提供保险单或其他同等担保，确保船舶所有人有能力履行遣返海员的义务。

（3）澳大利亚

除禁止变相收费、遣返方式外，①《海事法令11》对遣返的规定与公约存在一定差异。

第一，遣返服务期。《海事法令11》第三十一第一款规定的免费遣返的服务期与中国香港相同，高于公约标准，该款规定："海员已在船上工作了至少11个月"未成年人则在满足不能适应海上生活或已经在国际航行中于澳大利亚船舶上工作4个月的条件时，可以获得免费遣返的权利。

第二，船舶所有人承担遣返费用。《海事法令11》第三十二条第一款规定"至少应包括：遣返至目的地的费用、遣返前滞留于船上的食宿及费用、至多23公斤行李运输及费用、为适合遣返所支付的医疗措施及费用"，低于了公约导则B2.5.1第三款第（d）项30公斤的标准。

第三，遣返方式和遣返目的地。《海事法令11》第三十一条第三款规定，遣返应从首个可以呼叫澳大利亚领事服务的靠泊港，遣返至海员就业协议约定的返回港。第三十三条则只对遣返方式做原则性规定，符合"适当、迅速"即可，并注以"飞机"为通常采用的遣返方式。

第四，澳大利亚海事安全局负责遣返。澳大利亚没有要求船舶所有人提供遣返担保，但制定了保证海员获得遣返的等效措施，即《海事法令11》第三十五条第一款或第二款由澳大利亚海事安全局负责遣返。如当局承担了本国海员遣返费用的，可以向船舶所有人追偿有关费用，若承担了外国海员遣返费用

---

① ［澳大利亚］《2015年第11号海事法令（船上生活与工作条件）》（*Maritime Order* 11〔*Living and working conditions on vessels*〕2015）第九十七条、第一百零一条.

的，可依据《航海法》第九十二条及《海事法令 11》第三十五条第四款的规定，向具有管辖权的法院提起对船舶的所有人、经营人、代理人，乃至船舶主管当局等就遣返费用追偿之诉。

3. 比较分析

中国香港、新加坡和澳大利亚都对海员遣返的条件、费用、方式、目的地等进行了较为细致的规定。在确定目的地问题上，中国香港将双方协商确定的地点和海员居住地作为了遣返目的地，上船地和接受雇佣地作为补充。新加坡将接受雇佣地、集体协议约定地、海员居住地、海员与雇主协商确定的地点、当局确定的合适地点等多个存在实质联系的地点作为供海员选择的遣返目的地。澳大利亚则仅将海员就业协议约定的地点确定为海员遣返的目的地。

我国关于海员遣返的权利的规定，主要集中于《船员条例》第三十一条至第三十四条和《海员工作生活管理办法》第三十二条至第三十五条，总体上符合 MLC 2006 关于海员遣返权利的规定。我国规定的遣返目的地包括接受雇佣地、上船地、居住地、户籍所在地、船舶登记地以及海员和船舶所有人（或用人单位）协商确定的地点。根据公约导则 B2.5.2 第七款的规定，应确保海员的选择权，允许海员在法律规定或协议约定的遣返目的地中进行选择。因此，我们可以考虑纳入当局指定的合适地点以及其他与海员具有实质性联系地点作为供海员选择的兜底条款。

（五）船舶灭失或沉没时的赔偿请求权

1. 公约关于船舶灭失或沉没时的赔偿请求权

船舶发生灭失或沉没事故后，海员除获得免费遣返的权利外，还有权获得因该事故引起的失业赔偿。公约导则 B 2.6.1 要求各国在制定法律时，应将赔偿额等同于就业协议中可支付工资的比率，但可限制为 2 个月工资。

2. 航运发达国家（地区）关于船舶灭失或沉没时的赔偿请求权

（1）中国香港

《商船（海员）条例》对海员在因船舶灭失或沉没时的失业赔偿作出了明确规定，且将非因海员纪律原因导致的失业亦计入赔偿原因之列。该条例第九十一条规定，受雇于中国香港船上工作的海员，如果因诸如船舶所有人出售船舶、船舶变更船籍登记、船舶沉没等原因纪律问题以外的其他原因导致海员在就业协议终止之前失业的，该海员可以在失业之日起 2 个月内继续按就业协议约定的比率支取工资。[①]

---

① ［中国香港］《商船（海员）条例》第九十三条第一款.

《劳资谈判协议（最终稿）》（2013 年 11 月 6 日版）沿袭了该条例的规定。该协议第十六款"雇佣终止"第四款规定："（a）香港旗船海员因该船灭失或损毁而失业的……（b）香港船舶被出售或不再是香港船舶，船舶所有人应在失业之日支付该海员与雇佣协议基本工资比率相等的 2 个月工资。"

当然，如果海员失业不是船舶"灭失或损毁"或"出售或不再是香港船舶"导致的，或"本来能有合适的工作，但他不合理推卸或不接受"的，① 海员则无权提出失业赔偿。

（2）新加坡

新加坡在公约要求的"灭失或损毁"的基础上同样增加了"船舶售出和停止注册"的海员失业赔偿的事由，扩大了海员获得失业赔偿的保护范围。当然，对于海员恶意拒绝合理雇佣的行为，《商船（海事劳工公约）法》亦规定了反制措施。

《商船（海事劳工公约）法》第二十四条规定："（1）因船舶灭失或损毁失业招致的失业赔偿，按船舶灭失或损毁之日前雇佣协议约定的可支付工资比率支付 2 个月工资；（2）因船舶被售出或停止在新加坡注册而失业的，按发生事实之日前雇佣协议约定的可支付工资比率支付 2 个月工资；（3）除非失业与前述情形无因果关系，或海员无理由拒绝合适雇佣的。"

（3）澳大利亚

《航海法》和《海事法令 11》并未就海员的失业赔偿作出规定，只对因疾病或受伤导致丧失工作能力的海员给予经济赔偿作了明确规定，与公约标准存在一定差距。《海事法令 11》第七十五条"机能丧失"规定："遣返时根据集体协议或法律的规定支付全额或部分工资，直至出现以下任意一种情形：海员康复或有权依据集体协议或丧失能力后 16 周"等。

当然，《公平工作法》规定了"非公平解职"情况下的雇员救济措施。所谓非公平解职是指违反《小型企业公平解职规则》的规定进行的恶劣的、不公正的或不合理的解职，或该等解职行为是不真实的裁员案。此时，雇员可以获得有公平工作委员会根据《公平工作法》第三百九十二条第二款的规定计算出的赔偿，此赔偿并非没有限制。例如，要求不低于解职前 26 周已收到或应收到的酬金（取较高者）等。

3. 比较分析

中国香港、新加坡和澳大利亚基本按照公约确定了因船舶灭失或毁损时海

---

① ［中国香港］《商船（海员）条例》第九十三条第三款；《劳资谈判协议（最终稿）》（*Collective Bargaining Agreement〔Final Draft〕*）第十六条第四款第 c 项.

员的赔偿请求权，但是澳大利亚只规定了"机能丧失"情况下的赔偿请求权，存在一定缺失。而我国现行规定中亦缺少此项公约要求。《船员条例》第二十六条中只规定了较为模糊的内容，要求船舶所有人及时救治伤病海员，对失踪或伤亡的海员做好善后工作。当我国海员因船舶灭失或毁损失业的，较为明确的是可以依据《劳动合同法》第四十七条获得失业补偿，或依据《失业保险条例》第十八条取得失业保险金。但是根据公约的规定，"2个月工资"赔偿并不妨碍其他法律、法规规定或协议约定的获得赔偿的权利。因此，不能简单予以混同。

第三节　航运发达国家（地区）海员生活服务和社会保障的实施情况借鉴

一、海员的起居娱乐和生活服务

（一）起居舱室和娱乐设施

1. 公约关于起居舱室和娱乐设施的规定

MLC 2006 规则 3.1 主要包含两个方面的内容：第一，其他已生效的国际条约效力问题。第二，建造标准的具体规定（见表5-3-1）。对于MLC 2006与其他船员起居设施建造公约的冲突问题，公约规则3.1第二款规定，生效之日起建造的船舶应当符合MLC 2006的规定。生效之日前建造的船舶，原适用的公约或法律仍应适用。

表5-3-1　《2006年海事劳工公约》起居舱室和娱乐设施标准

（标准 A3.1 第六至第十七款）

项目	子项目	起居舱室和娱乐设施设计标准
居住舱室标准	净高	最低净高不得低于203厘米
		除非当局在不造成海员不适的前提下，合理降低
	位置	一般应位于船舶中部或尾部载重线以上，不得放在防撞舱壁前、不得置于工作通道之下
	其他	隔热、气密、水密、排水、采光，充分保证健康环境
通风和供暖标准	空调	除温带地区航行不需要空调的船舶，应在包括海员起居舱室、无线电报室、中央机器控制室配备空调
	通风	盥洗处应直接通向露天并与起居舱室相独立

项目	子项目	起居舱室和娱乐设施设计标准				
卧室标准	床位面积	最小面积：198cm×80cm				
	普通船员单床位卧室地板面积	<3000 总吨	4.5m²	高级船员单床位卧室地板面积	<3000 总吨	7.5m²
		≥3000 总吨	5.5m²		≥3000 总吨	8.5m²
		<10000 总吨			<10000 总吨	
		≥10000 总吨	7m²		≥10000 总吨	10m²
	特种或客船普通船员多床位卧室地板面积	双人间				7.5m²
		三人间				11.5m²
		四人间（超过四人间要求每人至少 3.6m²）				14.5m²
	卧室设备	(1) 衣柜（至少 475 升）、抽屉或等效空间（至少 56 升），或以最小 500 升衣柜替代；(2) 一张桌子和座位				
餐厅标准	位置和面积	餐厅应足够大而舒适，同时应与卧室隔开而尽可能靠近厨房				
卫生设施标准	数量	每 6 名海员（或不足 6 名）设置厕所、洗脸池、洗浴设施各 1 处				
	其他	盥洗场所均应有流动冷热淡水				
医务室标准	数量	航程超过 3 天、海员人数 15 人以上的，均应设置独立的医务室				
其他标准		(1) 洗衣设施；(2) 露天甲板供不当班海员休息；(3) 甲板部和轮机部办公室；(4) 灭蚊虫设施；(5) 必要的宗教设施；(6) 必要娱乐设施等安排				

2. 航运发达国家（地区）关于起居舱室和娱乐设施的规定

（1）中国香港

中国香港的船舶起居舱室和娱乐设施的设计标准由《商船（海员）（船员舱房）规例》规定，但该规例的规定略显落后。由于该规例生效于 1997 年 6 月 30 日，事实上该规例是以《1946 年船员起居舱室公约》为蓝本起草的，而 MLC 2006 又是糅合包括《1946 年船员起居舱室公约》等众多有关船上起居舱室建造设计标准的国际海事公约的新公约。随着航运发展和航海技术的长足进步，起居舱室设计标准也在逐步提高，中国香港的部分设计标准已逐渐落后于国际标准。例如，中国香港的设计标准中，衣柜容积要求为 304 升，远低于公约要求的 475 升。又如，居住舱室的最低净高为 190 厘米，低于公约要求的

203厘米；公约要求除了客船和特殊用途的船舶，均应为每名海员提供单独的卧室，而中国香港则允许普通货船设置2人间卧室等。

《2016年商船（海员）（工作及生活条件）规例》和《2016年商船（海员）（船员舱房）（修订）规例》生效后，将对《商船（海员）（船员舱房）规例》部分标准予以修改，将MLC 2006守则A3.1部分、导则B3.1部分包括舱室一般规定、通风及暖气、照明、寝室、餐厅、卫生设施等标准纳入中国香港特别行政区法律的一部分，同时保留《商船（海员）（船员舱房）规例》中较为先进的条款。对于新设计标准的时际效力，《2016年商船（海员）（工作及生活条件）规例》第二十七条规定，MLC 2006对香港生效当日之前建造的船舶按《商船（海员）（船员舱房）规例》执行，生效当日及之后建造的船舶按《2016年商船（海员）（工作及生活条件）规例》附表2执行。

（2）新加坡

新加坡几乎采用了MLC 2006的全部起居舱室和娱乐设施的设计标准。《新加坡海事港口局有关MLC 2006发证、船员舱室以及MLC 2006通知要求的通知》第十二条规定："2013年8月20日或以后建造的船舶，应满足MLC 2006规则3.1的要求"。对于起居舱室和娱乐设施设计标准的适用，采用不溯及既往原则判定是否适用公约规定的设计标准。即2013年8月20日MLC 2006生效之日及该日以后建造的船舶，应满足MLC 2006规则3.1的要求。1997年12月1日《商船（海员起居舱室）条例》施行之日至2013年8月19日期间建造的船舶，则适用《商船（海员起居舱室）条例》的设计要求。

（3）澳大利亚

澳大利亚大量沿用了MLC 2006的规定，并且有不少标准高于公约要求。例如，澳大利亚海事安全局要求船上餐厅至少人均1.5平方米；要求船舶安排合理可靠的邮件收发和访客会面措施；船舶设置空调和通风系统时，船内温度控制设专门技术标准，根据《海事法令11》第四十八条规定，应符合《船舶与海事科技——起居舱室空间的空调和通风系统——设计条件和计算基础》①的标准等。考虑到时际效力问题，对于起居舱室和娱乐设施设计标准的适用，2013年8月21日前建造的船舶《海事法令11》第6至10章以及第61条第一款第（b）项适用《2013年第14号海事法令（起居舱室）》或第92号和第133号ILO公约的规定。2013年8月21日及以后建造的船舶则应适用《海事法令11》。

---

①　［澳大利亚］《2015年第11号海事法令（船上生活与工作条件）》（*Maritime Order* 11 ［*Living and working conditions on vessels*〕2015）第八十一条.

3. 比较分析

新加坡几乎全面采用 MLC 2006 关于海员起居舱室和娱乐设施的标准。中国香港的《商船（海员）（船员舱房）规例》经《2016 年商船（海员）（工作及生活条件）规例》和《2016 年商船（海员）（船员舱房）（修订）规例》修订后，大量标准已获更新，将符合 MLC 2006 的规定并有部分条件高于 MLC 2006 的要求，如通风设施等。也存在部分标准修改变低的情况，如原规例确定的床位面积长 198 厘米、宽 84 厘米，MLC 2006 对床位的要求宽度为 80 厘米。澳大利亚在充分考虑 MLC 2006 规定要求的基础上，对部分内容作了更高标准的设定，如船上餐厅人均面积、空调和通风系统等（详见表 5－3－2）。

我国对海员起居舱室和娱乐设施的规定散见于《海员工作生活管理办法》第四条至第十一条和中国船级社海船检验技术规范中。根据中国船级社于 2016 年 6 月 12 日公布的《法定检验实施指南（国际航行船舶）》第二部分显示，中国船级社已接受包括中国内地、中国香港、新加坡、澳大利亚等 23 个国家（地区）的委托，将 MLC 2006 的新要求（噪声、海员舱室等）纳入对本国船舶法定检验要求中。[①] 因此，我国已实现与 IMO、ILO 各公约及其修正案的同步。然而，现今世界最大的集装箱船已近 20000 标准集装箱（TEU），突破 20000TEU 也是咫尺之间。我们应及时更新相关技术标准，在增大集装箱船舱位容量的同时也为海员带来更舒适的海上工作环境。

表 5－3－2　　　　中国香港、新加坡、澳大利亚
起居舱室和娱乐设施的标准简表
(对应《2006 年海事劳工公约》标准 A3. 1 第六至第十七款)

项目	子项目	中国香港	新加坡	澳大利亚
居住舱室	净高	最低净高不得低于 203 厘米		
		不造成海员不适前提下，合理降低		
	位置	应位于船舶中部或尾部载重线以上，不得置于防撞舱壁前和工作通道之下		
	其他	隔热、气密、水密、排水、采光，充分保证健康环境		

---

① 《船舶认证相关公约及船旗国要求》，载 http://www. ccs. org. cn/ccswz/font/fontAction! article. do? articleId＝4028e3d653e5c87601543d05bded05c8，最后访问日期：2016 年 7 月 19 日.

续表

项目	子项目	中国香港		新加坡		澳大利亚	
通风和供暖	空调	除热带航线外应设置暖气,维持21℃		除温带地区航行不需要空调的船舶,应在包括海员起居舱室、无线电报务室、中央机器控制室配备空调		供暖系统能维持《船舶与海事科技:起居舱室空间的空调和通风系统-设计条件和计算基础》规定温度;空调	
	通风	所有围封的舱位均须设置通风系统		盥洗处直接通向露天并与起居舱室相独立			
卧室	床位面积	最小面积:198cm×80cm		最小面积:198cm×80cm		最小面积:198cm×80cm	
	普通船员单床位卧室地板面积	<3000(单位:总吨)	4.5m²	<3000	4.5m²	<3000	4.5m²
		≥3000	5.5m²	≥3000	5.5m²	≥3000	5.5m²
		<10000		<10000		<10000	
		≥10000	7m²	≥10000	7m²	≥10000	7m²
	特种或客船普通船员多床卧室面积	双人	7.5m²	双人	7.5m²	双人	7.5m²
		三人	11.5m²	三人	11.5m²	三人	11.5m²
		四人(或以上)	14.5m²	四人(或以上)	14.5m²	四人(或以上)	14.5m²
	高级船员独立卧室地板面积	<3000	7.5m²	<3000	7.5m²	<3000	7.5m²
		≥3000	8.5m²	≥3000	8.5m²	≥3000	8.5m²
		<10000		<10000		<10000	
		≥10000	10m²	≥10000	10m²	≥10000	10m²
	卧室设备	(1)衣柜(至少475升)、抽屉或等效空间(至少56升),或以最小500升衣柜替代;(2) 张桌子和座位					
餐厅	位置和面积	餐厅应足够大而舒适,同时应与卧室隔开而尽可能靠近厨房。人均面积不小于1.5m²		餐厅应足够大而舒适,同时应与卧室隔开而尽可能靠近厨房		餐厅应足够大而舒适,同时应与卧室隔开而尽可能靠近厨房。人均面积不小于1.5m²	

续表

项目	子项目	中国香港	新加坡	澳大利亚
卫生设施	数量	每6名海员（或不足6名）设置厕所、洗脸池、洗浴设施各1处		
	其他	所有洗脸盆、浴缸和淋浴装置均需供应冷热（66℃）淡水（设防烫调节阀）	男女分开；盥洗场所均应有流动冷热淡水；便利、适合使用	男女分开；盥洗场所均应有流动冷热淡水；便利、适合使用
医务室	数量	航程超过3天、海员人数15人以上的，均应设置纯粹用做医疗用途的医务室	航程超过3天、海员人数15人以上的，均应设置独立的医务室	航程超过3天、海员人数15人以上的，均应设置独立的医务室
其他标准		（1）康乐室（娱乐室）；（2）3000吨以上船舶分别设置甲板部和轮机部办公室；（3）饮用水设施；（4）方便的洗衣设施；（5）防蚊措施；（6）电视机、书籍等	（1）合适的洗衣设施；（2）露天甲板供不当班海员休息场地；（3）甲板部和轮机部使用的船舶办公室；（4）灭蚊虫设施；（5）必要的宗教设施等	（1）合适的洗衣设施；（2）粮食储藏室；（3）甲板部和轮机部使用的船舶办公室；（4）合理可靠的邮件和访客安排措施

（二）船上食品和膳食服务

1. 公约关于食品和膳食服务的规定

MLC 2006规则3.2主要包含两个方面的内容：第一，膳食服务人员的培训与资格认证。公约担任船上厨师或膳食服务人员的，应当接受岗位培训并取得相应资格或受过培训和指导。其中，船舶配员超过10人的船舶必须配备具有正式资格的厨师。第二，水和食品的最低标准。公约除要求应当为海员提供免费的食物外，还要求各国船舶应当根据海员的宗教、文化和航行需要提供适当的饮用水和食物。

2. 航运发达国家（地区）关于食品和膳食服务的规定

（1）中国香港

中国香港将提供适当的粮食和水定为雇主和船长的共同责任，雇主和船长应当承担提供给海员合适分量、营养、品质和种类的粮食和水的责任。船长还承担安排船员每星期至少一次检查船上粮食和水的责任。

目前，中国香港法例并未以法律规定形式对厨师和膳食服务人员的培训与资格授予作出特别规定，我们无法从中国香港律政司"双语法例资料系统"检索到任何与厨师相关的行业规例。《2016 年商船（海员）（工作及生活条件）规例》生效后，将填补立法空白，对合格厨师的条件、训练课程（实用烹饪、食物和个人卫生、储存、环境保护、健康安全等）、不少于 12 个月海上船舶厨师经验等方面作详细规定。

（2）新加坡

第一，对厨师和膳食服务人员的培训与资格。《商船（海事劳工公约）法》第二十六条规定，船舶所有人或经营人应当确保船上餐饮服务人员和厨师具有服务资质或证书。确保上述人员已经经过食物处理、个人卫生和食物存放的培训或指导。该法第二十七条还规定，申请船上厨师专业证书除要通过考试外，还要在船上服务 6 个月。这一期限可由主管当局考虑申请者现有资质或相关经验决定延展或缩短。在具体规定餐饮服务人员培训与资格的《2014 年商船（海事劳工公约）（餐饮服务人员和厨师的培训和发证）规则》中，要求申请应当年满 18 周岁并获得体检证书。

第二，饮用水和食品标准。以海员的宗教饮食需要为例，新加坡海事及港务管理局《第 2013－3 号航运通函（厨师培训与船上食品供应要求）》附则 A 推荐船舶所有人："明白有些海员可能不吃某类肉（如牛肉或猪肉）或系素食主义者……不同宗教或文化对食品有不同的要求（如清真菜）。"该通函还在附则 B 中公布了船上厨师培训机构名单、课程名称及其联系方式，方便船上厨师职业申请人查询。

（3）澳大利亚

《航海法》第六十二条规定："船舶所有人应当为船上海员提供并确保免费的食物。"海员也在此较高效力的法律文件中取得了获取免费食物的权利。对于食品和膳食服务，分为以下两类。

第一，厨师和膳食服务人员的培训与资格。《海事法令 11》第五十五条"食品处理人员的培训"规定："作为厨师在船上工作……为 18 岁以上，完成了澳大利亚海事安全局认可的服务业培训课程……取得《2004 年第 3 号海事法令（登轮资格）》规定的安全培训证书和《海事法令 9》规定的体检证书。"

第二，饮用水和食品标准。《航海法》第六十三条第一款要求："船长不能允许船舶出海航行，除非船舶携带了合适的数量、质量的饮用水以及携带合适的质量、数量、营养价值、品种的食物。并充分考虑航行情况以及海员数量、宗教和文化背景。"其中，食物的存储对于食物品质具有重要作用，澳大利亚海事委当局要求船长根据《海事法令 11》分类存储食物。例如，肉类和鱼类应分开独立储存；冷藏或冷冻的食物应当分别保存于低于－15℃或5℃等。

3. 比较分析

中国香港对水和食品的规定符合公约的要求，对厨师和膳食服务人员的培训与资格的内容也不再处于没有规定的状态。新加坡和澳大利亚已基本按MLC 2006的要求进行了相关立法，尤其是对食物的储藏存放、区分宗教信仰的膳食、厨师和膳食服务人员的培训与资格等。

在我国，《海员工作生活管理办法》第十二条至第十五条明确规定了膳食服务的内容，包括培训要求、配员标准、船上膳食委员会、区分宗教文化的膳食、定时检查等。由于存在船上伙食被层层盘剥的可能，甚至码头门卫、公务员都会介入其中，① 这无疑是对海员权益的蚕食。所以，我们可以引入"船上伙食反腐"制度，以增加船长和高级船员等在食品和膳食服务监督过程中的法律责任。

二、海员的健康医疗和社会保障

（一）获得船上和岸上医疗的权利

1. 公约关于获得船上和岸上医疗的规定

出于确保海员健康，能够在任何时间获得迅速而适当的免费医疗的目的，MLC 2006对缔约国船、岸医疗的要求主要包括：第一，缔约国应当尽可能为海员提供必要的与陆上工人相同水准的船、岸医疗，包括牙医。第二，缔约国应当通过立法确定船上医务室、医疗设施和设备的标准，船舶所有人则应据此携带相应的设施和设备。第三，载员超过100人及以上、超过3天国际航程的船舶应配备一名医生。不满足前述条件的可以指定至少一名海员负责急救、医疗和管理药品。第四，建立24小时医疗指导机制，帮助船舶与岸上医疗取得联系。

2. 航运发达国家（地区）关于获得船上和岸上医疗的规定

（1）中国香港

中国香港法例主要确保了海员获得免费医疗和适当的船上医疗设施的权利。《商船（海员）条例》第一百零二条规定，海员在香港境内接受的内、外科医疗或境外时降低其工作效率的牙科、眼科治疗的合理费用，工作期间死亡的丧葬、火化费用等须由其雇主承担；因船上工作致伤或患病的，雇主有义务依法承担提供医疗护理的责任。

---

① 庞宏敏：《海员权益是海洋强国绕不过的话题》，载 http：//blog. sina. com. cn/s/blog_92827c8e0102vhgo. html，最后访问日期：2016年6月7日。

按《商船（海员）（医疗物品）规例》对船舶携带药品作的分级将被《2016 年商船（海员）（医疗物品）（修订）规例》废止，未来只区分内河航行的船舶和海上航行的船舶。例如，不超过 100 人的内河航行船舶，须配备 1 个急救药箱，超过 100 人的配备 2 个急救药箱。急救箱中包括 8 条三角绷带（90 厘米×90 厘米×128 厘米）、2 卷弹性绷带（5 厘米×195 厘米）、2 卷绷带（5 厘米×540 厘米）等近 11 项内容；海上航行船舶则按世界卫生组织实时修订的《国际船舶医疗指南》所列《建议药物及设备清单》以及《国际船舶医疗指南补充本》附件 3 进行准备。

原规定配备船上医生的《商船（海员）（驻船医生）规例》将被废止，代之以《2016 年商船（海员）（工作及生活条件）规例》，其规定基本沿用已废止规例的规定，载员超过 100 人（含）的船舶，须配备一名医生。在此基础上，须同时满足"多于 3 日航程"及"全部或部分在内河航限以外"的要求。

（2）新加坡

《商船（海事劳工公约）法》主要通过确定包括医疗服务、医疗报告表格、医疗箱、船上医疗、无线电医疗指导、岸上医疗服务途径等，确保了海员获得适当的船、岸医疗服务。

确保海员获得适当的船、岸医疗权利。《商船（海事劳工公约）法》第二十八条规定："（a）与海员职责相关的职业健康和医疗措施；（b）确保具有合格资质的医生或牙医在停靠港可以随时拜访；（c）为海员提供免费的医疗服务和健康保护。"但并未提及海员获得的医疗服务水平应与陆上职业获得医疗服务水平相等。

确保海员的医疗报告表格保密。《商船（海事劳工公约）法》第二十九条规定：在未经海员同意的情况下，任何被填写的医疗报告表应予保密"，但该法未明确报表的使用主体，与公约规定的仅由医疗人员使用存在差异。

确保适当的船上医疗设施。《商船（海事劳工公约）法》提及的必要船上医疗设施包括"医药箱及易懂的使用指导"①、"用以交流的卫星电话、无线电"② 等。

确保适当的岸上医疗设施。新加坡要求船舶所有人确保海员在船舶在港时，有条件获得伤病门诊服务及必要的住院治疗，但并未提及政府在确保海员

---

① ［新加坡］《商船（海事劳工公约）法》（*Merchant Shipping〔Maritime Labour Convention〕Act*）第三十条.

② ［新加坡］《商船（海事劳工公约）法》（*Merchant Shipping〔Maritime Labour Convention〕Act*）第三十二条.

获得适当的岸上医疗时的作用。

确保不配备船医的船舶医疗水平。例如，《商船（海事劳工公约）法》第三十一条规定："至少 1 名指定海员接受过 STCW 公约认可的急救培训并能通过无线电或其他信息获得医疗指导"等。

（3）澳大利亚

《航海法》通过对包括医疗检测人员的委任、医疗检测人员提供服务的费用、海员医疗技能测试、海员体检证书、药物和医疗设备的存储及其使用指导和检查措施等规定，确保海员获得适当的船、岸医疗。

确保海员获得适当的船、岸医疗权利。《航海法》要求船舶所有人应确保海员获得健康保护、医疗、牙齿保健、船上和到达港获得免费医疗等权利。①

确保海员的医疗报告表格保密。对于医疗报告表格的使用，《航海法》第六十一条规定："船长和船、岸医疗人员须使用经批准的格式报告就个体海员疾病或伤病交换医疗信息。"

确保适当的船上医疗设施。《航海法》规定的船上医疗物品包括"充足的医疗用品"② 和"医药箱及其维护和检查、必要的解毒剂等"③。船上医疗服务人员的配置包括"胜任治疗疾病或伤口直至医生接手治疗的合格人员"④ 以及"其他必要的医疗从业人员"⑤。

确保适当的岸上医疗设施。《航海法》第六十五条规定："船舶所有人必须确保需要紧急医疗的海员运送至岸上时，船员能在生病或受伤时获得门诊治疗、必要的住院治疗和牙医治疗。"

船舶所有人和船长对医疗配置的法律责任。《航海法》第七十二条和第七十三条规定船舶所有人和船长都应承担的责任，对于海员的权利保护而言具有积极作用。例如，可以对其处以 12 个月监禁或/并处 60 罚款单位罚款。

3. 比较分析

中国香港、新加坡和澳大利亚较为重视海员获得船上和岸上医疗的权利。中国香港主要确保了海员可以获得免费医疗的权利，并要求船舶所有人按法律规定配备医生和医疗用品。新加坡通过确定包括医疗报告表格、无线电医疗指导、岸上医疗服务途径等内容，确保海员可以获得恰当的船、岸医疗服务。

---

① ［澳大利亚］《航海法》（Navigation Act 2012）第五十八条和第五十九条.

② ［澳大利亚］《航海法》（Navigation Act 2012）第六十二条.

③ ［澳大利亚］《航海法》（Navigation Act 2012）第六十三条.

④ ［澳大利亚］《航海法》（Navigation Act 2012）第六十二条.

⑤ ［澳大利亚］《航海法》（Navigation Act 2012）第七十二条和第七十三条。在远洋航线上，载员 100 人以上必须配备医疗从业人员、载员不满 100 但超过 10 人的须配备具有急救技能人员.

澳大利亚的特点在于确定了船舶所有人和船长违反医疗配置的规定后所要受到的严格处罚措施，要求其积极确保海员获得医疗服务的权利。

我国对海员获得船、岸医疗的规定，主要分布于《船员条例》第二十五条至第二十六条、《海员工作生活管理办法》第二十一条至第三十一条和《船舶与海上设施法定检验规则》等，基本体现了公约精神，但现行规定仍存在一定问题。《船员条例》第六十条规定，如果船员没有在伤病期间得到及时救治的将给予有关责任人行政处罚，但"及时救治"的标准却没有列明。而《海员工作生活管理办法》虽明确规定了医生、医疗用品等配备要求，但该办法却没有罚则，难以强行要求船舶所有人遵守有关规定。因此，我们可以充分借鉴澳大利亚等国家的做法，增加船舶所有人和船长对医疗配置的法律责任，避免医疗配置不合格。

同时，国内港口逐渐远离市中心区域。例如，上海洋山深水港距离最近的三级甲等医院上海市第六人民医院东院将近 43.9 公里路程,[①] 往来耗时加上可能的恶劣天气，不能有效地为海员提供高质量的医疗服务。因此，我们应增加岸上医疗设施的建设，尤其是靠近港口的、高水平医疗设施。

（二）获得岸上福利设施的权利

1. 公约关于获得岸上福利设施的规定

由于海员长期海上工作，船上空间狭窄、福利设施短少，对海员的健康保护不利。因此，只有确保船上工作的海员能够使用岸上福利设施和服务，才能弥补海员因长期海上工作对自身身心健康造成的损害。MLC 2006 规则 4.4 鼓励缔约国积极建设港口福利设施，且不区分种族、信仰、年龄、性别、国籍、政治观点等提供给所有海员使用。必要时，当局可以设立诸如福利委员会等监督检查制度，督促福利设施维持正常运行。通常而言，各国都以设立海员俱乐部作为海员岸上福利设施的载体。

2. 航运发达国家（地区）关于获得岸上福利设施的规定

（1）中国香港

中国香港在 1997 年 6 月 30 日已通过《海员俱乐部法团条例》及其附属规例《海员俱乐部规例》，由"海员传道会"成立并管理海员俱乐部（The Mariners' Club）。

中国香港海员俱乐部为所有访港和本地注册的海员提供服务，包括住宿、网络、通讯、宗教设施（基督教、罗马天主教）、酒吧、图书馆、娱乐设施、

---

① 王国华，孙誉清.《2005年海事劳工公约》国内适用问题研究［J］. 中国海商法研究，2013，3：28.

卫星电视、游泳池、桌球、飞镖、乒乓球、洗衣等服务。① 同时，为了方便到港海员，中国香港海员俱乐部共设置两处，一处位于尖沙咀靠近维多利亚港，一处位于葵涌二号货柜码头。

（2）新加坡

新加坡同样开设了海员俱乐部——新加坡海员俱乐部（Singapore Mariners' Club），为海员提供岸上福利设施。新加坡设立海员俱乐部的目标就是让所有抵达新加坡的海员能获得"宾至如归（home away from home）"的体验。该俱乐部设立于中央商业区且靠近港口。除餐厅和酒吧外，实现 24 小时营业。

新加坡海员俱乐部为到访海员提供各种服务，包括酒店式公寓、水手角餐厅和酒吧、舒适的海员休息室、24 小时海员医疗中心，同时提供外汇兑换、邮政通信、网络、图书借阅、健身房、纪念品出售等服务。②

（3）澳大利亚

澳大利亚则在《海事法令 11》第七十三条规定："船长必须确保船舶在港时，海员可以获准使用岸上福利设施，而岸上福利提供者可以登船拜访海员。"由于澳大利亚素来重视海员福利，因而澳大利亚港口城市一般都设有教会办的非盈利公益性质的海员俱乐部。通常由退休人员经营管理，并设有小型宗教活动园地、上网和通讯设备、娱乐设施、船员留言纪念以及经营一些纪念品。

3. 比较分析

由于国际上通行的"海员俱乐部"多属于公益性质，且往往通过教会或政府部门开办营业，由志愿者或退休人员负责日常管理，需要一定的财政投入或社会资金帮助。中国香港与新加坡、澳大利亚的做法不同，主要通过制定法律确定"海员俱乐部"的设立与运作。新加坡则是由新加坡海事和港务局负责宣传营运。澳大利亚素来重视海员福利，但其海员俱乐部基本是由教会主办。

在我国，"国际海员俱乐部"的资金来源主要由政府财政投入。根据《关于开放口岸检查检验配套设施建设的意见》主要区分为国家口岸和省级口岸，分别由中央政府和地方政府按比例承担建设费用。但是，在 20 世纪末，由于世界经济危机的冲击，我国大量的国际海员俱乐部举步维艰，仅有少数城市的俱乐部还在为海员提供服务且主要集中于经济较为发达的城市。例如，大连现

---

① SEE *Welcome*，at http：//www. marinersclub. org. hk/welcome. html. Jun. 7th, 2016.

② SEE *Singapore Mariners' Club*，at http：//www. mpa. gov. sg/sites/port _ and _ shipping/for _ seafarers/singapore _ mariners _ club. page. Apr. 17th, 2015.

有海员俱乐部 2 个，天津有海员俱乐部 4 个，上海有海员俱乐部 6 个。[①] 即使全球航运业不景气，我们可以通过借鉴其他航运发达国家（地区）的做法加大财政投入或鼓励社会捐助，营建海员岸上福利设施，且不区分海员的种族、信仰、年龄、性别、国籍、政治观点，无差别地向各国海员开放。

第四节　航运发达国家（地区）成员国检查监督保障责任的实施情况借鉴

造成公约适用对象范围广泛的原因就在于，标题五"遵守与执行"的条文相对特殊。ILO 通过公约遵守与执行主体划分，区分了船旗国、港口国和劳工提供国责任。该标题的规定也使公约确立了特殊的适用制度，即建立在港口国监督制度基础上的港口国对外国船舶执行公约标准过程中的无差别监督检查。这是通过检查与监督保障海员权益的措施，亦是每个缔约国的基本责任。

一、船旗国责任

（一）《海事劳工证书》和《海事劳工符合声明》

1.《海事劳工证书》和《海事劳工符合声明》

（1）《海事劳工证书》

《海事劳工证书》是由主管部门或其授权机构签发以证明船舶确实符合公约规定，该证书的法律效力以取得海事劳工符合声明为前提。

（2）《海事劳工符合声明》

《海事劳工符合声明》（Declaration of Maritime Labour Compliance, DMLC）是各船旗国依据公约具体要求核查船舶是否符合公约标准的声明文件，该文件由两部分组成。《海事劳工符合声明》第 I 部分由船旗国编制发给，《海事劳工符合声明》第 II 部分则由船舶所有人编制发给，属于主管部门或其授权机构和船舶所有人共同核实船舶履约水平的检查行为。目前，国内《海事劳工证书》《海事劳工符合声明》第 I 部分的发放主体是中国船级社（CCS），系由交通运输部海事局授权委托。[②]

2. 中国香港、新加坡和澳大利亚的公布情况

---

① 段尊雷，印邵周. 海员获得使用岸上福利设施的思考［J］. 中国海事，2011，10：45.

② 参见苏晶：《部海事局委托 CCS 发放海事劳工符合证明》，载 http://www. gov. cn/gzdt/2013—07/26/content _ 2455736. htm，最后访问日期：2016 年 6 月 7 日.

根据公约规定,《海事劳工符合声明》第 I 部分应参照 MLC 2006 提供的范本,由主管当局对外发布。目前,中国香港、新加坡和澳大利亚已通过我国海事局和船级社向国内船舶所有人传达了其《海事劳工符合声明》第 I 部分的格式(如表 5—4—1 所示)。

表 5—4—1　　香港、新加坡和澳大利亚《海事劳工符合声明》第 I 部分起草情况

国家/地区	公布情况
中国香港	《2016 年商船(海员)工作及生活条件规例》
新加坡	《商船(海事劳工公约)法》《商船(海事劳工公约)(符合声明格式、证书和费用)规则》
澳大利亚	《航海法》《海事法令 11》

3. 非缔约国的《海事劳工符合声明》效力问题

非缔约国的《海事劳工符合声明》还存在效力问题。新加坡(2011 年 6 月 15 日)和澳大利亚(2011 年 12 月 21 日)已正式向 ILO 提交批准文件,即新、澳两国颁发的证书及声明具有完整的法律效力。中国香港在 MLC 2006 对其生效之前颁发的证书及声明不具有完整的法律效力。

根据 MLC 2006 第五条第七款的规定,港口国检查时不得给予非缔约国低于公约标准的优惠,即不予更优惠待遇条款。[1] 即在港口国检查中,缔约国(港口国)对非缔约国船舶的船上工作和生活条件检查标准不会低于公约标准。非缔约国颁发的《海事劳工证书》和《海事劳工符合声明》仅能作为港口国检查时的参考依据,而不能作为符合公约标准的法律效力的证明依据。

(二)船上投诉程序

根据公约的初衷,船上投诉程序是海员投诉的第一级程序,应尽可能通过完备而广为所知的船上投诉程序,使海员的诉求在船舶内部或国内救济途径中最低层次内得以解决。中国香港、新加坡和澳大利亚已有较为完备的船上投诉程序规定。

1. 中国香港船上投诉程序

根据中国香港有关《商船(海员)条例》《2016 年商船(海员)(工作及生活条件)规例》等的规定,海员可以根据不同的投诉需求向本部门主管、投

---

① 杨新宅,谢辉编著. 港口国监督 [M]. 辽宁:大连海事大学出版社,2000:22. 郭萍. 国际海事劳工公约带来的影响与应对 [J]. 世界海运,2014,3:20—35.

诉事项对应的部门主管或直接向船长、船舶所有人、海事处提交投诉（如图 5－4－1）。①

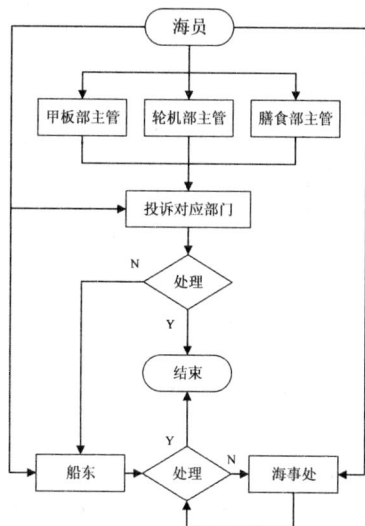

图 5－4－1　中国香港船上投诉程序范本

2. 新加坡船上投诉程序

根据《商船（海事劳工公约）法》和《2013 年第 6 号航运通函（公约最新实施情况）》的要求，海员可以向高级船员、部门负责人、船长以及新加坡海事和港务局海员管理部（The Seafarer's Management Department，SMD）提交投诉。②

---

① 参见［中国香港］《商船（海员）条例》、《船上违纪行为规例》、《有关香港旗船舶海事劳工符合声明第 I 部分的要求（草案）》.

② ［新加坡］《商船（海事劳工公约）法》（*Merchant Shipping（Maritime Labour Convention）Act*）第五十五条、第五十六条；《2013 年第 6 号航运通函（公约最新实施情况）》（*Maritime and Port Authority of Singapore Shipping Circular to Shipowners NO. 6 of 2013〔Update on the Implementation of the Maritime Labour Convention* 2006〕）.

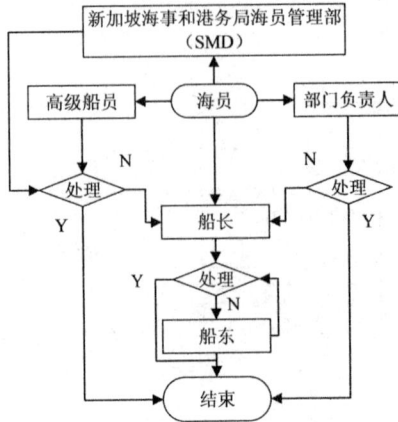

图 5－4－2　新加坡船上投诉程序范本

3. 澳大利亚船上投诉程序

根据《2015 年第 11 号海事法令（船上生活与工作条件）》的规定，海员可以向高级船员、部门负责人、船长、海员组织和海事当局提交投诉。并特别说明，海事当局包括澳大利亚海事安全局、船舶驻在港海事当局及其他与海员权益密切相关的部门。[①]

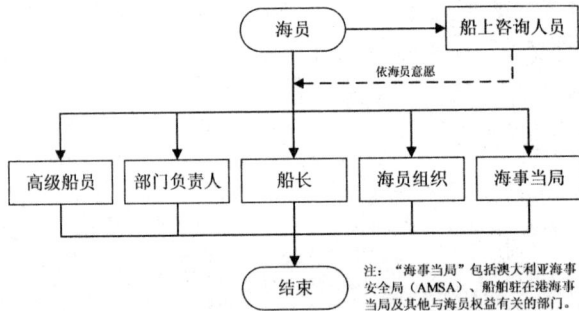

注："海事当局"包括澳大利亚海事安全局（AMSA）、船舶驻在港海事当局及其他与海员权益有关的部门。

图 5－4－3　澳大利亚船上投诉程序范本

4. 比较分析

由于公约要求在不妨碍海员向任何一级管理部门投诉权利的前提下，尽量使投诉在低层次解决。中国香港、新加坡和澳大利亚船上投诉程序范本的特点在于：①香港要求海员向其所在部门主管提交投诉，如未能解决的则由部门主

---

① ［澳大利亚］《2015 年第 11 号海事法令（船上生活与工作条件）》（*Maritine Order* 11〔*Living and working conditions on vessels*〕2015）第三十一条至第三十五条.

管转交对应部门；②新加坡同样要求海员向其所在部门主管或高级船员提交投诉，如未能解决的则由海员亲自向船长投诉；③澳大利亚海事安全局要求船上应有专门的咨询人员，为投诉海员给予建议。中国香港、新加坡和澳大利亚岸上投诉程序比较详见表 5—4—2。

表 5—4—2　　　中国香港、新加坡和澳大利亚岸上投诉程序比较

程序类别	一般投诉程序（船上）	特别投诉程序
中国香港特别行政区		《商船（海员）条例》第九十九条规定：商船海员管理处总监系岸上投诉受诉主体；受理包括粮食或水、医疗物品、医疗服务及其他与受雇船舶有关的任何状况的海员投诉；受诉后，总监应行使调查权
新加坡		《商船（海事劳工公约）法》第五十五条规定：第四款是向主管当局（船旗国或港口国）投诉的权利。第六款是新加坡海事和港务管理局针对投诉内容和结果的调查权
澳大利亚		1.《航海法》第七十七条规定："雇佣投诉"遣返和保护投诉条款 2.《公平工作法》第五百七十五条规定："澳大利亚公平工作委员会"（Fair Work Australia，FWA）投诉处理机关。第七百二十五条至第七百三十三条确定 FWA 职权范围包括实施调查、调解、仲裁等

二、港口国责任——以岸上投诉程序为例

（一）常规岸上投诉程序

MLC 2006 虽然区分了船上投诉程序和岸上投诉程序，但对岸上投诉程序的设计与船上投诉程序实际并无二致，即岸上投诉程序是船上投诉程序的后续和补充。例如，标准 A5.2.2 "海员投诉的岸上处理程序"第三款规定要求尽量于船舶层面解决投诉等。因此，中国香港、新加坡和澳大利亚的投诉程序未对"岸上"或"船上"作出刻意细分，而是以"投诉"统称。

（二）特殊岸上投诉程序

所谓"特殊岸上投诉程序"是指区别于一般意义的船旗国或港口国的投诉程序外的投诉程序。例如，国际海员投诉程序，该程序是海员岸上投诉程序的补充。

国际运输工人联合会（International Transport Workers' Federation，ITF）是设立于英国伦敦的国际工会组织。该组织旨在改善运输工人的工作和生活条件，并向有困难的运输工人提供帮助。ITF 主要通过港口检查、代表海员扣船、代表海员谈判等途径实现海员合法权益。[①] 例如，2014 年 4 月 25 日，一艘停靠在英国康沃尔福伊港的船舶被英国海事与海岸警卫署发现存在生活和工作条件简陋、不安全、欠薪等 14 处缺陷。最终，该案在 ITF 检查员与船舶所有人谈判下得以解决。[②]

ITF 为海员提供权利保护、处理海员投诉程序主要有两方面：第一，受诉和处理投诉主体。船旗国、港口国、投诉人本国及雇佣合同约定的其他法域国家（地区）的 ITF 代表（办事处）；ITF 伦敦总部；距离最近的 ITF 检查员等。第二，投诉材料准备。为了提高问题解决效率，ITF 要求投诉者尽早、尽可能详细地提供反映情况和证据材料，从而利于问题的解决。以欠薪问题为例，ITF 要求投诉者提供包括雇佣合同副本、上船工作时间、工作时数、船舶信息、船舶所有人信息、显示欠薪的银行对账单、与公司协商材料等。[③]

---

① 《国际运输工人联合会》，载 http：//www. cctanet. org. cn/showzs. asp? id＝64，最后访问日期：2016 年 6 月 7 日。

② SEE ITF *aids crew of filthy，unsafe ship*，at http：//www. itfseafarers. org/maritime_news. cfm/newsdetail/10405/region/6/section/0/order/1. Jun. 7th，2016.

③ SEE *What to do if your wages have not been paid*?，at http：//www. itfseafarers. org/wages-not-paid. cfm. Jun. 7th，2016.

第五节 航运发达国家（地区）的海事
劳工立法对我国的启示

前文针对航运发达国家（地区）的海事劳工立法中有关海员上船要求与职业发展、生活服务和社会保障以及成员国监督保障责任研究后发现，我国在海员权益保障问题上始终持着积极应对的态度，基本将 MLC 2006 规定的内容通过部门规章或其他规范性法律文件的形式予以体现。但是，保障海员基本权益仍欠缺明确而系统的"法律"位阶的依据。结合我国的实际情况，航运发达国家（地区）的海事劳工立法对我国的启示，归根结底应从立法与行政部门对海员权益的重视程度和实践力度抓起。这主要体现在，先进的立法模式、清晰的行政权力结构和国际标准的制定权等。

一、借鉴先进立法模式

（一）我国海事劳工立法的现状

我国已通过制定不同效力层级的规范性法律文件，实施相应的履约准备工作，主要的法律、法规和部门规章如表 5—5—1。

表 5—5—1　《2006 年海事劳工公约》我国主要履约规范性法律文件

序号	效力类型	名称
1	法律	《中华人民共和国劳动法》
2	法律	《中华人民共和国劳动合同法》
3	法律	《中华人民共和国社会保险法》
4	法律	《中华人民共和国海商法》
5	法规	《中华人民共和国船员条例》
6	法规	《中华人民共和国职工带薪年休假条例》
7	法规	《中华人民共和国劳动合同法实施条例》
8	部门规章	《中华人民共和国海员船上工作和生活条件管理办法》
9	部门规章	《中华人民共和国海船船员值班规则》
10	部门规章	《中华人民共和国船员服务管理规定》
11	部门规章	《中华人民共和国船员培训管理规则》
12	部门规章	《中华人民共和国船舶最低安全配员规则》
13	部门规章	《中华人民共和国海船船员适任考试和发证规则》
14	部门规章	《中华人民共和国海船船员健康证书管理办法》
15	部门规章	《中华人民共和国船舶安全检查规则》

目前主要用以实施公约的法律、法规和部门规章有《劳动法》《社会保险法》《海商法》《船员条例》《海员工作生活管理办法》等。其中，具有专门履约作用的规范性法律文件是《船员条例》和《海员工作生活管理办法》。

然而，由于《船员条例》的主要起草部门系原交通部，囿于原交通部权能限制，该条例仅列明了海员职业的技术性条款，缺乏专门调整海员社会保障的保障性条款。在立法之初，该条例原已充分参照公约标准起草，却因部门限制而作了删除处理，失去了将之制定为行政法规的意义。同时，《船员条例》还存在对公约国内适用的立法转化不完全①、法律位阶较低等问题，故而在保障海员合法权益、提高海员劳动条件上存在明显不足。② 《海员工作生活管理办法》则仅属于部门规章，且规定内容仍旧以技术性规定居多，保障性规定由于缺乏专司社会保障部门的参与而显得相对空洞。③ 因此，国内海员法律体系缺乏的是海员职业的上位法和关于海员社会保障的特别法。

（二）其他国家（地区）的立法模式

1. 中国香港

中国香港采用的"一法为主，单行法规为辅"的模式。法律、法规均由中国香港特区立法会制定或修订，如 MLC 2006 效力延伸至中国香港特别行政区后，主要通过上位法律《商船（海员）条例》及《商船（海员）（修订）条例》履行公约，并由下位法规如《商船（海员）（工作及生活条件）规例》等具体规定。

2. 新加坡

新加坡采用的"一法为主，单行法规为辅"的模式。法律、法规由新加坡国会制定，MLC 2006 在新加坡的适用以上位法律《商船（海事劳工公约）法》为主，并由下位法规如《商船（海事劳工公约）（工资）规则》等具体规定。

3. 澳大利亚

澳大利亚采用的"一法为主，政令补充"的模式。法律由澳大利亚国会制定，MLC 2006 在澳大利亚的适用以上位法律《航海法》为主，并由《航海法》授权澳大利亚海事安全局制定"海事法令"以具体实施，如《海事法令

---

① 王国华，孙誉清.《2006 年海事劳工公约》国内适用问题研究 [J]. 中国海商法研究，2013，3：30.

② 陈鹏. 浅析《船员条例》对国际劳工组织公约国内化的立法实践（上）[J]. 中国海事，2009，10：31.

③ 王国华，孙誉清.《2006 年海事劳工公约》国内适用问题研究 [J]. 中国海商法研究，2013，3：30.

11》等。

可见，各国（地区）对于海员特别立法均有高度共识，通过一部专门的法律实现公约国内的适用。显然，我国尚缺乏此类上位法律，对海员权益保障和海员法律体系的完善是不利的。而政府命令或政策在海员特别立法的授权下辅助运用，能有效克服法律条文滞后性的问题。

（三）启示：建立以"海员法"为中心的海员法体系

综上所述，我们可以得到如下启示：立法部门应积极应对 MLC 2006 生效问题，及时修改法律法规或对其进行解释。可以采用"一法为主，单行法、规章为辅"的模式，形成"海员法"为主，《船员条例》等行政法规、《海员工作生活管理办法》等主管部门出台的部门规章为辅的海员法体系。

首先，我们应当及时修改《船员条例》，将该条例中不符合公约要求的条款予以更新，并补充海员社会保障条款，充分发挥该行政法规的过渡功能。① 其次，全国人大应尽快制定具有调整海员职业技术和海员社会保障条款的"海员法"，并授权海事主管部门具体负责履约工作。最后，由海事主管部门根据明确的法律授权，制定履约的规章、执行履约事项。

二、探索行政权力整合

（一）行政权力交叉干涉现状

正如前文所述，我国 MLC 2006 的批约、履约工作受到行政权力交叉干涉问题的影响，一定程度上阻滞了我国全力应对公约生效后包括港口国检查在内的一系列履约问题。目前，交通运输部、人力资源和社会保障部是我国主要负责 MLC 2006 批约、履约工作的政府部门。交通运输部是主要的公约履约工作执行主体，人力资源和社会保障部是主要的公约批约工作执行主体，同时也是 ILO 大会的主要参加部门。正如《船员条例》和《海员工作生活管理办法》立法过程中遇到的困境一般，海事主管部门与劳动主管部门各自履行职责反而无法有效履约。常因立法协调等因素掣肘，使有关履约措施流于表面。行政权力交叉干涉的现状对我们国家履约是非常不利的。相比之下，世界其他国家（地区）总体上对批约、履约工作执行主体分工明确，鲜有此类问题发生。②

（二）其他国家（地区）的行政管理

1. 中国香港

---

① 陈鹏. 浅析《船员条例》对国际劳工组织公约国内化的立法实践（下） [J]. 中国海事，2009，11：16.

② 程欣：《〈2006 年海事劳工公约〉今起生效》，载 http://www. zgsyb. com/html/news/2013/08/4904003366. html，最后访问日期：2016 年 6 月 7 日.

尽管中国香港立法、执法主体相对复杂，但依旧有迹可循且路径唯一。根据中国香港法例的规定，适用公约的牵头部门是运输及房屋局（Transport and Housing Bureau，THB），[①] 实施 MLC 2006 立法工作的是香港律政司及立法会，[②] 执行相关法例及附属法例则由中国香港海事处（运输及房屋局）负责。具体如图 5—5—1 所示。

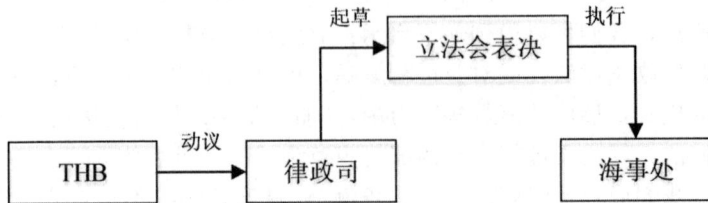

图 5—5—1　中国香港批约、履约工作流程图

2. 新加坡

新加坡采用的是单一部门负责的途径。该国负责履约的部门是新加坡海事和港口管理局。该部门是新加坡港口和海事发展的推动者，也是新加坡履行 MLC 2006 的部门，主要承担着港务部门（Port Authority）、港口监督部门（Port Regulator）、港口规划部门（Port Planner）、国家海事代表（National Maritime Representative）等多种职责。[③]

3. 澳大利亚

如前文所述，澳大利亚采用"'One Regulator，One Law'的集权式管理"，[④] "One Regulator"为澳大利亚海事安全局，"One Law"则为《航海法》。澳大利亚已通过《航海法》将公约履约的执行主体确定为澳大利亚海事安全局，并赋予其颁布用以执行履约职责的"海事法令"的权力。目前，澳大利亚凭借该行政管理机制，实现了行业整体的高效率运转和对 MLC 2006 的全面适用。

（三）启示：实现行政权力整合，高效履行《2006 年海事劳工公约》

行政权力分散，导致我国不能高效履行公约，这对五星旗船及其海员的保护是不利的。由于国际条约标准较高，世界各国履约仍需较长时间的磨合期。

---

① 《中华人民共和国香港特别行政区基本法》第七十四条.

② ［中国香港］《律政人员条例》第五条.

③ SEE *About MPA*, at http：//www. mpa. gov. sg/sites/global _ navigation/about _ mpa/about _ mpa. page. Jun. 7th, 2016.

④ 梁万春. 澳大利亚海事劳工公约履约体制安排 [J]. 中国海事，2013，7：55.

而公约要求的海员最低工资标准限额与现今市场现状不相匹配，导致船舶所有人履约能力相对降低。我们只有率先实现行政权力整合、谨慎履约、系统履约、积极参与公约修订机制，才能更好地优化市场配置，提高船舶所有人的履约能力，促使其积极提高海员工作和生活条件。对此，提出如下几点以供参考：

第一，将劳动部门涉及海员的劳动监察权力整合至海事主管部门，赋予海事主管部门直接处理海员投诉的职能，使海事主管部门面对海员合理诉求和合法投诉时可以直接对用人单位进行处罚，从而进一步提高行政效率。

第二，我国海事部门应在公约对我国生效后，进一步投入国际海事标准的制定工作，确保我国在 MLC 2006 三方专门委员会（简称公约三方机制）的话语权。在公约框架下，"话语权＝立法权"。根据公约第十三条规定，只有公约缔约国派出的公约三方机制代表方有投票权。换言之，公约修改议案，只有缔约国方能决定是否提交劳工组织大会审议。非缔约国（观察员国）虽然有向公约三方机制会议提出建议的权利，但其他缔约国对于该国的建议重视程度也会因缺乏表决权而降低。我们应通过三方机制积极参与公约修正工作。以工资标准为例，公约虽没有为工资标准建立单独的检讨机制，我国可以以缔约国身份加入三方机制，借助 MLC 2006 赋予三方机制"对公约发挥作用进行审定"的权限参与工资标准的修订。

第三，由我国海事主管部门在 MLC 2006 各项要求的基础上，制定更严格的国内标准，以提高履约质量、增强国际信誉度。在积极履约的同时，一方面，我们可以制定更严格的国内标准，调整国内船舶所有人资源配置，提高船舶所有人个体履约能力。另一方面，我们可以借助严格标准，提高我国履约质量，赢得国际声誉，帮助提升我国船舶所有人国际履约信誉度。

我国的履约工作将在交通运输部、人力资源和社会保障部、船东协会、海员工会等各方面的通力合作下，[①] 不断取得佳绩。

三、参与国际标准制定

（一）《2006 年海事劳工公约》三方专门委员会

根据 MLC 2006 第十五条第二款规定的公约守则部分的修改条件，第一，依据 MLC 2006 第十三条设立的"三方专门委员会"的船舶所有人代表组或海员代表组可以提出修正案。第二，已批准公约的 ILO 成员国可以提出修正案，

① 《梁万春：加强履约进度加快批约进程保障海员权益》，载 http://www.cnss.com.cn/html/2013/liuqinyuan_0918/115797.html，最后访问日期：2016 年 6 月 7 日.

须 5 个 MLC 2006 缔约国共同提议或支持。第三，已批准公约的 ILO 任何成员国可以提出修正案，并得到"三方专门委员会"船舶所有人代表组或海员代表组共同提议或支持。可见，获得公约三方机制的共同提议或支持，几乎是修改公约守则部分的必要条件。

2009 年 12 月 23 日，我国已成立了类似公约三方机制的协调机制——"全国海上劳动关系三方协调机制"（简称我国三方机制），该机制由交通运输部、中国船东协会和中国海员建设工会组成。旨在成为政府、工会、船舶所有人之间沟通的桥梁，通过三方机制实现对涉及重大海上劳动关系问题的协调和交流，从而起到平衡海上劳动关系各方权利的作用。

（二）其他国家（地区）的三方专门委员会参加情况

缔约国与非缔约国参加三方专门委员会会议所体现的作用存在较大差异。未批准 MLC 2006 的 ILO 成员国代表也可以参加，但没有就公约项下的任何事项进行投票的权利。① 当然，新加坡和澳大利亚已经成为了 MLC 2006 缔约国，并无无权参与国际标准制定的问题。

至于中国香港，虽然不能享有缔约国的权利，但中国香港籍船舶所有人代表包荣先生已在第一次公约三方机制会议上被推选为船舶所有人代表组的副主席。② 因此，中国香港在一定意义上已具有了参与海事劳工国际标准制定的途径。

正由于我国此前并未及时批准公约，造成了我国无法在 ILO 上提出对 MLC 2006 守则部分修改的议案。以第一次公约三方机制会议为例，2014 年 4 月 7 日第一次公约三方机制会议于日内瓦召开，③ 我国国际海事研究委员会船员分委会（简称船员研究分会）④ 只能就该次"船舶所有人财务担保"条款提案做修改研究，却不能通过三方机制直接动议修改公约守则部分。因此，我国

① SEE *Special Tripartite Committee：The Committee Role*，at http：//www. ilo. org/global/standards/maritime－labour－convention/special－tripartite－committee/lang－en/index. htm. Jun. 7th，2016.

② 《2006 年海事劳工公约》专门三方委员会第一次会议中国代表团：《〈2006 年海事劳工公约〉专门三方委员会第 1 次会议概况》，载《中国海事》2014 年第 8 期，第 59 页.

③ 李桢：《ILO 海事劳工公约三方专门委员会第一次会议将召开》，载 http：//imcrc. dlmu. edu. cn/newdetail. aspx？id＝1531，最后访问日期：2016 年 6 月 7 日.

④ 国际海事研究委员会船员分委会挂靠于广东海事局，原主要承担关于船员培训与值班标准的国际提案工作。目前，《2006 年海事劳工公约》的国际提案工作亦由其负责。（参见国际海事研究委员会船员分委会：《关于征集〈2006 年海事劳工公约〉三方专门委员会第一次会议提案意见的通知》，载 http：//www. gdmsa. gov. cn/gd/ShowArticle. asp？ArticleID＝22090，最后访问日期：2016 年 6 月 7 日.）.

在国际海事劳工标准的制定问题上是较为被动的。

（三）启示：充分改善三方机制，为未来制定国际标准做准备

目前，上海海事局正筹建中国船员发展与保障中心（原中国船员招募中心，简称发保中心），① 广东海事局则承担船员研究分会的日常工作，分别承担海员权益相关的国内、国外事宜。三方机制应当在此基础之上采取相应对策：

第一，依循 MLC 2006 三方专门委员会会议周期，征集学界、业界建议。可以通过学术会议、研究论坛、研究项目资助、行业信息收集分析、海事专家库等途径达到收集学界、业界建议的目的。可以将船员研究分会（广州）征集公约三方机制第一次会议提案意见为参照，专门组织国内专家、学者进行提案研究，进而充分利用三方机制制定海上劳动的国际标准。

第二，利用三方机制形成"投诉维权"备忘录，同步实现海员投诉的调解和转递，以利于海员权益保障。船员发展与保障中心是专门解决船员权益纠纷的，但是，处理海员权益纠纷，离不开海员（工会）和船舶所有人（协会）的参与。故而可以利用主管部门和涉诉主体均在三方机制下的便利，通过三方机制调解或转递投诉，缩短投诉解决周期、提高投诉解决效率、降低海员办事成本。

第三，为人民代表大会、人民政府提供立法建议与决策咨询。组织对海上劳动关系的研究；研究、起草海上劳动相关法律、法规草案、建议稿；组织研究海员劳动政策的设计，为主管部门提供决策建议。

本章小结

MLC 2006 的批准、履行与国内的适用，并不是一个简单的过程，而是一个系统性的复杂工程。它需要立法机关、行政机关、行业和研究机构等多方协作配合才能完成。MLC 2006 对我国生效在即，我国应尽快提高劳工标准、提升企业经营能力、增强国际发言权，紧密跟踪国际立法动态，根据公约变化迅速调整国内劳动和海事技术标准。我国除应在立法上尽快完善海员权益保障法

---

① "船员发展与保障中心"系由上海海事局组建管理，前身是根据《关于成立中国船员招募中心（筹备）的通知》（海人教〔2011〕109号文）组建的中国船员招募中心。主要负责国际公约船员管理和服务等方面的履约研究工作、提供船员就业公共服务、国内船员劳动力市场研究、协助解决船员权益纠纷、代理船员培训发证服务工作、推介中国船员及法律咨询服务等职能工作.

律以实现全面保护海员权益外，还应在行政上明确指派海事主管部门负责履约工作、赋予其检查监督海事劳动关系的权利，由人力资源和社会保障部予以全力配合，才能保证公约在我国得以充分实施。

结　语

伴随着航运业的快速发展，航运技术更趋安全、经济、节能、环保。人们因而凭借愈发可靠的技术力图更安全、更环保、更高效地开展航运业务。在国际社会的推动下，一系列确保航行安全，促进海洋环境保护、人命财产安全和海上运输的国际条约相继制定并获得广泛实施。如今，这些国际海事公约对维护正常的国际经济秩序具有十分重要的意义。

国际海事公约的制定程序和生效程序更为合理。国际海事公约在制定过程中充分考虑了各方代表的利益和责任，如 MLC 2006 涉及船舶、海员和政府三方的利益和责任，在通过程序上就要求同时兼顾三者的投票权权重比例。国际海事公约的生效程序则会充分考虑各国政府经济结构的差异，不仅要求一定数量的国家缔结条约，还要求商船吨位满足一定条件方能生效，从而防止了国际海事公约在贸易国家（利害关系相对小的国家）生效而不在航运国家（利害关系相对大的国家）生效的窘境，反之亦然。

国际海事公约的效力范围更广泛。一般的国际条约受条约相对效力原则的约束，既不会有损于第三国，也不会有益于第三国，勿论要求第三国持续承担履行公约所确定的标准的情况。但是，国际海事公约通过长期实践，形成了受到广泛接受的国际习惯法，进而突破了效力相对性的限制。国际海事公约凭借不予更优惠待遇条款，促使缔约国（船旗国）更为规范地执行公约标准，同时促使缔约国（港口国）不给予非缔约国相对更为优惠的检查标准。直接产生的结果就是国际海事公约效力范围更为广泛，无形之中做到了其他领域的国际条约所未能达到的程度，即实质上统一了各国海事技术规范。

国际海事公约更易得到修订。当今的科学技术发展几乎达到了裂变式的速度，国际海事公约也在不断地修正或修订。试想，若无一定的制度保障，这些修正案几乎不可能短时期生效乃至得到广泛适用。国际海事公约中具有鲜明特色的默示接受制度确保了这些修正案能在短时间内平稳生效。只有在规定时限内满足一定数量的国家明确提出异议的时候，才会阻止它们的生效进程。

我国作为世界级航运大国和贸易大国，迄今为止参与制定或参加了几乎所有重要的国际海事公约，并积极扮演了推进国际海事公约广泛接受的角色，承担了履行国际海事公约的国际责任，为国际海事公约全球实施作出了积极的贡献。如果我国促进国际海事公约全球实施的初衷不改的话，将会有大量标准较高的国际海事公约需要我国予以实施，这无疑会带给我国以沉重的履约压力。即使如此，我们仍应迎难而上，以适应"航运强国"的发展定位。

若将我们所需承担的责任进行简单提炼的话，可以总结为三重责任：参与制定国际海事标准的责任，作为船旗国实施国际海事标准的责任，作为港口国监督标准准确实施的责任。三重责任之于国内，则需要立法机关、行政机关、司法机关、研究机构以及实务部门紧密协调和配合。只有如此，才能最终达到船舶航行和人命财产安全、海洋环境保护、促进全球贸易发展的目标，实现航运业的可持续发展。

附录一：《1969 年维也纳条约法公约》节选

《1969 年维也纳条约法公约》（节选）

（一九六九年五月二十三日于维也纳）

第一编　导言

第一条　本公约之范围

本公约适用于国家间之条约。

第二条　用语

一、就适用本公约而言：

（甲）称"条约"者，谓国家间所缔结而以国际法为准之国际书面协定，不论其载于一项单独文书或两项以上相互有关之文书内，亦不论其特定名称如何；

（乙）称"批准"，"接受"，"赞同"及"加入"者，各依本义指一国据以在国际上确定其同意受条约拘束之国际行为；

（丙）称"全权证书"者，谓一国主管当局所颁发，指派一人或数人代表该国谈判，议定或认证条约约文，表示该国同意受条约拘束，或完成有关条约之任何其他行为之文件；

（丁）称"保留"者，谓一国于签署，批准、接受、赞同或加入条约时所做之片面声明，不论措辞或名称如何，其目的在摒除或更改条约中若干规定对该国适用时之法律效果；

（戊）称"谈判国"者，谓参与草拟及议定条约约文之国家；

（己）称"缔约国"者，谓不问条约已未生效，同意受条约拘束之国家；

（庚）称"当事国"者，谓同意承受条约拘束及条约对其有效之国家；

（辛）称"第三国"者，谓非条约当事国之国家；

（壬）称"国际组织"者，谓政府间之组织。

二、第一项关于本公约内各项用语之规定不妨碍此等用语，在任何国家国内法上之使用或所具有之意义。

第三条　不属本公约范围之国际协定

本公约不适用于国家与其他国际法主体间所缔结之国际协定或此种其他国际法主体间之国际协定或非书面国际协定，此一事实并不影响：

（甲）此类协定之法律效力；

（乙）本公约所载任何规则之依照国际法而毋须基于本公约原应适用于此类协定者，对于此类协定之适用；

（丙）本公约之适用于国家间以亦有其他国际法主体为其当事者之国际协定为根据之彼此关系。

第四条　本公约不溯既往

以不妨碍本公约所载任何规则之依国际法而毋须基于本公约原应适用于条约者之适用为限，本公约仅对各国于本公约对各该国生效后所缔约之条约适用之。

第五条　组成国际组织之条约及在一国际组织内议定之条约

本公约适用于为一国际组织组织约章之任何条约及在一国际组织内议定之任何条约，但对该组织任何有关规则并无妨碍。

第二编　条约之缔结及生效

第一节　条约之缔结

第六条　国家缔结条约之能力
每一国家皆有缔结条约之能力。

第七条　全权证书

一、任一人员如有下列情况之一，视为代表一国议定或认证条约约文或表示该国承受条约拘束之同意：

（甲）出具适当之全权证书；或

（乙）由于有关国家之惯例或由于其他情况可见其此等国家之意思系认为该人员为此事代表该国而可免除全权证书。

二、下列人员由于所任职务毋须出具全权证书，视为代表其国家：

（甲）国家元首，政府首长及外交部长，为实施关于缔结条约之一切行为；

（乙）使馆馆长，为议定派遣国与驻在国间条约约文；

（丙）国家派往国际会议或派驻国际组织或该国际组织一机关之代表，为议定在该会议、组织或机关内议定之条约约文。

第八条　未经授权所实施行为之事后确认

关于缔结条约之行为系依第七条不能视为经授权为此事代表一国之人员所实施者，非经该国事后确认，不发生法律效果。

第九条　约文之议定

一、除依第二项之规定外，议定条约约文应以所有参加草拟约文国家之同意为之。

二、国际会议议定条约之约文应以出席及参加表决国家三分之二多数之表决为之，但此等国家以同样多数决定适用另一规则者不在此限。

第十条　约文之认证

条约约文依下列方法确定为作准定本：

（甲）依约文所载或经参加草拟约文国家协议之程序；或

（乙）倘无此项程序，由此等国家代表在条约约文上，或在载有约文之会议最后文件上签署，作待核准之签署或草签。

第十一条　表示同意承受条约拘束之方式

一国承受条约拘束之同意得以签署、交换构成条约之文书，批准、接受、赞同或加入，或任何其他同意之方式表示之。

第十二条　以签署表示承受条约拘束之同意

一、遇有下列情形之一，一国承受条约拘束之同意，以该国代表之签署表示之：

（甲）条约规定签署有此效果；

（乙）另经确定谈判国协议签署有此效果；或

（丙）该国使签署有此效果之意思可见诸其代表所奉全权证书或已于谈判时有些表示。

二、就适用第一项而言：

（甲）倘经确定谈判国有此协议，约文之草签构成条约之签署；

（乙）代表对条约作待核准之签署，倘经其本国确认，即构成条约之正式签署。

第十三条　以交换构成条约之文书表示承受条约拘束之同意

遇有下列情形之一，国家同意承受由彼此间交换之文书构成之条约拘束，以此种交换表示之：

（甲）文书规定此种交换有此效果；或

（乙）另经确定此等国家协议文书之交换有此效果。

第十四条　以批准接受或赞同表示承受条约拘束之同意

一、遇有下列情形之一，一国承受条约拘束之同意，以批准表示之：

（甲）条约规定以批准方式表示同意；

（乙）另经确定谈判国协议需要批准；

（丙）该国代表已对条约作须经批准之签署；或

（丁）该国对条约作须经批准之签署之意思可见诸其代表所奉之全权证书，或已于谈判时有此表示。

二、一国承受条约拘束之同意以接受或赞同方式表示者，其条件与适用于批准者同。

第十五条　以加入表示承受条约拘束之同意

遇有下列情形之一，一国承受条约拘束之同意以加入表示之：

（甲）条约规定该国得以加入方式表示此种同意；

（乙）另经确定谈判国协议该国得以加入方式表示此种同意；

（丙）全体当事国嗣后协议该国得以加入方式表示此种同意。

第十六条　批准书、接受书、赞同书或加入书之交换或交存

除条约另有规定外，批准书、接受书、赞同书或加入书依下列方式确定一国承受条约拘束之同意：

（甲）由缔约国互相交换；

（乙）将文书交存保管机关；或

（丙）如经协议，通知缔约国或保管机关。

第十七条　同意承受条约一部分之拘束及不同规定之选择

一、以不妨碍第十九条至第二十三条为限，一国同意承受条约一部分之拘束，仅于条约许可或其他缔约国同意时有效。

二、一国同意承受许可选择不同规定之条约之拘束，仅于指明其所同意之规定时有效。

第十八条　不得在条约生效前妨碍其目的及宗旨之义务

一国负有义务不得采取任何足以妨碍条约目的及宗旨之行动：

（甲）如该国已签署条约或已交换构成条约之文书而须经批准。接受或赞同，但尚未明白表示不欲成为条约当事国之意思；或

（乙）如该国业已表示同意承受条约之拘束，而条约尚未生效，且条约之生效不稽延过久。

　　……………

第三节　条约之生效及暂时适用

第二十四条　生效

一、条约生效之方式及日期，依条约之规定或依谈判国之协议。

二、倘无此种规定或协议，条约一俟确定所有谈判国同意承受条约之拘束，即行生效。

三、除条约另有规定外，一国承受条约拘束之同意如系于条约生效后之一日期确定，则条约自该日起对该国生效。

四、条约中为条约约文之认证，国家同意承受条约拘束之确定，条约生效之方式或日期、保留、保管机关之职务以及当然在条约生效前发生之其他事项所订立之规定，自条约约文议定时起适用之。

第二十五条　暂时适用

一、条约或条约之一部分于条约生效前在下列情形下暂时适用：

（甲）条约本身如此规定；或

（乙）谈判国以其他方式协议如此办理。

二、除条约另有规定或谈判国另有协议外，条约或条约一部分对一国暂时适用，于该国将其不欲成为条约当事国之意思通知已暂时适用条约之其他各国时终止。

第三编　条约之遵守、适用及解释

第一节　条约之遵守

第二十六条　条约必须遵守

凡有效之条约对其各当事国有拘束力，必须由各该国善意履行。

第二十七条　国内法与条约之遵守

一当事国不得援引其国内法规定为理由而不履行条约。此项规则不妨碍第四十六条。

第二节　条约之适用

第二十八条　条约不溯既往

除条约表示不同意思，或另经确定外，关于条约对一当事国生效之日以前所发生之任何行为或事实或已不存在之任何情势，条约之规定不对该当事国发生拘束力。

第二十九条　条约之领土范围

除条约表示不同意思，或另经确定外，条约对每一当事国之拘束力及于其全部领土。

第三十条　关于同一事项先后所订条约之适用

一、以不违反联合国宪章第一百零三条为限，就同一事项先后所订条约当事国之权利与义务应依下列各项确定之。

二、遇条约订明须不违反先订或后订条约或不得视为与先订或后订条约不合时，该先订或后订条约之规定应居优先。

三、遇先订条约全体当事国亦为后订条约当事国但不依第五十九条终止或停止施行先订条约时，先订条约仅于其规定与后订条约规定相合之范围内适用之。

四、遇后订条约之当事国不包括先订条约之全体当事国时：

（甲）在同为两条约之当事国间，适用第三项之同一规则；

（乙）在为两条约之当事国与仅为其中一条约之当事国间彼此之权利与义务依两国均为当事国之条约定之。

五、第四项不妨碍第四十一条或依第六十条终止或停止施行条约之任何问题，或一国因缔结或适用一条约而其规定与该国依另一条约对另一国之义务不合所生之任何责任问题。

第三节　条约之解释

第三十一条　解释之通则

一、条约应依其用语按其上下文并参照条约之目的及宗旨所具有之通常意义，善意解释之。

二、就解释条约而言，上下文除指连同弁言及附件在内之约文外，并应包括：

（甲）全体当事国间因缔结条约所订与条约有关之任何协定；

（乙）一个以上当事国因缔结条约所订并经其他当事国接受为条约有关文书之任何文书。

三、应与上下文一并考虑者尚有：

（甲）当事国嗣后所订关于条约之解释或其规定之适用之任何协定；

（乙）嗣后在条约适用方面确定各当事国对条约解释之协定之任何惯例；

（丙）适用于当事国间关系之任何有关国际法规则。

四、倘经确定当事国有此原意，条约用语应使其具有特殊意义。

第四节　条约与第三国

第三十四条　关于第三国之通则

条约非经第三国同意，不为该国创设义务或权利。

第三十五条　为第三国规定义务之条约

如条约当事国有意以条约之一项规定作为确立一项义务之方法，且该项义务经一第三国以书面明示接受，则该第三国即因此项规定而负有义务。

第三十六条　为第三国规定权利之条约

一、如条约当事国有意以条约之一项规定对一第三国或其所属一组国家或所有国家给予一项权利，而该第三国对此表示同意，则该第三国即因此项规定而享有该项权利。该第三国倘无相反之表示，应推定其表示同意，但条约另有规定者不在此限。

二、依第一项行使权利之国家应遵守条约所规定或依照条约所确定之条件行使该项权利。

第三十七条　取消或变更第三国之义务或权利

一、依照第三十五条使第三国担负义务时，该项义务必须经条约各当事国与该第三国之同意，方得取消或变更，但经确定其另有协议者不在此限。

二、依照第三十六条使第三国享有权利时，倘经确定原意为非经该第三国同意不得取消或变更该项权利，当事国不得取消或变更之。

第三十八条　条约所载规则由于国际习惯而成为对第三国有拘束力

第三十四条　至第三十七条之规定不妨碍条约所载规则成为对第三国有拘束力之公认国际法习惯规则。

附录二:《1982 年联合国海洋法公约》节选

《联合国海洋法公约》(节选)

(1982 年 12 月 10 日于蒙特哥湾,
中华人民共和国政府代表签署本公约)

第二部分　领海和毗连区

第二节　领海的界限

············

第十一条　港口

为了划定领海的目的,构成海港体系组成部分的最外部永久海港工程视为海岸的一部分。近岸设施和人工岛屿不应视为永久海港工程。

第十二条　泊船处

通常用于船舶装卸和下锚的泊船处,即使全部或一部位于领海的外部界限以外,都包括在领海范围之内。

第七部分　公海

第一节　一般规定

第八十六条　本部分规定的适用

本部分的规定适用于不包括在国家的专属经济区、领海或内水或群岛国的群岛水域内的全部海域。本条规定并不使各国按照第五十八条规定在专属经济区内所享有的自由受到任何减损。

··········

第九十一条　船舶的国籍

1. 每个国家应确定对船舶给予国籍、船舶在其领土内登记及船舶悬挂该国旗帜的权利的条件。船舶具有其有权悬挂的旗帜所属国家的国籍。国家和船舶之间必须有真正联系。

2. 每个国家应向其给予悬挂该国旗帜权利的船舶颁发给予该权利的文件。

第九十二条　船舶的地位

1. 船舶航行应仅悬挂一国的旗帜,而且除国际条约或本公约明文规定的例外情形外,在公海上应受该国的专属管辖。除所有权确实转移或变更登记的情形外,船舶在航程中或在停泊港内不得更换其旗帜。

2. 悬挂两国或两国以上旗帜航行并视方便而换用旗帜的船舶,对任何其他国家不得主张其中的任一国籍,并可视同无国籍的船舶。

第九十三条　悬挂联合国、其专门机构和国际原子能机构旗帜的船舶

以上各条不影响用于为联合国、其专门机构或国际原子能机构正式服务并悬挂联合国旗帜的船舶的问题。

第九十四条　船旗国的义务

1. 每个国家应对悬挂该国旗帜的船舶有效地行使行政、技术及社会事项上的管辖和控制。

2. 每个国家特别应:

(a) 保持一本船舶登记册,载列悬挂该国旗帜的船舶的名称和详细情况,但因体积过小而不在一般接受的国际规章规定范围内的船舶除外;

(b) 根据其国内法,就有关每艘悬挂该国旗帜的船舶的行政、技术和社会事项,对该船及其船长、高级船员和船员行使管辖权。

3. 每个国家对悬挂该国旗帜的船舶,除其他外,应就以下列各项采取为保证海上安全所必要的措施:

(a) 船舶的构造、装备和适航条件;

(b) 船舶的人员配备、船员的劳动条件和训练,同时考虑到适用的国际文件;

(c) 信号的使用、通信的维持和碰撞的防止。

4. 这种措施应包括为确保下列事项所必要的措施:

(a) 每艘船舶,在登记前及其后适当的间隔期间,受合格的船舶检验人的检查,并在船上备有船舶安全航行所需要的海图、航海出版物以及航行装备和仪器;

(b) 每艘船舶都由具备适当资格,特别是具备航海术、航行、通信和海洋工程方面资格的船长和高级船员负责，而且船员的资格和人数与船舶种类、大小、机械和装备都是相称的；

（c）船长、高级船员和在适当范围内的船员，充分熟悉并须遵守关于海上生命安全，防止碰撞，防止、减少和控制海洋污染和维持无线电通信所适用的国际规章。

5. 每一国家采取第三和第四款要求的措施时，须遵守一般接受的国际规章、程序和惯例，并采取为保证这些规章、程序和惯例得到遵行所必要的任何步骤。

6. 一个国家如有明确理由相信对某一船舶未行使适当的管辖和管制，可将这项事实通知船旗国。船旗国接到通知后，应对这一事项进行调查，并于适当时采取任何必要行动，以补救这种情况。

7. 每一国家对于涉及悬挂该国旗帜的船舶在公海上因海难或航行事故对另一国国民造成死亡或严重伤害，或对另一国的船舶或设施、或海洋环境造成严重损害的每一事件，都应由适当的合格人士一人或数人或在有这种人士在场的情况下进行调查。对于该另一国就任何这种海难或航行事故进行的任何调查，船旗国应与该另一国合作。

第十二部分　海洋环境的保护和保全

第一节　一般规定

第一百九十二条　一般义务

各国有保护和保全海洋环境的义务。

第一百九十三条　各国开发其自然资源的主权权利

各国有依据其环境政策和按照其保护和保全海洋环境的职责开发其自然资源的主权权利。

第一百九十四条　防止、减少和控制海洋环境污染的措施

1. 各国应适当情形下个别或联合地采取一切符合本公约的必要措施，防止、减少和控制任何来源的海洋环境污染，为此目的，按照其能力使用其所掌握的最切实可行方法，并应在这方面尽力协调它们的政策。

2. 各国应采取一切必要措施，确保在其管辖或控制下的活动的进行不致使其他国家及其环境遭受污染的损害，并确保在其管辖或控制范围内的事件或活动所造成的污染不致扩大到其按照本公约行使主权权利的区域之外。

3. 依据本部分采取的措施，应针对海洋环境的一切污染来源。这些措施，

除其他外,应包括旨在在最大可能范围内尽量减少下列污染的措施:

(a) 从陆上来源、从大气层或通过大气层或由于倾倒而放出的有毒、有害或有碍健康的物质,特别是持久不变的物质;

(b) 来自船只的污染,特别是为了防止意外事件和处理紧急情况,保证海上操作安全,防止故意和无意的排放,以及规定船只的设计、建造、装备、操作和人员配备的措施;

(c) 来自在用于勘探或开发海床和底土的自然资源的设施装置的污染,特别是为了防止意外事件和处理紧急情况,促请海上操作安全,以及规定这些设施或装置的设计、建造、装备、操作和人中配备的措施;

(d) 来自在海洋环境内操作的其他设施和装置的污染,特别是为了防止意外事件和处理紧急情况,保证海上操作安全,以及规定这些设施或装置的设计、建造、装备、操作和人员配备的措施。

4. 各国采取措施防止、减少或控制海洋环境的污染时,不应对其他国家依照本公约行使其权利并履行其义务所进行的活动有不当的干扰。

5. 按照本部分采取的措施,应包括为保护和保全稀有或脆弱的生态系统,以及衰竭、受威胁或有灭绝危险的物种和其他形式的海洋生物的生存环境,而有很必要的措施。

第一百九十五条 不将损害或危险或转移或将一种污染转变成另一种污染的义务

各国在采取措施防止、减少和控制海洋环境的污染时采取的行动不应直接或间接将损害或危险从一个区域转移到另一个区域,或将一种污染转变成另一种污染。

第一百九十六条 技术的使用或外来的或新的物种的引进

1. 各国应采取一切必要措施以防止、减少和控制由于在其管辖或控制下使用技术而造成的海洋环境污染,或由于故意或偶然在海洋环境某一特定部分引进外来的或新物种致使海洋环境可能发生重大和有害的变化。

2. 本条不影响本公约对防止、减少和控制海洋环境污染的适用。

....

第五节 防止、减少和控制海洋环境污染的国际规则和国内立法

....

第二百一十六条 关于倾倒造成污染的执行

1. 为了防止、减少和控制倾倒对海洋环境的污染而按照本公约制定的法律和规章,以及通过主管国际组织或外交会议制订的可适用的国际规则和标

准，应依下列规定执行：

（a）对于在沿海国领海或其专属经济区内或在其大陆架上的倾倒，应由该沿海国执行；

（b）对于悬挂旗籍国旗帜的船只或在其国内登记的船只和飞机，应由该旗籍国执行；

（c）对于在任何国家领土内或在其岸外设施装载废料或其他物质的行为，应由该国执行。

2. 本条不应使任何国家承担提起司法程序的义务，如果另一国已按照本条提起这种程序。

第二百一十七条　船旗国的执行

1. 各国应确保悬挂其旗帜或在其国内登记的船只，遵守为防止、减少和控制来自船只的海洋环境污染而通过主管国际组织或一般外交会议制定的可适用的国际规则和标准以及各该国按照本公约制定的法律和规章，并应为此制定法律和规章和采取其他必要措施，以实施这种规则、标准、法律和规章。船旗国应作出规定使这种规则、标准、法律和规章得到有效执行，不论违反行为在何处发生。

2. 各国特别应采取适当措施，以确保悬挂其旗帜或在其国内登记的船只，在能遵守第一款所指的国际规则和标准的规定，包括关于船只的设计、建造、装备和人员配备的规定以前，禁止其出海航行。

3. 各国应确保悬挂其旗帜或在其国内登记的船只在船上持有第一款所指的国际规则和标准所规定并依据该规则和标准颁发的各种证书。各国应确保悬挂其旗帜的船只受就定期检查，以证实这些证书与船只的实际情况相符。其他国家应接受这些证书，作为船只情况的证据，并应将这些证书视为与其本国所发的证书具有相同效力，除非有明显根据认为船只的情况与证书所载各节有重大不符。

4. 如果船只违反通过主管国际组织或一般外交会议制定的规则和标准，船旗国在不妨害第二百一十八、第二百二十和第二百二十八条的情形下，应设法立即进行调查，并在适当情形下应对被指控的违反行为提起司法程序，不论违反行为在何处发生，也不论这种违反行为所造成的污染在何处发生或发现。

5. 船旗国调查违反行为时，可向提供合作能有助于澄清案件情况的任何其他国家请求协助。各国应尽力满足船旗国的适当请示。

6. 各国经任何国家的请求，应对悬挂其旗帜的船只被指控所犯的任何违反行为进行调查。船旗国如认为有充分证据可对被指控的违反行为提起司法程序，应毫不迟延地按照其法律提起这种程序。

7. 船旗国应将所采取行动及其结果迅速通知请求国和主管国际组织。所有国家应能得到这种情报。

8. 各国的法律和规章对悬挂其旗帜的船只所规定的处罚应足够严厉，以防阻违反行为在任何地方发生。

第二百一十八条　港口国的执行

1. 当船只自愿位于一国港口或岸外设施时，该国可对该船违反通过主管国际组织或一般外交会议制定的可适用的国际规则和标准在该国内水、领海或专属经济区外的任何排放进行调查，并可在有充分证据的情形下，提起司法程序。

2. 对于在另一国内水、领海或专属经济区内发生的违章排放行为，除非经该国、船旗国或受违章排放行为损害或威胁的国家请求，或者违反行为已对或可能对提起司法程序的国家内水、领海或专属经济区造成污染，不应依据第一款提起司法程序。

3. 当船只自愿位于一国港口或岸外设施时，该国应在实际可行范围内满足任何国家因认为第一款所指的违章排放行为已在其内水、领海或专属经济区内发生，对其内水、领海或专属经济区已造成损害或有损害的威胁而提出的进行调查的请求，并且应在实际可行范围内，满足船旗国对这一违反行为所提出的进行调查的请求，不论违反行为在何处发生。

4. 港口国依据本条规定进行的调查的记录，如经请求，应转交船旗国或沿海国。在第七节限制下，如果违反行为发生在沿海国的内水、领海或专属经济区内，港口国根据这种调查提起的任何司法程序，经该沿海国请求可暂停进行。案件的证据和记录，连同缴交港口国当局的任何保证书或其他财政担保，应在这种情形下转交给该沿海国。转交后，在港口国即不应继续进行司法程序。

第二百一十九条　关于船只适航条件的避免污染措施

在第七节限制下，各国如经请求或出于自己主动，已查明在港口或岸外设施的船只违反关于船只适航条件的可适用的国际规则和标准从而有损害海洋环境的威胁，应在实际可行范围内采取行政措施以阻止该船航行。这种国家可准许该船仅驶往最近的适当修船厂，并应于违反行为的原因消除后，准许该船立即继续航行。

第二百二十条　沿海国的执行

1. 当船只自愿位于一国港口或岸外设施时，该国对在其领海或专属经济内发生的任何违反关于防止、减少和控制船只造成的污染的该国按照本公约制定的法律和规章或可适用的国际规则和标准的行为，可在第七节限制下，提起司法程序。

2. 如有明显根据认为在一国领海内航行的船只，在通过领海时，违反关于防止、减少和控制来自船只的污染的该国按照本公约制定的法律和规章或可适用的国际规则和标准，该国在不妨害第二部分第三节有关规定的适用的情形下，可就违反行为对该船进行实际检查，并可在有充分证据时，在第七节限制下按照该国法律提起司法程序，包括对该船的拘留在内。

3. 如有明显根据认为在一国专属经济区或领海内航行的船只，在专属经济区内违反关于防止、减少和控制来自船只的污染的可适用的国际规则和标准或符合这种国际规则和标准并使其有效的该国的法律和规章，该国可要求该船提供关于该船的识别标志、登记港口、上次停泊和下次停泊的港口，以及其他必要的有关情报，以确定是否已有违反行为发生。

4. 各国应制定法律和规章，并采取其他措施，以使悬挂其旗帜的船只遵从依据第三款提供情报的要求。

5. 如有明显根据认为在一国专属经济区或领海内航行的船只，在专属经济区内犯有第三款所指的违反行为而导致大量排放，对海洋环境造成重大污染或有造成重大污染的威胁，该国在该船拒不提供情况，或所提供的情报与明显的实际情况显然不符，并且依案件情况确有进行检查的理由时，可就有关违反行为的事项对该船进行实际检查。

6. 如有明显客观证据证明在一国专属经济区或领海内航行的船只，在专属经济区内犯有第三款所指的违反行为而导致排放，对沿海国的海岸或有关利益，或对其领海或专属经济区内的任何资源，造成重大损害或有造成重大损害的威胁，该国在有充分证据时，可在第七节限制下，按照该国法律提起司法程序，包括对该船的拘留在内。

7. 虽有第六款的规定，无论何时如已通过主管国际组织或另外协议制订了适当的程序，从而已经确保关于保证书或其他适当财政担保的规定得到遵守，沿海国如受这种程序的拘束，应立即准许该船继续航行。

8. 第三、第四、第五、第六和第七款的规定也应适用于依据第二百一十一条第六款制定的国内法律和规章。

第二百二十一条 避免海难引起污染的措施

1. 本部分的任何规定不应妨害各国为保护其海岸或有关利益，包括捕鱼，免受海难或与海难有关的行动所引起，并能合理预期造成重大有害后果的污染或污染威胁，而依据国际法，不论是根据习惯还是条约，在其领海范围以外，采取和执行与实际的或可能发生的损害相称的措施的权利。

2. 为本条的目的，"海难"是指船只碰撞、搁浅或其他航行事故，或船上或船外所发生对船只或船货造成重大损害或重大损害的迫切威胁的其他事故。

第七节　保障办法

…………

第二百二十四条　执行权力的行使

本部分规定的对外国船只的执行权力，只有官员或军舰、军用飞机或其他有清楚标志可以识别为政府服务并经授权的船舶或飞机才能行使。

…………

第二百二十六条　调查外国船只

1.（a）各国羁留外国船只不得超过第二百一十六、第二百一十八和第二百二十条规定的为调查目的所必需的时间。任何对外国船只的实际检查应只限于查阅该船按照一般接受的国际规则和标准所须持有的证书、记录或其他文件或其所持有的任何类似文件；对船只的进一步的实际检查，只有在经过这样的查阅后以及在下列情况下，才可进行：

（1）有明显根据认为该船的情况或其装备与这些文件所载各节有重大不符。

（2）这类文件的内容不足以证实或证明涉嫌的违反行为；或

（3）该船未持有有效的证件和记录。

（b）如果调查结果显示有违反关于保护和保全海洋环境的可适用的法律和规章或国际规则和标准的行为，则应于完成提供保证书或其他适当财政担保等合理程序后迅速予以释放。

（c）在不妨害有关船只适航性的可适用的国际规则和标准的情形下，无论何时如船只的释放可能对海洋环境引起不合理的损害威胁，可拒绝释放或以驶往最近的适当修船厂为条件予以释放。在拒绝释放或对释放附加条件的情形下，必须迅速通知船只的船旗国，该国可按照第十五部分寻求该船的释放。

2. 各国应合作制定程序，以避免在海上对船只作不必要的实际检查。

…………

第二百三十一条　对船旗国和其他有关国家的通知

各国应将依据第六节对外国船只所采取的任何措施迅速通知船旗国和任何其他有关国家，并将有关这种措施的一切正式报告提交船旗国。但对领海内的违反行为，沿海国的上述义务仅适用于司法程序中所采取的措施。依据第六节对外国船只采取的任何这种措施，应立即通知船旗国的外交代表或领事官员，可能时并应通知其海事当局。

第二百三十二条　各国因执行措施而产生的赔偿责任

各国依照第六节所采取的措施如属非法或根据可得到的情报超出合理的要求。应对这种措施所引起的并可以归因于各该国的损害或损失负责。各国应对这种损害或损失规定向其法院申诉的办法。

第二百三十三条 对用于国际航行的海峡的保障

第五、第六和第七节的任何规定不影响用于国际航行的海峡的法律制度。但如第十节所指以外的外国船舶违反了第四十二条第 1 款（a）和（b）项所指的法律和规章，对海峡的海洋环境造成重大损害或有造成重大损害的威胁，海峡沿岸国可采取适当执行措施，在采取这种措施时，应比照尊重本节的规定。

附录三：《2006 年海事劳工公约》节选

《2006 年海事劳工公约》（节选）

序　言

国际劳工组织大会，经国际劳工局理事会召集，于 2006 年 2 月 7 日在日内瓦举行了其第 94 届会议，并希望制定一项条理统一的单一文件，尽可能体现现有国际海事劳工公约和建议书中的所有最新标准以及其他国际劳工公约，特别是以下公约中的基本原则：

——《1930 年强迫劳动公约》（第 29 号）；

——《1948 年自由结社和保护组织权利公约》（第 87 号）；

——《1949 年组织权利和集体谈判权利公约》（第 98 号）；

——《1951 年同酬公约》（第 100 号）；

——《1957 年废除强迫劳动公约》（第 105 号）；

——《1958 年（就业和职业）歧视公约》（第 111 号）；

——《1973 年最低年龄公约》（第 138 号）；

——《1999 年最恶劣形式的童工劳动公约》（第 182 号）；并

意识到本组织倡导体面劳动条件的核心使命，并

忆及 1998 年《国际劳工组织工作中的基本原则和权利宣言》，并

还意识到海员也受国际劳工组织其他文件所保护，且享有已确立的其他适用于所有人的基本权利和自由；并认为由于航运业的全球性特点，海员需要特殊保护，并还意识到经修订的《1974 年国际海上人命安全公约》和经修订的《1972 年国际海上避碰规则公约》中关于船舶安全、人身保安和船舶质量管理的国际标准，以及经修订的《1978 年海员培训、发证和值班标准国际公约》中的海员培训和适任要求，并

忆及《1982 年联合国海洋法公约》规定了一个总体法律框架，海洋中的所有活动都必须在此框架下展开，它是海事部门进行国家、地区和全球性活动和合作的基础，具有战略性意义，其完整性需要得到维持，并

忆及《1982 年联合国海洋法公约》第九十四条特别确立了船旗国对悬挂其旗帜的船舶上的劳动条件、船员配备和社会事务的责任和义务；并

忆及《国际劳工组织章程》第十九条第八款规定，无论在何种情况下，大会通过任何公约或建议书或任何成员国批准任何公约都不能被视为影响到那些确保有关工人得到优于公约或建议书所规定条件的法律、裁定、惯例或协议，并

决定此新文件的制订应保证得到致力于体面劳动原则的各国政府、船东和工人尽可能最广泛的接受，且能够便于更新并使其能够有效地实施和执行，并

决定就本届会议议程的唯一项目通过某些建议，以完成这一文书，并

决定这些建议应采取一项国际公约的形式；

于二千零六年二月二十三日通过以下公约，引用时可称之为《2006 年海事劳工公约》。

一般义务

第一条

1. 批准本公约的各成员国承诺按第六条规定的方式全面履行公约的规定，以确保海员体面就业的权利。

2. 成员国应为确保有效实施和执行本公约之目的而相互合作。

定义和适用范围

第二条

1. 除非具体条款另行规定，就本公约而言：

（a）"主管当局"一词系指有权就公约规定的事项颁布和实施具有法律效力的条例、命令或其他指令的部长、政府部门或其他当局；

（b）"海事劳工符合声明"一词系指规则 5.1.3 所述之声明；

（c）"总吨位"一词系指根据《1969 年船舶吨位丈量国际公约》附则一或任何后续公约中的吨位丈量规定所计算出的总吨位；对于国际海事组织通过的

临时吨位丈量表所包括的船舶，总吨位为填写在《国际吨位证（1969）》的"备注"栏中的总吨位；

（d）"海事劳工证书"一词系指规则 5.1.3 中所述之证书；

（e）"本公约的要求"一词系指本公约的正文条款和规则及守则 A 部分中的要求；

（f）"海员"一词系指在本公约所适用的船舶上以任何职务受雇或从业或工作的任何人员；

（g）"海员就业协议"一词包括就业合同和协议条款；

（h）"海员招募和安置服务机构"一词系指公共或私营部门中从事代表船东招募海员或与船东安排海员上船的任何个人、公司、团体、部门或其他机构；

（i）"船舶"一词系指除专门在内河或在遮蔽水域之内或其紧邻水域或适用港口规定的区域航行的船舶以外的船舶；

（j）"船东"一词系指船舶所有人或从船舶所有人那里承担了船舶经营责任并在承担这种责任时已同意接受船东根据本公约所承担的职责和责任的另一组织或个人，如管理人、代理或光船承租人，无论是否有任何其他组织或个人代表船东履行了某些职责或责任。

2. 除非另有明文规定，本公约适用于所有海员。

3. 如果就某类人员是否应被视为本公约所指的海员存在疑问，应由各成员国的主管当局与此问题所涉及的船东和海员组织进行协商后作出决定。

4. 除非另有明文规定，本公约适用于除从事捕鱼或类似捕捞的船舶和用传统方法制造的船舶，如独桅三角帆船和舢板以外的通常从事商业活动的所有船舶，无论其为公有或私有。本公约不适用于军舰和军事辅助船。

5. 如果就本公约是否适用于某一船舶或特定类别船舶存在疑问，该问题应由各成员国的主管当局与有关船东和海员组织进行协商后作出决定。

6. 如果主管机关确定目前对悬挂该成员国旗帜的一艘船舶或特定类别船舶适用第六条第一款中所述守则的某些细节不合理或不可行，只要该事项由国家法律或条例或集体谈判协议或其他措施来处理，守则的有关规定将不适用。此决定只能在与有关的船东或海员组织协商后作出，且只能针对那些不从事国际航行的 200 总吨以下船舶。

7. 一成员国根据本条第三款或第五或第六款所做的任何决定均应通报国际劳工局长，局长应通知本组织成员。

8. 除非另有明文规定，提及本公约同时意味着提及规则和守则。

基本权利和原则

第三条

就本公约所涉事项，各成员国应自行确认其法律和条例尊重以下基本权利：

（a）结社自由和有效承认集体谈判权利；

（b）消除所有形式的强迫和强制劳动；

（c）有效废除童工劳动；以及

（d）消除就业和职业方面的歧视。

海员的就业和社会权利

第四条

1. 每一海员均有权享有符合安全标准的安全且受保护的工作场所。

2. 每一海员均有权获得公平的就业条件。

3. 每一海员均有权获得体面的船上工作和生活条件。

4. 每一海员均有权享受健康保护、医疗、福利措施及其他形式的社会保护。

5. 各成员国在其管辖范围内应确保本条上述各款所规定的海员就业和社会权利根据本公约的要求得以充分实施。除非本公约中另有专门规定，此种实施可通过国家法律或条例、通过适用的集体谈判协议或通过其他措施或实践来实现。

实施和执行责任

第五条

1. 各成员国应对其管辖下的船舶和海员实施和执行其为履行本公约所作出之承诺而通过的法律或条例或其他措施。

2. 各成员国应通过建立确保遵守本公约要求的制度，对悬挂其旗帜的船舶有效行使其管辖和控制，包括定期检查、报告、监督和可适用法律下的法律程序。

3. 各成员国应确保悬挂其旗帜的船舶持有本公约所要求的海事劳工证书和海事劳工符合声明。

4. 本公约适用的船舶,当其位于除船旗国以外的成员国的某港口时,可根据国际法受到该成员国的检查以确定其是否符合本公约的要求。

5. 各成员国应对在其领土内设立的海员招募和安置服务机构有效行使其管辖和控制。

6. 各成员国应对违反本公约要求的行为予以禁止,并应根据国际法,在其法律中规定制裁或要求采取改正措施,这些制裁或措施应足以阻止此种违反行为。

7. 各成员国应以确保悬挂未批准本公约之任何国家旗帜的船舶得不到比悬挂已批准本公约之任何国家旗帜的船舶更优惠待遇的方式履行本公约赋予的责任。

规则以及守则之 A 部分和 B 部分

第六条

1. 规则和守则 A 部分的规定具有强制性。守则 B 部分为非强制性。

2. 各成员国保证尊重规则中规定的权利和原则,并按守则 A 部分的相关内容所规定的方式实施每条规则。此外,成员国还应充分考虑到按守则 B 部分给出的方式履行其责任。

3. 除非本公约另有明文规定,不能按守则 A 部分规定的方式履行权利和原则的成员国,可以通过实质上等效于 A 部分规定的法律和条例的规定或其他措施来实施 A 部分。

4. 单就本条第三款而言,法律、条例、集体协议或其他履约措施只有在成员国自行确认以下情况时才应被视为实质上等效于本公约的规定:

(a) 它有助于充分达到守则 A 部分有关规定的总体目标和目的;且

(b) 它落实了守则 A 部分的有关规定。

与船东和海员组织协商

第七条

如果在一成员国内不存在船东或海员的代表组织，公约中要求与船东和海员组织进行协商的任何对本公约的偏离、免除或其他灵活适用，只能由该成员国通过与第十三条所述之委员会协商决定。

生效

第八条

1. 对本公约的正式批准书应送请国际劳工局局长登记。

2. 本公约只对其批准书已由局长登记的国际劳工组织成员国具有约束力。

3. 本公约应在合计占世界船舶总吨位 33% 的至少 30 个成员方的批准书已经登记之日 12 个月后生效。

4. 此后，对于任何成员国，本公约将于其批准书经登记之日 12 个月后对其生效。

退出

第九条

1. 已批准本公约的成员国可自公约初次生效之日起满 10 年后向国际劳工局局长通知退出并请其登记。此项退出应自登记之日起一年后发生效力。

2. 在本条第一款所述 10 年期满后的 1 年内未行使本条所规定之退出权利的成员国，即需再遵守 10 年，此后每当新的 10 年期满，可依本条的规定退出本公约。

生效的影响

第十条

本公约修订以下公约：

《1920 年（海上）最低年龄公约》（第 7 号）

《1920 年（海难）失业赔偿公约》（第 8 号）

《1920 年海员安置公约》（第 9 号）

《1921 年（海上）未成年人体检公约》（第 16 号）

《1926 年海员协议条款公约》（第 22 号）

《1926 年海员遣返公约》（第 23 号）

《1936 年高级船员适任证书公约》（第 53 号）

《1936 年（海上）带薪假期公约》（第 54 号）

《1936 年船东（对病、伤海员）责任公约》（第 55 号）

《1936 年（海上）疾病保险公约》（第 56 号）

《1936 年（海上）工时和配员公约》（第 57 号）

《1936 年（海上）最低年龄公约（修订）》（第 58 号）

《1946 年（船上船员）食品和膳食公约》（第 68 号）

《1946 年船上厨师发证公约》（第 69 号）

《1946 年（海员）社会保障公约》（第 70 号）

《1946 年（海员）带薪休假公约》（第 72 号）

《1946 年（海员）体检公约》（第 73 号）

《1946 年一等水手证书公约》（第 74 号）

《1946 年船员起居舱室公约》（第 75 号）

《1946 年（海上）工资、工时和配员公约》（第 76 号）

《1949 年（海员）带薪休假公约（修订）》（第 91 号）

《1949 年船员起居舱室公约（修订）》（第 92 号）

《1949 年（海上）工资、工时和配员公约（修订）》（第 93 号）

《1958 年（海上）工资、工时和配员公约（修订）》（第 109 号）

《1970 年船员起居舱室（补充规定）公约》（第 133 号）

《1970 年防止事故（海员）公约》（第 134 号）

《1976 年（海员）连续就业公约》（第 145 号）

《1976 年海员带薪年休假公约》（第 146 号）

《1976 年商船（最低标准）公约》（第 147 号）

《1976 年商船（最低标准）公约》（第 147 号）的 1996 年议定书

《1987 年海员福利公约》（第 163 号）

《1987 年（海员）健康保护和医疗公约》（第 164 号）

《1987 年（海员）社会保障公约（修订）》（第 165 号）

《1987 年海员遣返公约（修订）》（第 166 号）

《1996 年（海员）劳动监察公约》（第 178 号）

《1996 年海员招募和安置公约》（第 179 号）

《1996 年海员工时和船舶配员公约》（第 180 号）。

保存人职责

第十一条

1. 国际劳工局局长应将各成员国就本公约所交存的所有批准书、接受书和退出书的登记情况通报国际劳工组织的全体成员国。

2. 在第八条第三款规定的条件得到满足后，局长应提请本组织各成员国注意本公约开始生效的日期。

第十二条

国际劳工局长应按照《联合国宪章》第一百零二条的规定，将根据本公约登记的所有批准、接受和退出的详细情况送请联合国秘书长进行登记。

三方专门委员会

第十三条

1. 国际劳工局理事会应通过其所设立的一个在海事劳工标准领域有专长的委员会保持对公约发挥作用情况进行审议。

2. 就根据本公约处理的事项而言，委员会应由已批准本公约的各成员国政府指派的两名代表和理事会经与联合海事委员会协商后指定的船东和海员代表组成。

3. 尚未批准本公约的成员国的政府代表可以参加委员会，但对根据本公约处理的任何事项无表决权。理事会可以邀请其他组织或机构以观察员的身份出席委员会。

4. 应对委员会中每个船东和海员代表的票数予以加权，以保证船东组和海员组各自拥有出席有关会议并有表决权的政府总数投票权的一半。

本公约的修正案

第十四条

1. 对本公约任何规定的修正案均可由国际劳工组织大会在《国际劳工组织章程》第十九条和本组织通过公约的议事规则的框架下予以通过。对守则的修正案还可按第十五条的程序通过。

2. 对于在修正案通过前登记了其对本公约的批准书的成员国，应将修正案的文本送交他们以供批准。

3. 对于本组织的其他成员国，应根据《章程》第十九条将经修正的公约文本送交他们以供批准。

4. 修正案应在合计占世界船舶吨位至少 33％的至少 30 个成员方对修正案或经修正公约（视实际情况）的批准书已经登记后视为已被接受。

5. 在章程第十九条框架下通过的修正案应只对那些批准书已交国际劳工局局长登记的本组织成员国具有约束力。

6. 对于本条第二款所述的任何成员国，修正案应于本条第四款中所述的接受之日起 12 个月后生效，或于其对修正案的批准书登记之日起 12 个月后生效，以较晚者为准。

7. 取决于本条第九款的规定，对于本条第三款所述的成员国，经修正的公约应于本条第四款中所述的接受之日起 12 个月后生效，或于其对公约的批准书登记之日起 12 个月后生效，以较晚者为准。

8. 对于其批准本公约的批准书在有关修正案通过之前登记但并没有批准修正案的成员国，未作相关修正的公约应继续对其有效。

9. 在修正案通过以后但在本条第四款所述日期之前登记了对本公约的批准书的任何成员国，可在批准书后附上一份声明，明确其批准书涉及的是未经相关修正的公约。对于批准书附有这样一份声明的情况，本公约将在批准书登记之日 12 个月后对该有关成员国生效。如果批准书未附有这样一份声明，或者批准书于第四款所述日期或之后登记，本公约将在批准书登记之日 12 个月以后对该有关成员国生效，并且，在修正案根据本条第七款生效后，该修正案对该有关成员国有约束力，除非修正案另有规定。

对守则的修正案

第十五条

1. 守则既可以按第十四条规定的程序修订，或者，除非另有明文规定，也可以根据本条规定的程序修订。

2. 本组织的任何成员国政府或被指定参加第十三条所述委员会的船东代表组或海员代表组可向劳工局局长提出对守则的修正案。由一国政府提出的修正案必须得到至少 5 个已批准本公约的成员国政府的共同提议或支持，或者得到本款所述船东代表组或海员代表组的共同提议或支持。

3. 经核实关于修正案的提议满足本条第二款的要求后，局长应立即将此提议连同任何适当的评论或建议通知给本组织的所有成员国，并请成员国在六个月内或理事会规定的其他时间期限（不应少于 3 个月但不超过 9 个月）内提出其对该提议的意见或建议。

4. 在本条第三款所述的期限届满后，应将该提议连同成员国根据该款所提出的意见或建议的要点提交给委员会召开会议审议。在下述情况下应视为修正案已获得了委员会的通过：

（a）至少有半数以上已批准本公约的成员国政府出席审议该提议之会议；并

（b）委员会成员中至少有三分之二多数投票支持修正案；并

（c）此多数票中至少包含了对提议进行表决时在会议注册的委员会成员中政府表决权的半数支持票、船东表决权的半数支持票和海员表决权的半数支持票。

5. 根据本条第四款通过的修正案应提交下一届大会批准。这种批准要求出席大会代表三分之二多数投票支持。如果没有获得这种多数，若委员会愿意的话，应将建议修正案送回委员会重新审议。

6. 局长应将经大会批准的修正案通知给其对本公约的批准书在大会批准修正案前业经登记的每一成员国。下文称此种成员国为"批约成员国"。该通知应援引本条，并应规定提出任何正式异议的期限。除非大会在批准时确定了不同期限（应至少为一年），此期限应为自通知之日起两年。通知的副本应送本组织的其他成员国供其知晓。

7. 除非局长在规定的期限内收到超过 40％ 的已批准本公约成员国的正式不同意见，并且他们代表着不少于已批准公约成员国船舶总吨位的 40％，大会通过的修正案应视为已被接受。

8. 视为已被接受的修正案应于规定期限结束之日 6 个月后对所有批约成员国生效，根据本条第七款正式表示了不同意见且没有根据第十一款撤销该不同意见的批约成员国除外。但是：

（a）任何批约成员国可在规定的期限结束前通知局长，只有其将来明确通知其接受后，才受修正案的约束；以及

（b）任何批约成员国可在修正案生效之日前通知局长，在一段确定的期间内自己将不执行该修正案。

9. 本条第八款第（a）项所述通知中所指的修正案对于做出该通知的成员国来说，应于该成员国通知劳工局长其接受修正案之日起 6 个月后对其生效，或于修正案初次生效之日对其生效，与较晚者为准。

10. 本条第八款第（b）项所述期间自修正案生效之日起不应超过 1 年或超过大会批准修正案时确定的任何更长时间。

11. 对一修正案正式表示过不同意见的成员国可以随时撤销其不同意见。如果局长在修正案生效以后收到此种撤销通知，修正案应于该通知登记之日 6 个月后对该成员国生效。

12. 一修正案生效后，只能批准经修正的公约。

13. 只要海事劳工证书与已生效的公约修正案所涉及的事项有关：

（a）接受了一项修正案的成员国没有义务在签发的海事劳工证书方面将公约的益处扩展到悬挂下述另一成员国旗帜的船舶：

（i）根据本条第七款，正式表示了对修正案的不同意见且未撤销该不同意见者；或

（ii）根据本条第八款第（a）项，通知了其对修正案的接受取决于后来的明确通知且尚未接受该修正案者；以及

（b）如果某成员国根据本条第八款第（b）项作出了在本条第十款规定的期间内其将不执行修正案的通知，接受了该修正案的成员国在签发的海事劳工证书方面应将公约的益处扩展到悬挂上述成员国旗帜的船舶。

作准语言

第十六条

本公约的英文本和法文本同等作准。

海事劳工公约的规则和守则的解注

1. 本解注旨在作为对海事劳工公约的一般性指导，不构成公约的组成部分。

2. 本公约由三个不同但相关的部分构成：条款、规则和守则。

3. 条款和规则规定了核心权利和原则以及批准本公约的成员国的基本义务。条款和规则只能由大会在《国际劳工组织章程》第十九条的框架下修改（见公约第十四条）。

4. 守则包含了规则的实施细节。它由 A 部分（强制性标准）和 B 部分（非强制性导则）组成。守则可以通过公约第十五条规定的简化程序来修订。由于守则涉及具体实施，对守则的修正必须仍放在条款和规则的总体范畴内。

5. 规则和守则按以下标题被划归为五个领域：

标题一　海员上船工作的最低要求

标题二　就业条件

标题三　起居舱室、娱乐设施、食品和膳食服务

标题四　健康保护、医疗、福利和社会保障

标题五　遵守与执行

6. 每一标题包含了关于具体权利和原则（或标题五中的执行措施）的几组规定，其编号相关联。例如，标题一的第一组包括关于最低年龄的规则1.1、标准 A1.1 和导则 B1.1。

7. 本公约有三个根本目标：

（a）在正文和规则中规定一套确定的权利和原则；

（b）通过守则允许成员国在履行这些权利和原则的方式上有相当程度的灵活性；和

（c）通过标题五确保这些权利和原则得以妥善遵守和执行。

8. 在实施中有两个方面的灵活性：其一是成员国在必要时（见第六条第三款）通过实质上等效（按第六条第四款所定义）来执行守则 A 部分的具体要求的可能性。

9. 实施中灵活性的第二个方面是通过将 A 部分许多规定的强制性要求表述得更加宽泛来实现的，这样就为在国家的层面上采取确切的行动留出了更广泛的自主权。在这种情况下，守则中非强制性的 B 部分给出了实施指导。这样，已批准本公约的成员国可以确定在 A 部分相应的一般性义务下他们应当采取什么样的行动，以及可能未必要求的行动。例如，标准 A4.1 要求在所有

船舶上能够迅速取得用于船上医疗所必需的药品〔第一款第(b)项〕并"配备一个医药箱"〔第四款第(a)项〕。忠实履行后者的义务明显意味着不仅仅是简单地在每艘船上配备一个医药箱。在相应的导则 B4.1.1 中(第四款)对于所涉问题给出了更为准确的指示以便确保妥善地存放、使用和维护医药箱内的物品。

10. 已批准本公约的成员国不受相关导则的约束,而且,正如关于港口国监督的标题五中的规定所指出,检查只针对本公约的有关要求(条款、规则和 A 部分的标准)。但是,根据第六条第二款,要求成员国在履行其在 A 部分下的责任时对 B 部分所提供的方式给以充分考虑。用上文所举的例子,如果在充分考虑到相关导则后,成员国决定作出不同的安排来确保按 A 部分标准的要求对医药箱中的物品进行妥善存放、使用和维护,则是可以接受的。另一方面,通过遵循 B 部分给出的指南,有关成员国以及国际劳工组织负责审议国际劳工公约实施的机构能够确定,成员国作出的安排充分履行了导则所涉及的 A 部分中的责任,而无需作进一步考虑。

附录四：国际海事组织公约缔结情况一览表（截至 2016 年 6 月 13 日）

公约 / 国家	48国际海事组织公约	74海上人命安全公约	海上人命安全公约78议定书	海上人命安全公约88议定书	海上人命安全公约96议定书	66载重线公约	载重线公约88议定书	69国际船舶吨位丈量公约	72国际海上避碰规则公约	72国际集装箱公约	国际集装箱公约93议定书	12开普敦协议	78海员培训国际公约	95国际渔船船员培训公约	79国际海上搜寻救助公约	71特种业务客船协定	73特种业务客船舱室议定书	76海事卫星组织公约	76海事卫星组织业务协定	海事卫星组织公约06修正案	海事卫星组织公约08修正案	65便利国际海上运输公约	防污公约附则I/II	防污公约附则III	防污公约附则IV	防污公约附则V	防污公约97议定书附则VI
阿富汗										√																	
阿尔巴尼亚	√	√	√			√		√	√				√		√							√	√	√	√	√	
阿尔及利亚	√	√	√	√		√	√	√	√				√		√							√	√				
安道尔																											
安哥拉	√	√	√			√		√					√									√	√				
安提瓜和巴布达	√	√	√	√		√	√	√	√				√		√							√	√	√	√	√	√
阿根廷	√	√	√			√		√	√				√		√							√	√				
亚美尼亚																											
澳大利亚	√	√	√	√		√	√	√	√				√		√							√	√	√	√	√	
奥地利	√	√	√			√		√					√									√	√				
阿塞拜疆	√	√	√			√		√					√		√							√	√				
巴哈马	√	√	√	√		√	√	√	√				√		√							√	√	√	√	√	
巴林	√	√	√			√		√	√				√		√							√	√				
孟加拉国	√	√	√			√		√					√	√	√	√	√					√	√				
巴巴多斯	√	√	√			√		√	√				√		√							√	√	√	√		
白俄罗斯			√										√														
比利时	√	√	√	√		√	√	√	√				√		√							√	√	√	√	√	
伯利兹	√	√	√	√		√	√	√	√				√		√							√	√	√	√	√	
贝宁	√	√	√			√		√					√									√	√				
不丹																											
玻利维亚	√	√	√			√		√					√									√	√	√	√		
波斯尼亚和黑塞哥维那	√																	√	√								
博茨瓦纳																											
巴西	√	√	√	√		√	√	√	√				√		√							√	√	√	√	√	
文莱达鲁萨兰国	√	√	√			√		√					√									√	√				
保加利亚	√	√	√	√		√	√	√	√	√	√		√		√							√	√	√	√	√	
布基纳法索																											

72伦敦公约	伦敦公约96议定书	69干预油污事故公约	干预油污事故公约73议定书	69油污事故责任公约	油污事故责任公约76议定书	油污事故责任公约92议定书	油污基金公约76议定书	油污基金公约92议定书	油污基金公约03议定书	72核材料运输责任公约	74雅典公约	雅典公约76议定书	雅典公约90议定书	雅典公约02议定书	76责任限制公约	责任限制公约96议定书	88制止非法行为公约	制止非法行为公约88议定书	05制止非法行为公约	制止非法行为公约05议定书	89国际救助公约	90国际油污防备国际公约	96有毒有害物质责任公约	有毒有害物质责任公约10议定书	00有毒有害物质防备议定书	01燃油损害责任公约	01防污底系统公约	04压载水管理公约	07内罗毕残害清除公约	09香港拆船公约
√																	√	√												
			x	√	√	√	√			x	x	x	√	√	√	√	√				√	√			√	√		√	√
		√	x		√		√								√	√	√	√	√	√	√								
																	√	√												
√	√		x		√		√										√	√				√	√						
√					√	√	√								√		√	√				√	√		√	√			
√	√	√	√	x	√	√	√	√									x				√	√		√	√	√			
																	√	√				√	√						
√				√	√	√								√		√	√				√	√		√	√				
		√	√	x	√	√	√	√			√	√				√	√				√	√		√			
				x	√	√		√								√	√											
		√																											
√	√	√	√	x	√											√	√				√	√	√				
√																	√	√											
√	√	√	√	x	√	√	√	√		x	x	√		x	√		√				√	√						
				x	√	√	√								√	√								√				
√				√	√										√	√												
√																√	√												
																√	√												
√		√	√	√																				√	√				
				x	√	√		√								√	√											
√	√	√	√			√		√		√	√	√	√	√	√	√	√	√		√	√		√	√		√	

国家＼公约	48国际海事组织公约	74海上人命安全公约	海上人命安全公约78议定书	海上人命安全公约88议定书	海上人命安全公约96议定书	66载重线公约	载重线公约88议定书	69国际船舶吨位丈量公约	72国际海上避碰规则公约	72国际集装箱公约	国际集装箱公约93议定书	国际渔船安全公约93议定书	12开普敦协议	78海员培训国际公约	95国际渔船船员培训公约	79国际海上搜寻救助公约	71特种业务客船协定	73特种业务客船舱室议定书	76海事卫星组织公约	76海事卫星组织业务协定	海事卫星组织公约06修正案	海事卫星组织公约08修正案	65便利国际海上运输公约	防污公约附则I／II	防污公约附则III	防污公约附则IV	防污公约附则V	防污公约97议定书附则VI
布隆迪																							✓					
柬埔寨	✓	✓	✓	✓		✓	✓	✓	✓					✓										✓	✓	✓	✓	
喀麦隆	✓	✓				✓			✓					✓		✓			✓	✓			✓	✓	✓	✓	✓	
加拿大	✓	✓		✓		✓	✓	✓						✓	✓	✓							✓	✓	✓	✓	✓	✓
佛得角	✓	✓				✓		✓	✓					✓									✓	✓				
中非共和国																												
乍得																												
智利	✓	✓	✓	✓		✓	✓	✓	✓	✓				✓		✓			✓	✓			✓	✓	✓	✓	✓	✓
中国	✓	✓	✓	✓		✓	✓	✓	✓	✓				✓		✓			✓	✓			✓	✓	✓	✓	✓	✓
哥伦比亚	✓	✓				✓		✓	✓					✓					✓				✓	✓				
科摩罗	✓	✓	✓			✓			✓					✓					✓					✓	✓	✓	✓	
刚果（布）	✓	✓	✓	✓		✓	✓	✓	✓	✓		✓		✓		✓			✓				✓	✓				✓
库克群岛	✓	✓		✓		✓			✓					✓	✓				✓				✓					✓
哥斯达黎加	✓	✓	✓			✓		✓											✓	✓								
科特迪瓦	✓	✓	✓	✓		✓	✓	✓	✓					✓					✓				✓	✓	✓	✓		
克罗地亚	✓	✓	✓	✓		✓	✓	✓	✓					✓					✓				✓	✓	✓	✓	✓	
古巴	✓	✓	✓	✓		✓	✓	✓	✓	✓	✓			✓					✓				✓	✓				
塞浦路斯	✓	✓	✓	✓		✓	✓	✓	✓					✓		✓			✓				✓	✓	✓	✓	✓	
捷克共和国	✓	✓	✓	✓		✓			✓					✓					✓			✓		✓	✓			
朝鲜	✓	✓	✓	✓		✓			✓					✓					✓									
刚果（金）	✓	✓	✓			✓								✓														
丹麦	✓	✓	✓	✓		✓	✓	✓	✓					✓		✓			✓	✓		✓	✓	✓	✓	✓	✓	✓
吉布提	✓	✓	✓			✓		✓	✓					✓									✓	✓	✓	✓		
多米尼克	✓	✓				✓		✓	✓					✓					✓				✓					
多米尼加共和国	✓	✓				✓								✓									✓					
厄瓜多尔	✓	✓				✓		✓	✓					✓					✓				✓					
埃及	✓	✓	✓	✓		✓		✓	✓					✓			✓	✓	✓	✓			✓					
萨尔瓦多	✓					✓	✓		✓					✓														
赤道几内亚	✓	✓				✓			✓					✓		✓							✓					
厄立特里亚	✓	✓				✓			✓					✓									✓					
爱沙尼亚	✓	✓	✓	✓		✓	✓	✓	✓	✓				✓		✓			✓				✓	✓				
埃塞俄比亚	✓	✓				✓			✓					✓									✓					
斐济	✓	✓	✓			✓			✓					✓		✓							✓					
芬兰	✓	✓	✓	✓		✓	✓	✓	✓					✓		✓			✓	✓	✓	✓	✓	✓	✓	✓	✓	
法国	✓	✓	✓	✓		✓	✓	✓	✓					✓		✓			✓	✓	✓	✓	✓	✓	✓	✓	✓	✓
加蓬	✓	✓				✓			✓										✓	✓			✓					
冈比亚	✓	✓				✓		✓						✓		✓			✓				✓	✓	✓	✓	✓	

72伦敦公约	伦敦公约96议定书	69干预油污事故公约	69干预油污事故公约73议定书	69油污事故责任公约	油污事故责任公约76议定书	油污事故责任公约92议定书	油污基金公约	油污基金公约76议定书	油污基金公约92议定书	油污基金公约03议定书	72核材料运输责任公约	74雅典公约	雅典公约76议定书	雅典公约90议定书	雅典公约02议定书	76责任限制公约	责任限制公约96议定书	88制止非法行为公约	制止非法行为公约88议定书	05制止非法行为公约	制止非法行为公约05议定书	89国际救助公约	90国际油污防备国际公约	96有毒有害物质责任公约	有毒有害物质责任公约10议定书	00有毒有害物质防备公约	01燃油污染损害责任公约	01防污底系统公约	04压载水管理公约	07内罗毕残害清除公约	09香港拆船公约

国家＼公约	48国际海事组织公约	74海上人命安全公约	海上人命安全公约78议定书	海上人命安全公约88议定书	海上人命安全公约96议定书	66载重线公约	载重线公约88议定书	69国际船舶吨位丈量公约	72国际海上避碰规则公约	72国际集装箱公约	国际集装箱公约93议定书	国际渔船安全公约93议定书	12开普敦协议	78海员培训国际公约	95国际渔船船员培训公约	79国际海上搜寻救助公约	71特种业务客船协定	73特种业务客船舱室议定书	76海事卫星组织公约	76海事卫星组织业务协定	海事卫星组织公约06修正案	海事卫星组织公约08修正案	65便利国际海上运输公约	防污公约附则Ⅰ/Ⅱ	防污公约附则Ⅲ	防污公约附则Ⅳ	防污公约附则Ⅴ	防污公约97议定书附则Ⅵ
格鲁吉亚	✓	✓		✓		✓		✓	✓	✓				✓		✓			✓				✓	✓	✓	✓	✓	
德国	✓	✓	✓	✓	✓	✓	✓	✓	✓	✓		✓		✓		✓			✓	✓		✓	✓	✓	✓	✓	✓	✓
加纳	✓	✓	✓											✓					✓	✓				✓	✓	✓	✓	✓
希腊	✓	✓	✓	✓		✓								✓		✓	✓	✓	✓				✓	✓	✓	✓	✓	✓
格林纳达	✓	✓	✓			✓			✓					✓														
危地马拉	✓	✓		✓		✓								✓										✓	✓	✓	✓	✓
几内亚	✓	✓	✓			✓			✓	✓	✓			✓										✓	✓			
几内亚比绍	✓																											
圭亚那	✓	✓	✓			✓			✓	✓				✓										✓	✓	✓	✓	
海地	✓	✓				✓		✓						✓														
圣座																												
洪都拉斯	✓	✓	✓			✓			✓					✓		✓								✓	✓	✓	✓	✓
匈牙利	✓	✓	✓			✓	✓	✓	✓					✓		✓			✓	✓				✓				
冰岛	✓	✓	✓	✓		✓	✓	✓	✓		✓	✓		✓	✓	✓			✓	✓				✓	✓	✓	✓	✓
印度	✓	✓	✓			✓			✓					✓		✓		✓	✓	✓				✓	✓	✓	✓	✓
印度尼西亚	✓	✓	✓	✓		✓			✓					✓		✓			✓	✓				✓	✓	✓	✓	
伊朗	✓	✓	✓			✓			✓					✓		✓			✓	✓				✓	✓	✓	✓	
伊拉克	✓	✓						✓																				
爱尔兰	✓	✓	✓	✓		✓			✓	✓				✓					✓	✓				✓	✓	✓	✓	✓
以色列	✓	✓	✓	✓		✓			✓					✓					✓	✓				✓	✓	✓	✓	
意大利	✓	✓	✓	✓		✓			✓					✓					✓	✓				✓	✓	✓	✓	✓
牙买加	✓	✓	✓	✓		✓			✓					✓					✓	✓				✓	✓	✓	✓	
日本	✓	✓	✓	✓		✓			✓					✓		✓			✓	✓				✓	✓	✓	✓	✓
约旦	✓	✓	✓	✓		✓			✓					✓					✓	✓				✓	✓	✓	✓	
哈萨克斯坦	✓	✓	✓			✓			✓					✓										✓	✓	✓	✓	
肯尼亚	✓	✓	✓			✓			✓					✓										✓	✓	✓	✓	
基里巴斯	✓	✓	✓			✓						✓		✓		✓	✓							✓	✓	✓	✓	✓
科威特	✓	✓	✓			✓		✓						✓					✓	✓				✓	✓	✓	✓	
吉尔吉斯斯坦																												
老挝																												
拉脱维亚	✓	✓	✓	✓	✓	✓		✓	✓	✓	✓			✓	✓	✓			✓	✓				✓	✓	✓	✓	✓
黎巴嫩	✓	✓	✓			✓								✓		✓								✓	✓	✓	✓	
莱索托																												
利比里亚	✓	✓	✓	✓		✓	✓	✓	✓		✓			✓		✓			✓	✓				✓	✓	✓	✓	✓
利比亚	✓	✓	✓	✓		✓			✓					✓		✓			✓	✓				✓	✓	✓	✓	
列支敦士登																												
立陶宛	✓	✓	✓	✓		✓	✓	✓	✓	✓		✓		✓	✓	✓			✓	✓				✓	✓	✓	✓	✓

72伦敦公约	伦敦公约96议定书	69干预油污事故公约	69油污事故责任公约	干预油污事故公约73议定书	69油污事故责任公约76议定书	油污事故责任公约92议定书	油污基金公约76议定书	油污基金公约92议定书	油污基金公约03议定书	72核材料运输责任公约	74雅典公约	雅典公约76议定书	雅典公约90议定书	雅典公约02议定书	76责任限制公约	责任限制公约96议定书	88制止非法行为公约	制止非法行为公约88议定书	05制止非法行为公约	制止非法行为公约05议定书	89国际救助公约	90国际油污防备国际公约	96有毒有害物质责任公约	有毒有害物质责任公约10议定书	00有毒有害物质防备议定书	01燃油污损害责任公约	01防污底系统公约	04压载水管理公约	07内罗毕残害清除公约	09香港拆船公约
	√	√	√	√	√	√		√			√	√			√		√	√			√	√						√		
√	√	√	√	x	√	√	√	√	√						x	√	√	√			√				√	√	√	√	√	√
	√			x	√	√	√	√	√		x	x			√	√	√	√		√	√	√			√	√	√			
√					√	√		√							√	√					√									
					√	√		√							√	√					√									
√															√	√														
√																														
√															√	√					√				√	√				
√	√		√	x	√	√	√	√							√	√					√									
	√			x	√	√	√								√	√									√	√				
	√			x	√	√	√														√	√			√	√				
√		√			√			√							√	√					√	√			√	√				
√	√	√	√	x	x	√	x	√	√		x	x			√	√					√	√								
	√			√	√	√	√								√	√														
√	√	√	√	x	√	√	√	√							√	√					√	√								
√	√	√	√												√	√	√	√	√	√	√	√			√	√				
√	√	√		x	√	√									x	√	√	√			√	√			√	√	√			
√			√		√			√							√	√					√	√			√	√				
	√			√											√	√														
√	√			x		√									√	√									√	√		√		
√					√	√									√	√														
		√		√	√	√									√	√														
																√														
		√	√	x	√		√	√	√		x	x		√		√					√	√	√		√	√				
		√		√	√																√									
	√	√	x	√	√		√	√	√						√	√					√	√			√	√				
√															√	√														
															√	√														
		√		√	√			√	√	√					√	√					√	√			√	√				

国家＼公约	48国际海事组织公约	74海上人命安全公约	海上人命安全公约78议定书	海上人命安全公约88议定书	66载重线公约	载重线公约88议定书	69国际船舶吨位丈量公约	72国际海上避碰规则公约	72国际集装箱公约	国际集装箱公约93议定书	12开普敦协议	78国际渔船安全公约93议定书	95国际海员培训公约	79国际渔船船员培训公约	71特种业务客船协定	73特种业务客船舱室议定书	76海事卫星组织公约	76海事卫星组织业务协定	海事卫星组织06修正案	海事卫星组织08修正案	65便利国际海上运输公约	防污公约附则I/II	防污公约附则III	防污公约附则IV	防污公约附则V	防污公约97议定书附则VI
卢森堡	√	√	√	√		√	√	√	√			√		√							√	√	√	√	√	√
马达加斯加	√	√			√							√									√	√	√	√	√	
马拉维	√	√		√		√	√														√	√	√	√		
马来西亚	√	√	√		√							√					√	√			√	√	√	√		
马尔代夫	√	√		√		√						√													√	
马里																					√					
马耳他	√	√	√		√		√					√		√			√				√	√	√	√	√	
马绍尔群岛	√	√		√		√	√	√	√			√					√	√			√	√	√	√	√	√
毛里塔尼亚	√			√		√						√	√								√	√	√	√		
毛里求斯	√	√		√		√						√		√			√				√	√	√	√		
墨西哥	√	√		√		√						√					√				√	√	√	√	√	√
密克罗尼西亚												√														
摩纳哥	√				√		√						√		√		√				√	√	√	√	√	
蒙古	√		√		√							√					√				√	√	√	√		
黑山	√	√	√		√		√					√					√			√	√	√	√	√	√	
摩洛哥	√	√		√		√						√	√				√	√			√	√	√	√		
莫桑比克	√			√		√						√					√	√			√	√	√	√		
缅甸	√											√									√	√	√	√		
纳米比亚	√	√		√								√	√								√	√	√	√		
瑙鲁																										
尼泊尔	√																									
荷兰	√	√	√	√	√	√	√	√	√			√					√				√	√	√	√	√	√
新西兰	√	√	√		√	√						√					√				√	√	√	√	√	√
尼加拉瓜																										
尼日尔																										
尼日利亚		√																			√	√	√	√		
挪威	√	√	√	√	√	√	√	√	√	√	√	√					√				√	√	√	√	√	√
阿曼	√	√	√		√							√					√				√	√	√	√	√	
巴基斯坦	√	√		√		√						√					√				√	√	√	√		
帕劳	√	√		√								√					√				√	√	√	√	√	√
巴拿马	√	√	√	√	√	√						√					√				√	√	√	√	√	√
巴布亚新几内亚	√	√	√	√		√															√	√	√			
巴拉圭	√			√																	√	√				
秘鲁	√	√	√		√		√					√					√				√	√	√	√	√	√
菲律宾	√	√			√		√					√			√		√	√			√	√	√	√	√	
波兰	√	√	√	√	√	√	√		√			√	√				√				√	√	√	√	√	√

72伦敦公约	伦敦公约96议定书	69干预油污事故公约	干预油污事故公约73议定书	69油污事故责任公约	油污事故责任公约76议定书	油污事故责任公约92议定书	油污基金公约76议定书	油污基金公约92议定书	油污基金公约03议定书	72核材料运输责任公约	74雅典公约	雅典公约76议定书	雅典公约90议定书	雅典公约02议定书	76责任限制公约	责任限制公约96议定书	88制止非法行为公约	制止非法行为公约88议定书	05制止非法行为公约	制止非法行为公约05议定书	89国际救助公约	90国际油污防备国际公约	96有毒有害物质责任公约	有毒有害物质责任公约10议定书	00有毒有害物质防备议定书	01燃油损害责任公约	01防污底系统公约	04压载水管理公约	07内罗毕残害清除公约	09香港拆船公约
√	√			x	√	√		√			√	√	√		√	√	√	√								√	√			
					√		√									√	√	√			√									
											√					√	√	√												
				x		√		√						√			√					√		√	√	√	√			
				√	√	√		√								√	√													
																√	√													
√				x	x	√	x	√						√		√	√													
	√	√	√							x	x					√	√													
	√	√												√		√	√													
√	√	√	√											√		√	√													
																√														
√	√													√		√	√								√	√				
																	√	√				√		√	√	√				
√	√	√	x											√		√	√													
			x													√	√													
		√	√			√		√						√		√	√				√									
√																√	√	√	√											
√	√	√	√	x	√	√	√	√	√	√			√	x		√	√	√	√	√	√	√		√	√	√	√			
√	√	√	√	x		√		√						√		√	√				√	√		√						
		√	√	x		√		√								√	√								√					
√	√	√		x		√		√			√					√	√				√				√	√	√			
		√														√	√				√				√	√				
√	√	√		x	x	√		√	√					√	x		√	√			√	√		√	√	√				√
√	√	√		x		√		√						√		√	√				√	√		√	√	√	√			
√		√		x		√		√								√	√								√					
		√														√	√					√			√					
√	√	√		x		√		√								√	√				√	√		√	√	√				
√	√	√		x		√		√								√	√				√	√		√	√	√				
																√	√					√			√					
√					√	√										√	√				√				√					
√	√															√	√				√									
√		√	√	x	√	√	√	√			√	√				√	√				√	√		√	√	√	√			

国家 \ 公约	48国际海事组织公约	74海上人命安全公约	海上人命安全公约78议定书	海上人命安全公约88议定书	海上人命安全公约96议定书	66载重线公约	载重线公约88议定书	69国际船舶吨位丈量公约	72国际海上避碰规则公约	72国际集装箱公约	国际集装箱公约93议定书	12开普敦协议	78海员培训国际公约	95国际渔船船员培训公约	79国际海上搜寻救助公约	71特种业务客船协定	73特种业务客船舱室议定书	76海事卫星组织公约	76海事卫星组织业务协定	海事卫星组织公约06修正案	海事卫星组织公约08修正案	65便利国际海上运输公约	防污公约附则I/II	防污公约附则III	防污公约附则IV	防污公约附则V	防污公约97议定书附则VI
葡萄牙	√	√	√	√		√	√	√	√	√			√		√			√	√			√	√	√	√	√	√
卡塔尔	√	√				√		√		√			√					√				√		√	√	√	√
韩国	√	√	√	√		√	√	√	√	√			√					√	√			√	√	√	√		√
摩尔多瓦	√	√	√			√		√					√									√					
罗马尼亚	√	√	√	√		√	√	√	√				√									√	√	√	√	√	√
俄罗斯联邦	√	√	√	√		√	√	√	√				√	√								√	√				
卢旺达																											
圣基茨和尼维斯	√	√	√	√		√	√	√	√		√		√									√	√				
圣卢西亚	√	√	√	√		√	√						√	√								√	√				
圣文森特和格林纳丁斯	√	√	√	√		√	√	√	√				√		√	√	√					√	√				
萨摩亚	√	√	√	√		√	√						√		√							√	√	√	√	√	√
圣马力诺	√																										
圣多美和普林西比	√	√	√			√		√	√				√		√	√						√	√				
沙特阿拉伯	√	√	√	√		√	√	√	√	√			√		√	√		√	√			√	√	√	√	√	√
塞内加尔	√	√				√							√		√							√	√				
塞尔维亚	√	√	√	√		√	√	√	√				√					√	√		√		√				
塞舌尔	√	√	√			√							√									√	√				
塞拉利昂	√	√	√			√							√	√								√	√				
新加坡	√	√	√	√		√	√	√	√				√		√			√	√			√	√	√		√	√
斯洛伐克	√	√	√	√		√		√	√				√									√	√				
斯洛文尼亚	√	√	√			√		√	√	√			√									√	√				
所罗门群岛	√	√				√		√	√				√									√	√				
索马里	√					√																					
南非	√	√	√			√		√	√	√			√		√			√	√			√	√		√	√	
南苏丹																											
西班牙	√	√	√	√		√	√	√	√	√			√		√			√	√			√	√	√	√	√	√
斯里兰卡	√	√				√							√		√	√	√	√	√			√	√	√			
苏丹	√	√				√							√									√	√				
苏里南	√	√				√																√	√				
斯威士兰																											
瑞典	√	√	√	√	√	√	√	√	√				√	√		√	√	√	√			√	√	√	√	√	√
瑞士	√	√	√			√		√	√										√	√		√	√				
阿拉伯叙利亚共和国	√	√	√	√		√		√	√	√			√	√	√							√	√	√	√	√	√
塔吉克斯坦																											
泰国	√	√				√		√	√	√			√					√	√			√	√				

72伦敦公约	伦敦公约96议定书	69干预油污事故公约	干预油污事故公约73议定书	69油污事故责任公约	油污事故责任公约76议定书	油污事故责任公约92议定书	油污基金公约76议定书	油污基金公约92议定书	油污基金公约03议定书	72核材料运输责任公约	74雅典公约	雅典公约76议定书	雅典公约90议定书	雅典公约02议定书	76责任限制公约	责任限制公约96议定书	88制止非法行为公约	制止非法行为公约88议定书	05制止非法行为公约	制止非法行为公约05议定书	89国际救助公约	90国际油污防备国际公约	96有毒有害物质责任公约	有毒有害物质责任公约10议定书	00有毒有害物质防备议定书	01燃油损害责任公约	01防污底系统公约	04压载水管理公约	07内罗毕残害清除公约	09香港拆船公约
√		√	√	x	√	√	√	√	√						√			√	√	√	√		√			√	√			
		√		x	x	√	√	√							√			√	√	√	√									
√	√			x		√	√	√							√			√	√	√	√		√			√	√	√		
															√															
√		√	√	x	√		√				√						√	√	√	√		√				√	√			
	√	√		√		√		√			√		x				√	√	√	√		√				√	√			
√		√	√		√		√								√	√	√	√	√	√		√				√	√			
√		√	√	x		√		√									√	√	√	√		√				√	√			
		√																												
√		√	√	x		√		x							√	√	√	√	√	√		√				√	√			
√				x											√						√									
√	√			x		√		√									√	√	√	√		√				√				
				x	√		√	√							√						√				√	√	√			
						√		√	√				√																	
√	√	√	√	x		√		√	√						√	√	√													
√						√																								
√	√	√	√	x		√		√									√				√					√	√	√		
√	√	√	√	x	√	√	√	√	√	√	√	x	x	x	√	√	√	√	√	√	√	√			√	√	√	√		
		√		x		√		√							√																
															√	√						√								
√	√																													
√	√	√	√	x	√		√				√		x	√	√	√	√	√	√	√		√			√	√			
√	√	√	√	x	√	√	√		√	√		√			√	√	√	√	√	√		√			√	√			
√		√		√		√		√					√	√	√	√			√	√		√	√							
																	√													
																					√									

公约 / 国家	48国际海事组织公约	74海上人命安全公约	海上人命安全公约78议定书	海上人命安全公约88议定书	海上人命安全公约96议定书	66载重线公约	载重线公约88议定书	69国际船舶吨位丈量公约	72国际海上避碰规则公约	72国际集装箱公约	国际集装箱公约93议定书	12开普敦协议	78海员培训国际公约	95国际海船船员培训公约	79国际海上搜寻救助公约	71特种业务客船协定	73特种业务客船舱室议定书	76海事卫星组织公约	76海事卫星组织业务协定	海事卫星组织公约06修正案	海事卫星组织公约08修正案	65便利国际海上运输公约	防污公约附则I/II	防污公约附则III	防污公约附则IV	防污公约附则V	防污公约97议定书附则VI
前南斯拉夫马其顿共和国	√																										
东帝汶	√																										
多哥	√	√	√			√		√					√										√	√	√	√	
汤加	√			√	√	√		√	√				√					√	√			√	√				√
特立尼达和多巴哥	√	√				√		√	√				√					√	√			√	√				√
突尼斯	√	√				√		√	√				√					√				√					
土耳其	√	√				√		√	√				√					√	√			√					
土库曼斯坦	√	√				√		√	√														√	√	√	√	
图瓦卢	√	√	√			√		√	√				√										√	√	√	√	
乌干达	√																										
乌克兰	√	√	√			√		√	√				√	√				√	√			√					
阿拉伯联合酋长国	√	√	√			√		√	√									√	√			√	√				
英国	√	√	√	√		√		√	√				√	√	√			√	√			√					
坦桑尼亚	√					√		√																			
美国	√	√	√			√		√	√				√					√	√			√					
乌拉圭	√	√	√			√		√	√																		
乌兹别克斯坦																											
瓦努阿图	√	√	√	√		√	√	√	√	√			√					√	√			√	√				
委内瑞拉	√	√	√			√		√	√				√					√	√			√					
越南	√	√	√			√		√	√				√					√	√			√					
也门	√	√				√		√	√				√			√	√	√									
赞比亚	√					√																					
津巴布韦	√																										
联系会员																											
中国香港	√	√	√		√	√	√	√	√				√	√	√	√		√				√	√	√	√	√	√
中国澳门	√	√	√			√		√	√				√					√				√	√	√	√	√	
法罗群岛	√	√	√	√	√	√	√	√	√				√	√				√	√			√	√				
欧盟																											

注：√为加入，×为退出

72伦敦公约	伦敦公约96议定书	69干预油污事故公约	干预油污事故公约73议定书	69油污事故责任公约	油污事故责任公约76议定书	油污事故责任公约92议定书	油污基金公约76议定书	油污基金公约92议定书	油污基金公约03议定书	72核材料运输责任公约	74雅典公约	雅典公约76议定书	雅典公约90议定书	雅典公约02议定书	76责任限制公约	责任限制公约96议定书	88制止非法行为公约	制止非法行为公约05议定书	制止非法行为公约05议定书	89国际救助公约	90国际油污防备公约	96有毒有害物质责任公约	有毒有害物质责任公约10议定书	00有毒有害物质防备议定书	01燃油损害责任公约	01防污底系统公约	04压载水管理公约	07内罗毕残害清除公约	09香港拆船公约
																	√	√											
			√														√	√			√				√				
√	√	√	√	x		√		√			√	√			√	√		√			√	√			√	√	√	√	
	√	√	√	√													√	√			√				√				
√	√	√	x			√		√			√	√			√	√		√											
						√		√	√						√	√		√						√					
					√													√											
				x	√	√		√	√						√	√		√						√		√	√	√	
√		√				√		√			√	√																	
√		√		√		√		√																					
√	√	√	x	x	x	√	x	√		x	x		√		x	√		√			√	√			√	√		√	
√		√				√		√							√	√													
	√				√		√								√	√									√	√			
√	√	√	√			√		√			√	√			√	√		√							√	√	√		
			x	√	√	√		√							√	√		√											
√	√	√	x			√		√			√	√			√	√		√							√	√			
√	√	√	√	x	x	√	x	√			√	√			√	√		√			√				√	√			
√		√	√			√		√			√	√			√	√					√								
√	√	√	x	√		√	√	√							x									√	√				
															√														

附录五：最高人民法院司法解释性
文件摘录（1989－2016）

一、《最高人民法院关于印发〈全国沿海地区涉外涉港澳经济审判工作座谈会纪要〉的通知》（1989 年 6 月 12 日法〔经〕发〔1989〕12 号）

二、根据我国民事诉讼法和民法通则的规定和各地的经验，涉外、涉港澳经济审判工作应当坚持以下三项基本原则：

…………

（三）遵守国际条约，尊重国际惯例。凡是我国缔结或者参加并已对我国生效的国际条约，与我国法律就同一事项有不同规定时，优先适应国际条约的规定。但是，我国声明保留的条款除外。涉外、涉港澳经济纠纷案件的双方当事人在合同中选择适用的国际惯例，只要不违背我国的社会公共利益，就应当作为解决当事人间纠纷的依据。

三、会议就涉外、涉港澳经济审判工作中遇到的亟待解决的一些问题进行了探讨，并提出了以下意见：

…………

1. 在程序法方面，包括司法管辖权、诉讼过程中的文书送达、调查取证，以及判决的承认和执行等，应当按照我国民事诉讼法和其他法律中的程序规定办理。但是我国缔结或者参加的国际条约（如《承认和执行外国仲裁裁决公约》和中外司法协助协定）与我国法律有不同规定的，除我国声明保留的条款外，应当优先适用国际条约的规定。2. 在实体法方面，首先，鉴于我国已加入 1980 年《联合国国际货物销售合同公约》，承担了执行该公约的义务，自 1988 年 1 月 1 日起，我国公司同该公约的其他批准国（如美国、法国、意大利、南斯拉夫、埃及、叙利亚、阿根廷、赞比亚、莱索托等国）的公司订立的合同，如未另行选择所适用的法律，将自动直接适用该公约的有关规定。

二、《外交部、最高人民法院、最高人民检察院等关于处理涉外案件若干问题的规定》（1995 年 6 月 20 日外发〔1995〕17 号）

处理涉外案件，在对等互惠原则的基础上，严格履行我国所承担的国际条约义务。当国内法或者我内部规定同我国所承担的国际条约义务发生冲突时，应当适用国际条约的有关规定（我国声明保留的条款除外）。各主管部门不应当以国内法或者内部规定为由拒绝履行我国所承担的国际条约规定的义务。

三、《最高人民法院关于全国部分法院知识产权审判工作座谈会纪要》（1998 年 7 月 20 日）

（一）知识产权法律适用原则

全国人民代表大会及其常务委员会制定的有关知识产权方面的法律和国务院制定的有关知识产权方面的行政法规，是人民法院审理知识产权民事纠纷案件的法律依据。与会同志认为，对上述法律、行政法规的适用应当坚持：第一，新法优于旧法、特别法优于普通法，法律有专门规定的依据专门规定的原则。除法律有明确规定外，新法不具有溯及既往的效力。第二，法律优于行政法规，即有法律依法律；无法律依行政法规；无法律也无行政法规的，依照有关法律所规定的法律原则处理。第三，人民法院在审理涉外知识产权民事纠纷案件中，应当严格按照我国法律、法规的有关规定办理。我国缔结或者参加的国际条约同我国法律有不同规定的，应当优先适用国际条约的规定，但我国声明保留的条款除外；我国法律、法规和我缔结或者参加的国际条约没有规定的，可以适用国际惯例。

四、《最高人民法院副院长李国光在全国法院行政审判工作会议上的讲话——深入贯彻党的十六大精神努力开创行政审判工作新局面为全面建设小康社会提供司法保障》（2003 年 2 月 13 日）

按照国际条约必须信守的原则，无论条约在国内直接适用还是转化适用，其最终结果都应当使国际条约在国内得到遵守。国内法院通过解释并适用国内法以尽量保持与国际条约相一致，是国际上通行的做法。按照司法解释规定，人民法院审理国际贸易行政案件所适用的法律、行政法规的具体条文存在两种以上的合理解释，其中有一种解释与中华人民共和国缔结或者参加的国际条约的有关规定相一致的，应当选择与国际条约的有关规定相一致的解释，尽量避免国内法的适用与世贸组织规则相抵触。在审理国际贸易行政案件中凡遇到这种法律解释上的重大分歧，应当逐级上报最高人民法院，防止发生法制不统一或者违反世贸组织规则的情况。对于不涉及世贸组织规则而涉及我国缔结或者参加的其他国际条约的国际贸易行政案件，如果国内法允许直接适用国际条约的规定，人民法院可以直接援用条约的规定。

五、《全面提高涉外商事海事审判水平为我国对外开放提供有力的司法保障——在第二次全国涉外商事海事审判工作会议上的讲话》（万鄂湘 2005 年 11 月 15 日）

一是要认真贯彻条约优先适用的原则。目前，我国批准或参加了 40 多个程序性和实体性的商事、海事国际公约和双边条约，在审判工作中一定要积极履行国际义务，除我国作出保留的条款以外，应当在审判中优先适用。

六、《最高人民法院副院长曹建明在全国法院知识产权审判工作座谈会上的讲话——全面加强知识产权审判工作为建设创新型国家和构建和谐社会提供强有力的司法保障》（2007 年 1 月 18 日）

知识产权国内法与相关国际条约关系紧密。对于可以直接适用的知识产权国际条约，在国内法与其规定不一致的情况下，在涉外案件中应当优先适用国际条约的规定；对于包括 TRIPS 协定在内的 WTO 的各项规则，我国承诺转化为国内法适用，不能直接作为裁判的法律依据。但对国内法的解释涉及我国参加的国际条约时，应当尽量与国际条约一致。对于已转化为国内法的规定，严格执行国内法就是信守国际条约。

七、《最高人民法院关于非航行国际航线的我国船舶在我国海域造成油污损害的民事赔偿责任适用法律问题的请示的答复》（2008 年 7 月 3 日〔2008〕民四他字第 20 号）

根据《中华人民共和国民法通则》《中华人民共和国海商法》有关涉外法律关系的规定，我国缔结或者参加的国际条约同本国法律法规有不同规定的，除声明保留的条款外，应适用国际条约的规定。我国现行法律未对油污责任限制作出规定，因而上述"69 公约"、"92 议定书"、"2000 修正案"应当作为我国法律渊源在我国强制适用。

八、《最高人民法院关于适用〈中华人民共和国涉外民事关系法律适用法〉若干问题的解释（一）》（2013 年 1 月 7 日法释〔2012〕24 号）

第四条涉外民事关系的法律适用涉及适用国际条约的，人民法院应当根据《中华人民共和国民法通则》第一百四十二条第二款以及《中华人民共和国票据法》第九十五条第一款、《中华人民共和国海商法》第二百六十八条第一款、《中华人民共和国民用航空法》第一百八十四条第一款等法律规定予以适用，但知识产权领域的国际条约已经转化或者需要转化为国内法律的除外。

....

第九条 当事人在合同中援引尚未对中华人民共和国生效的国际条约的，人民法院可以根据该国际条约的内容确定当事人之间的权利义务，但违反中华人民共和国社会公共利益或中华人民共和国法律、行政法规强制性规定的除外。

九、《最高人民法院关于人民法院为"一带一路"建设提供司法服务和保障的若干意见》（2015 年 7 月 7 日法发〔2015〕9 号）

要深入研究沿线各国与我国缔结或共同参加的贸易、投资、金融、海运等国际条约，严格依照《维也纳条约法公约》的规定，根据条约用语通常所具有的含义按其上下文并参照条约的目及宗旨进行善意解释，增强案件审判中国际条约和惯例适用的统一性、稳定性和可预见性。

十、《最高人民法院关于全面推进涉外商事海事审判精品战略为构建开放型经济体制和建设海洋强国提供有力司法保障的意见》（2015 年 7 月 14 日法〔2015〕205 号）

视野国际化。开阔的国际视野是做好涉外商事海事审判工作的必然要求。要恪守条约义务，正确理解、准确适用国际条约、国际惯例，准确适用中外法律，平等保护中外当事人合法权益，以公正高效的审判赢得我国司法的国际公信力。要积极参与国际规则制定，高度重视协助相关部门进行条约谈判工作，在国际投资、贸易、航运规则的形成中充分发出中国司法的声音。要加强国际交流与合作，勇于登上国际司法舞台，充分利用各种机会，了解国外同行的成果经验，掌握国际司法的发展趋势，宣传、展示我国司法的立场和成就。

十一、《最高人民法院关于为长江经济带发展提供司法服务和保障的意见》（2016 年 2 月 24 日法发〔2016〕8 号）

二、充分发挥审判职能作用，为长江经济带发展提供公正高效的司法服务和保障

....

7. 打造涉外商事海事审判精品，提升涉外商事海事审判国际公信力和制度性话语权，增强为区域内企业全面参与全球经济合作和竞争保驾护航的能力和水平。妥善审理涉外商事海事纠纷，特别是国际经济合作和长江经济带投资

领域发生的各种纠纷案件。准确适用国际条约，尊重国际惯例，加强外国法的查明和适用，严格适用国际公约承认与执行国际商事海事仲裁裁决，平等保护中外当事人的合法权益，营造长江经济带法治化、国际化、便利化的营商环境，为促进区域内更高层次的全面开放新格局提供有力的司法支持。

附录六：全国海事法院适用国际海事公约情况调查表（2006－2016）

序号	案件名称	案号	法院	年份	涉案公约	查明主体	事实/法律
1	原告黄华福诉被告北部湾旅游股份有限公司船员劳务合同纠纷一案	（2014）海商初字第88号	北海	2014	2006年海事劳工公约	当事人	事实
2	原告桂自豪诉被告晨洲船业集团有限公司、中国平安财产保险股份有限公司宁波分公司船舶碰撞损害责任纠纷一案	（2014）琼海法事初字第4号	海口	2014	1972年国际海上避碰规则公约	法院	法律
3	原告安联财产保险（中国）有限公司为与被告有达（上海）国际货运有限公司、被告优剔西工程公司、被告爱尔坡特航运服务公司、被告中波乾坤轮船有限公司海上货物运输合同纠纷一案	（2014）沪海法商初字第361号	上海	2015	1968年维斯比规则、1978年联合国海上货物运输公约	法院	法律
4	原告北欧商业银行－欧洲银行诉被告佛他贸易有限公司船舶抵押权纠纷一案	（2005）津海法商初字第401号	天津	2006	1993年船舶优先权和抵押权国际公约	当事人	法律
5	申请人春生海运有限公司与被申请人山东海纳房地产股份有限公司申请承认外国仲裁裁决一案	（2013）青海法海商初字第1032号	青岛	2014	1958年纽约公约	法院	法律

序号	案件名称	案号	法院	年份	涉案公约	查明主体	事实/法律
6	申请人春生海运有限公司与被申请人山东海纳房地产股份有限公司申请承认外国仲裁裁决一案	（2014）青海法海商初字第722号	青岛	2014	1958年纽约公约	法院	法律
7	原告大连天贻国际贸易有限公司诉被告A.P.穆勒—马士基有限公司海上货物运输合同违约赔偿纠纷一案	（2011）津海法商初字第101号	天津	2011	1974年国际海上人命安全公约	当事人	事实
8	原告杭州热联进出口股份有限公司诉被告吉友船务有限公司海上货物运输合同纠纷一案	（2010）厦海法商初字第353号	厦门	2012	关于统一提单若干法律规定的国际公约	法院	法律
9	原告湖南中联国际贸易有限责任公司与被告上海捷喜国际货物运输代理有限公司、被告上海恒鑫航运有限公司、被告莫曼斯科航运股份有限公司海上货物运输合同纠纷一案	（2012）沪海法商初字第1208号	上海	2014	未明确	当事人	事实
10	原告李光涛诉被告荣成华顺海运有限公司船员劳务合同纠纷一案	（2015）青海法海商初字第315号	青岛	2016	未明确	当事人	事实
11	申请人门特轮航运有限公司为与被申请人大新华轮船（烟台）有限公司申请承认和执行外国仲裁裁决一案	（2015）青海法海商初字第1552号	青岛	2016	1958年纽约公约	法院	法律

序号	案件名称	案号	法院	年份	涉案公约	查明主体	事实/法律
12	原告穆德费斯特有限公司与被告攀钢集团国贸攀枝花有限公司、常熟市瀚邦船务代理有限公司海上货物运输提单侵权纠纷一案	（2011）武海法商字第00299号	武汉	2015	1968年维斯比规则	法院	事实
13	原告穆德费斯特有限公司与被告攀钢集团国贸攀枝花有限公司、常熟市通申行国际船舶代理有限公司海上货物运输提单侵权纠纷一案	（2011）武海法商字第00300号	武汉	2016	1968年维斯比规则	法院	事实
14	南京博洋海运有限公司诉被告池州市交通轮船运运公司、被告营口腾翔船务有限公司、被告上海新洋山集装箱运输有限公司船舶碰撞损害赔偿纠纷一案	（2012）武海法事字第00029号	武汉	2013	1972年国际海上避碰规则	法院	法律
15	原告宁波和泰进出口有限公司为与被告千禧国际货运代理（深圳）有限公司海上货物运输合同纠纷一案	（2015）甬海法商初字第380号	宁波	2015	1968年维斯比规则	当事人	事实
16	原告宁波和泰进出口有限公司为与被告千禧国际货运代理（深圳）有限公司海上货物运输合同纠纷一案	（2015）甬海法商初字第381号	宁波	2015	1968年维斯比规则	当事人	事实
17	原告宁波和泰进出口有限公司为与被告千禧国际货运代理（深圳）有限公司海上货物运输合同纠纷一案	（2015）甬海法商初字第382号	宁波	2015	1968年维斯比规则	当事人	事实

序号	案件名称	案号	法院	年份	涉案公约	查明主体	事实/法律
18	原告宁波和泰进出口有限公司为与被告千禧国际货运代理（深圳）有限公司海上货物运输合同纠纷一案	（2015）甬海法商初字第383号	宁波	2015	1968年维斯比规则	当事人	事实
19	原告宁波和泰进出口有限公司为与被告千禧国际货运代理（深圳）有限公司海上货物运输合同纠纷一案	（2015）甬海法商初字第384号	宁波	2015	1968年维斯比规则	当事人	事实
20	宁波市镇海满洋船务有限公司为与被告沧州渤海新区宏顺海运有限责任公司海上打捞合同纠纷一案	（2013）甬海法商初字第720号	宁波	2014	1989年国际救助公约	当事人	事实
21	青岛华顺船务有限公司诉马克劳德公司、切诺亚公司海事债权确权纠纷一案	（2014）青海法确字第7～1号	青岛	2015	1972年国际海上避碰规则、1978年海员培训、发证和值班标准国际公约	法院	法律
22	申请人塞维利克航运公司、申请人诺德伍航运公司与被申请人浙江诚达船业有限公司、被申请人恒信航运设备有限公司申请承认外国仲裁裁决一案	（2014）甬海法仲确字第7号	宁波	2015	1958年纽约公约	法院	法律
23	三协航运股份有限公司诉被告薛海兵、宁波利佰达海运有限公司船舶碰撞损害责任纠纷一案	（2014）海事初字第45号	北海	2015	1972年国际海上避碰规则	法院	法律

序号	案件名称	案号	法院	年份	涉案公约	查明主体	事实/法律
24	申请人厦门弘信船务有限公司与被申请人武钢集团国际经济贸易总公司申请承认外国仲裁裁决一案	（2014）武海法他字第00042号	武汉	2014	1958年纽约公约	法院	法律
25	原告上海比诺国际货物运输代理有限公司为与被告上海迅由国际物流有限公司海上货运代理合同纠纷一案	（2015）沪海法商初字第411号	上海	2015	未明确	法院	法律
26	上海长阳物流有限公司、侯云峰等与厦门力鹏船运有限公司债权受偿一案	（2013）武海法受字第00002号	武汉	2013	1999年国际扣船公约	法院	事实
27	申请人约翰曼·客·布卢门撒尔股份有限公司与被申请人江苏熔盛重工有限公司、被申请人西飞集团进出口有限公司申请承认外国仲裁裁决一案	（2015）沪海法民认字第3号	上海	2016	1958年纽约公约	法院	法律
28	申请人大宇造船海洋株式会社与被申请人阿尔法象有限公司、诺尔商业有限公司申请承认外国仲裁裁决一案	（2014）厦海法认字第14号	厦门	2014	1958年纽约公约	法院	法律
29	申请人大宇造船海洋株式会社与被申请人贝塔象有限公司、诺尔商业有限公司申请承认外国仲裁裁决一案	（2014）厦海法认字第13号	厦门	2014	1958年纽约公约	法院	法律

序号	案件名称	案号	法院	年份	涉案公约	查明主体	事实/法律
30	申请人马绍尔群岛第一投资公司与被申请人福建省马尾造船股份有限公司、福建省船舶工业集团公司申请承认和执行外国仲裁裁决一案	（2006）厦海法认字第1号	厦门	2008	1958年纽约公约	法院	法律
31	申请人特来顿国际集装箱有限公司与被申请人洋浦经济开发区建设投资开发有限公司、被申请人海南泛洋航运有限公司申请承认外国仲裁裁决一案	（2014）大海他字第1号	大连	2014	1958年纽约公约	法院	法律
32	申请人韦斯顿瓦克公司与被申请人北京中钢天铁钢铁贸易有限公司申请承认和执行外国仲裁裁决一案	（2010）津海法确字第6号	天津	2012	1958年纽约公约	法院	法律
33	原告王高强诉被告天津福泓人力资源开发服务有限公司、被告中远散货运输有限公司船员劳务合同纠纷一案	（2013）津海法商初字第689号	天津	2014	2006年海事劳工公约	当事人	事实
34	原告威远航运有限公司与被告苏州市苏石石油运输有限公司通海水域船舶碰撞损害责任纠纷一案	（2014）武海法事字第00047号	武汉	2014	1973年国际防止船舶造成污染公约1978年议定书	当事人	事实
35	申请人夏长海运有限公司为与被申请人山东海纳房地产股份有限公司申请承认外国仲裁裁决一案	（2014）青海法海商初字第721号	青岛	2014	1958年纽约公约	法院	法律

续表

序号	案件名称	案号	法院	年份	涉案公约	查明主体	事实/法律
36	原告徐州天业金属资源有限公司为与被告圣克莱蒙特航运股份公司、被告东京产业株式会社海上货物运输合同纠纷一案	（2011）沪海法商初字第753号	上海	2012	1974年国际海上人命安全公约	当事人	法律
37	原告薛海兵、宁波利佰达海运有限公司诉被告三协航运股份有限公司船舶碰撞损害责任纠纷一案	（2015）海事初字第3号	北海	2015	1972年国际海上避碰规则	法院	法律
38	原告福州市百洋恒丰船舶服务有限公司诉被告汕头市福顺船务有限公司、中国平安财产保险股份有限公司船舶污染损害责任纠纷一案	（2014）厦海法商初字第182号	厦门	2014	2001国际燃油污染损害民事责任公约	法院	事实
39	原告张建华诉被告中国人民健康保险股份有限公司威海中心支公司海上、通海水域保险合同纠纷一案	（2014）青海法海商初字第436号	青岛	2014	中韩渔业协定	法院	事实
40	原告张为与被告陈辉船舶碰撞损害责任纠纷一案	（2015）甬海法事初字第84号	宁波	2015	1972年国际海上避碰规则公约	法院	法律
41	原告中国平安财产保险股份有限公司为与被告东方海事服务有限公司海上货物运输合同纠纷一案	（2013）沪海法商初字第652号	上海	2014	1974年国际海上人命安全公约	法院	事实
42	申请人CAI国际公司与被申请人大新华物流控股（集团）有限公司申请承认和执行外国仲裁裁决一案	（2014）津海法确字第1号	天津	2014	1958年纽约公约	法院	法律

序号	案件名称	案号	法院	年份	涉案公约	查明主体	事实/法律
43	原告中国平安财产保险股份有限公司青岛分公司诉被告嘉林国际物流有限公司、商船三井株式会社海上货物运输合同纠纷一案	（2014）广海法初字第451~1号	广州	2015	1976年国际海事赔偿责任限制公约	法院	事实
44	原告中国人民财产保险股份有限公司深圳市分公司诉被告深圳市辉锐国际货运代理有限公司、商船三井株式会社海上货物运输合同纠纷一案	（2014）广海法初字第487~3号	广州	2015	1976年国际海事赔偿责任限制公约	当事人	法律
45	原告周智勇诉被告海义船务（香港）有限公司、被告袁华船舶抵押借款合同纠纷一案	（2010）津海法商初字第442号	天津	2010	1993年船舶优先权和抵押权国际公约	法院	法律

附录七：缩略语对照表

序号	全称	简称
1	《1969 年维也纳条约法公约》	《1969 年条约法公约》
2	《1986 年关于国家和国际组织间或国际组织相互间条约法的维也纳公约》	《1986 年条约法公约》
3	《1974 年国际海上人命安全公约》	SOLAS 1974
4	《〈1974 年国际海上人命安全公约〉1978 年议定书》	SOLAS PROT 1978
5	《〈1974 年国际海上人命安全公约〉1988 年议定书》	SOLAS PROT 1988
6	《1973 年国际防止船舶造成污染公约》	MARPOL 1973
7	《〈1973 年国际防止船舶造成污染公约〉1978 年议定书》	MARPOL 73/78
8	《经 1978 年议定书修订的〈1973 年国际防止船舶造成污染公约〉1997 年议定书》	MARPOL PROT 1997
9	《1978 年海员培训、发证和值班标准国际公约》	STCW 1978
10	《1966 年国际船舶载重线公约》	LL 1966
11	《〈1966 年国际船舶载重线公约〉1988 年议定书》	LL PROT 1988

序号	全称	简称
12	《1969 年国际船舶吨位丈量公约》	TONNAGE 1969
13	《1972 年国际海上避碰规则公约》	COLREG 1972
14	《2006 年海事劳工公约》	MLC 2006
15	《1958 年承认和执行外国仲裁裁决公约》	《1958 年纽约公约》
16	《中华人民共和国宪法》	《宪法》
17	《中华人民共和国立法法》	《立法法》
18	《中华人民共和国条约缔结程序法》	《条约缔结程序法》
19	《中华人民共和国涉外民事关系法律适用法》	《法律适用法》
20	《最高人民法院关于适用〈中华人民共和国涉外民事关系法律适用法〉若干问题的解释（一）》	《法律适用法解释（一）》
21	《中华人民共和国民法通则》（2009 年修正）	《民法通则》
22	《中华人民共和国海商法》	《海商法》
23	《中华人民共和国民用航空法》（2015 年修正）	《民用航空法》
24	《中华人民共和国环境保护法》	《环境保护法》
25	《中华人民共和国海洋环境保护法》（2013 年修正）	《海洋环境保护法》
26	《中华人民共和国票据法》	《票据法》
27	《中华人民共和国固体废物污染环境防治法》（2015 年修正）	《固废污染防治法》
28	《中华人民共和国水法》（2009 年修正）	《水法》

续表

序号	全称	简称
29	《中华人民共和国野生动物保护法》（2009 年修正）	《野生动物保护法》
30	《中华人民共和国种子法》（2013 年修正）	《种子法》
31	《中华人民共和国人民法院组织法》（2006 年修正）	《人民法院组织法》
32	《中华人民共和国领海及毗连区法》	《领海及毗连区法》
33	《中华人民共和国专属经济区和大陆架法》	《专属经济区和大陆架法》
34	《中华人民共和国香港特别行政区基本法》	《香港特区基本法》
35	《中华人民共和国澳门特别行政区基本法》	《澳门特区基本法》
36	《中华人民共和国船员条例》	《船员条例》
37	《中华人民共和国海员船上工作和生活条件管理办法》	《海员工作生活管理办法》
38	国际海事组织（International Maritime Organization，IMO）	IMO
39	国际劳工组织（International Labour Organization，ILO）	ILO
40	联合国国际贸易法委员会（United Nations Commissionon on International Trade Law，UNCITRAL）	UNCITRAL

参 考 文 献

[1] 李浩培. 条约法概论 [M]. 北京：法律出版社，2003.

[2] [美] 汉斯·凯尔森. 国际法原理 [M]. 王铁崖，译. 北京：华夏出版社，1989.

[3] [英] 伊恩·布朗利. 国际公法原理 [M]. 曾令良，译. 北京：法律出版社，2007.

[4] [英] 安托尼·奥斯特. 现代条约法与实践 [M]. 江国青，译. 北京：中国人民大学出版社，2005.

[5] [奥] 阿尔弗雷德·菲德罗斯等. 国际法（上册）[M]. 李浩培，译. 北京：商务印书馆，1981.

[6] 朱文奇. 国际条约法 [M]. 北京：中国人民大学出版社，2008.

[7] 外交部条约法律司. 主要国家条约法汇编 [M]. 北京：法律出版社，2015.

[8] 万鄂湘等. 国际条约法 [M]. 武汉：武汉大学出版社，1998.

[9] 王勇. 中华人民共和国条约法问题研究（1949—2009）[M]. 北京：法律出版社，2012.

[10] 鲍君忠. 国际海事公约概论 [M]. 辽宁：大连海事大学出版社，2007.

[11] [英] 赫西·劳特派特. 奥本海国际法（上卷第一分册）[M]. 王铁崖等，译. 北京：商务印书馆，1971.

[12] [英] 赫西·劳特派特. 奥本海国际法（上卷第二分册）[M]. 王铁崖，译. 北京：商务印书馆，1972.

[13] 韩德培. 国际私法新论 [M]. 武汉：武汉大学出版社，1997.

[14] 周鲠生. 国际法大纲 [M]. 北京：商务印书馆，2013.

[15] 周鲠生. 国际法（上）[M]. 武汉：武汉大学出版社，2009.

[16] 王铁崖. 国际法 [M]. 北京：法律出版社，1995.

[17] 李双元. 中国国际私法通论 [M]. 北京：法律出版社，2007.

[18] 王国华. 海事国际私法（冲突法篇）[M]. 北京：北京大学出版

社，2009.

　　［19］曾陈明汝等. 国际私法原理（上集）总论篇［M］. 台北：新学林出版股份有限公司，2008.

　　［20］危敬添. 国际海事条约的历史和现状概览［M］. 北京：人民交通出版社，2010.

　　［21］曹兵兵. 国际公法：和平时期的解释与适用［M］. 北京：清华大学出版社，2015.

　　［22］肖芳. 论外国法的查明——中国法视角下的比较法研究［M］. 北京：北京大学出版社，2010.

　　［23］吴兆麟等. 中国海上维权法典·国际海事共约篇（第四卷国际海员）［M］. 大连：大连海事大学出版社，2012.

　　［24］王秀芬. 国际劳工组织船员立法趋势及我国的对策研究——以《2006 年海事劳工公约》为视角［M］. 北京：法律出版社，2009.

　　［25］王秀芬. 船员法研究［M］. 北京：法律出版社，2009.

　　［26］中华人民共和国交通部国际合作司. 2006 年海事劳工公约［Z］. 大连：大连海事大学出版社，2007.

　　［27］王国华，孙誉清. 新加坡海事劳工立法及对我国的启示［J］. 上海海事大学学报，2015，36（2）.

　　［28］王国华，孙誉清.《2006 年海事劳工公约》国内适用问题研究［J］. 中国海商法研究，2013，（3）.

　　［29］韩立新. 从一起海事案件谈国际海事公约的适用［J］. 当代法学，2001，（12）.

　　［30］何海萍. 国际海事条约在国内的适用［J］. 中国水运，2013，13（3）.

　　［31］于洪君. 俄罗斯联邦宪法［J］. 外国法译评，1994，（2）.

　　［32］黄远龙. 国际法上的时际法概念［J］. 外国法评议，2000，（2）.

　　［33］王军敏. 国际法中的时际法规则［J］. 北京行政学院学报，2011，（6）.

　　［34］宋巍. 国际海事组织重组各技术分委会——国际海事组织致力于机构改革之二［J］. 中国海事，2013，（6）.

　　［35］［瑞士］A·津格尔. 人权与国际劳工组织对其实现情况的监督［J］. 李亚男，译. 法学译丛，1992，（6）.

　　［36］罗文. 也谈"海事"与"海商"概念的区别［J］. 世界海运，1998，（5）.

[37] 杨培举. 国际海事公约"修行"之路 [J]. 中国船检，2013，(5).

[38] 陈琚. 压载水公约为何十年难磨一剑 [N]. 中国水运报，2014－08－04 (007).

[39] 毕占新. 压载水公约无法生效的原因解析 [C] //中国科协 2009 年海峡两岸青年科学家学术活动月——海上污染防治及应急技术研讨会论文集. 中国科学技术协会，2009.

[40] 费珊珊. 压载水公约生效面临的难题分析 [J]. 中国海事，2014，(7).

[41] 刘正江，吴兆麟，李桢. 国际海事组织海事安全类公约的最新发展 [J]. 中国航海，2012，35 (1).

[42] 陈桂平. "目标型标准"的理解及应对 [J]. 江苏船舶，2010，27 (5).

[43] 周驰. 立足未来国际海事履约新基点——我国应及早应对"目标型标准"(GBS) 的挑战 [J]. 中国海事，2009，(12).

[44] 宋溱. 海事立法新理念 [J]. 中国海事，2006，(5).

[45] 邱奇. 目标型公约是大势所趋？[J]. 中国船检，2010，(11).

[46] 建设，郭叶. 国内法律专业数据库之比较 [J]. 法律文献信息与研究，2008，(4).

[47] 李远. 海商法电子文献和数据库检索之研究 [J]. 法律文献信息与研究，2013，(1).

[48] 郭叶. 北大法宝 V5 版中文法律数据库检索与利用 [J]. 法律文献信息与研究，2011，(1).

[49] 沙正荣. 中国海事推演 IMO 自愿审核机制的成效分析 [J]. 中国海事，2010，(1).

[50] 成纪麟. IMO 成员国自愿审核机制介绍 [J]. 航海技术，2007，(5)：80

[51] 王霖. 应对 IMO 成员国审核机制强制化的建议 [J]. 中国海事，2015，(8).

[52] 凌黎华. 我国应对 IMO 审核机制强制化转变的新策略 [J]. 中国海事，2016，(2).

[53] 马雪梅. 论船级社检验、船旗国监督与港口国监督三者关系 [J]. 航海技术，2007，(1).

[54] 马德才. 论萨维尼的"法律关系本座说"在国际私法发展史上的影响 [J]. 甘肃政法学院学报，2001，(1).

［55］宋晓. 识别的对象与识别理论的展开［J］. 法学研究，2009，（6）.

［56］刘新建. 全球海员体面劳动的保障——记 2006 海事劳工公约［J］. 中国水运（学术版），2007，7（6）.

［57］张丽，韩立新. 对海员特殊群体社会保障立法的几点思考——以《2006 年海事劳工公约》为视角［J］. 学术论坛，2010，（2）.

［58］陈鹏. 浅析《船员条例》对国际劳工组织公约国内化的立法实践（上）［J］. 中国海事，2009，（10）.

［59］陈鹏. 浅析《船员条例》对国际劳工组织公约国内化的立法实践（下）［J］. 中国海事，2009，（11）.

［60］张欣然. 结婚是船员最头痛的事［N］. 羊城晚报，2012－2－19（B3）.

［61］高晓力. 关于国际条约在我国涉外民商事审判中适用的调研报告［C］//万鄂湘. 涉外商事海事审判指导. 北京：人民法院出版社，2008.

［62］王秀芬，亢永超. 美国船员法律制度研究［J］. 中国海运，2008，（5）.

［63］李享. 中外船员立法之比较［J］. 天津航海，2007，（2）.

［64］梁万春. 澳大利亚海事劳工公约履约体制安排［J］. 中国海事，2013，（7）.

［65］段尊雷，印邵周. 海员获得使用岸上福利设施的思考［J］. 中国海事，2011，（10）.